高等院校公共基础课系列教材

大学生就业指导与实践

毛婷婷　门奎英　主　编

王　婵　周　蓉　副主编

清华大学出版社
北　京

内 容 简 介

本书以教育部印发的《大学生职业发展与就业指导课程教学要求》《普通本科学校创业教育教学基本要求(试行)》等文件为指引,结合就业形势分析,旨在为大学生就业创业提供指导,内容包括了解就业形势与政策、就业心理调适、择业定位与职业分析、收集与选择就业信息、简历制作与优化、面试相关知识与求职礼仪、就业手续办理、创业理论与实务等。本书在编写过程中,既重视系统的理论讲解,也提供了丰富的案例和学习资源,引导大学生学会思考、分享、总结、提升和应用,对大学生就业创业进行全方位的指导。

本书具有较强的实践性、阅读性和指导性,既可作为普通高校大学生的必修课教材或选修课教材,也可作为社会人士的就业指导参考用书。

图书在版编目(CIP)数据

大学生就业指导与实践 / 毛婷婷,门奎英主编. —北京:清华大学出版社,2022.8(2025.1重印)
高等院校公共基础课系列教材
ISBN 978-7-302-61301-5

I. ①大… II. ①毛… ②门… III. ①大学生—职业选择 IV. ①G647.38

中国版本图书馆 CIP 数据核字(2022)第 122413 号

责任编辑:王　定
封面设计:周晓亮
版式设计:思创景点
责任校对:马遥遥
责任印制:沈　露

出版发行:清华大学出版社
　　　　网　　　址:https://www.tup.com.cn, https://www.wqxuetang.com
　　　　地　　　址:北京清华大学学研大厦 A 座　　　　　　邮　　编:100084
　　　　社 总 机:010-83470000　　　　　　　　　　　　邮　　购:010-62786544
　　　　投稿与读者服务:010-62776969, c-service@tup.tsinghua.edu.cn
　　　　质 量 反 馈:010-62772015, zhiliang@tup.tsinghua.edu.cn
印 装 者:北京同文印刷有限责任公司
经　　销:全国新华书店
开　　本:185mm×260mm　　　　印　　张:16　　　　字　　数:351 千字
版　　次:2022 年 8 月第 1 版　　　　印　　次:2025 年 1 月第 4 次印刷
定　　价:49.80 元

产品编号:095022-01

前　言

　　进入 21 世纪，我国高等教育由精英教育步入大众化教育，随着高校毕业生人数的连年增加，社会竞争日益加剧，大学生就业问题成为全社会关注的热点问题。党的十九大报告明确指出，要实现更高质量和更充分就业。习近平总书记多次做出重要指示，教育必须把培养社会主义建设者和接班人作为根本任务，培养一代又一代拥护中国共产党领导和我国社会主义制度、立志为中国特色社会主义奋斗终生的有用人才。培养德智体美劳全面发展的社会主义建设者和接班人。教育部先后印发《大学生职业发展与就业指导课程教学要求》《教育部关于大力推进高等学校创新创业教育和大学生自主创业工作的意见》《普通本科学校创业教育教学基本要求（试行）》等文件，对大学生职业生涯规划、就业指导及创新创业教育提出具体要求：各高校要扎实有效地开设相关课程，帮助大学生提升创业就业能力。

　　本书编者长期从事高校教学和就业研究工作，他们汇集自己在毕业生就业指导工作中的教育教学经验，求真务实，潜心研究，博采众长，完成了这本《大学生就业指导与实践》的编写。本书具有以下特点。

　　(1) 注重应用性与实用性。本书坚持理论知识"必需、实用"的原则，少讲基础理论，多讲实用理论和操作技巧，同时突出以能力为主线的原则，注重对大学生实践操作能力的培养。例如，本书在"就业管理"部分增加了"实战派"职业生涯规划师常用的生涯决策模型和工具。

　　(2) 突出鲜明的政策性。新时代、新阶段的大学生就业教育必须坚定不移地贯彻落实中央、地方及高校的最新就业政策及方案。本书通过线上课程专栏"一日一策"进行实时更新补充，实现就业创业政策早知道，引导大学生向国家发展"新战略"方向就业，达到就业育人的目标。

　　(3) 注重信息化建设的重要作用。本书充分利用高校就业智能网络服务平台和其他信息化手段，帮助大学生掌握线上求职及签约的策略和技能技巧，了解就业创业方面的信息，具有鲜明的时代特征，兼具教育、援助两大功能，突出了"实"和"新"的特色。

(4) 重视"实训"，贴近"就业实战"。本书与《大学生就业指导》在线课程相结合，通过每章配套的"技能实训"板块开展三大"就业工作坊"，提升大学生的专项职业技能："简历门诊工作坊"突出书面沟通技能，"模拟面试工作坊"突出面对面沟通技能，"就业行动工作坊"突出职场实训技能，各工作坊的实践活动构成完整系统的实践育人体系。

(5) 将课程思政融入日常教学。本书始终秉持"立德树人"的理念，针对大学生就业指导课程的实际需要，以求职择业为着眼点设计内容，同时将德育和思想政治工作贯穿其中，引导大学生树立正确的就业观和劳动价值观。本书不仅可以使大学生获得可持续发展的择业知识和求职技巧，而且可以激励大学生树立家国情怀，奋力建功立业，争做新时代有理想、有本领、有担当、有作为的新青年。

本书在编写过程中参考和引用了大量相关文献资料，汲取精粹，在此谨向这些著述、资料的作者致以诚挚的谢意！由于编者水平有限，书中难免存在不足之处，敬请广大读者批评指正！

本书提供教学大纲、教学课件、电子教案、慕课课程等教学资源，读者可通过扫描下列二维码下载或学习。

教学大纲　　　　　　教学课件　　　　　　电子教案　　　　　　慕课课程

编　者
2022 年 4 月

目　　录

第 1 章
欲善其事：了解就业形势与就业政策

当前，"以市场为导向，政府调控与学校推荐相结合，学生与用人单位双向选择"的高校毕业生就业模式持续得到巩固，为大学生找到理想的工作保驾护航。在严峻的就业形势下，就业市场竞争异常激烈，"不打无准备之战"成为所有求职者的共识。因此，高校毕业生要实时掌握全国就业形势与就业政策，在不断了解用人市场、提升就业认识的基础上，认真做好求职前的各项准备工作，"求得"自己心仪的好工作，"求得"自己美好的未来。

⏰ 知识要点

1. 我国目前的就业形势及现状。
2. 大学生就业程序。
3. 就业制度。
4. 就业政策。
5. 国家为促进大学生就业出台的政策。
6. 基层就业项目。

⏰ 导航阅读

高校毕业生就业形势新变化

高校毕业生规模巨大，已成为我国就业市场监测的重点群体。相关数据显示，2022届高校毕业生规模预计将达到 1076 万人，同比增加 167 万人。为准确刻画并客观反映高校毕业生就业市场状况，中国人民大学中国就业研究所与智联招聘联合推出《2021 年高校毕业生就业市场景气报告》，报告详细介绍了 2021 年高校毕业生就业景气较好和较差的行业。

这些行业招聘需求最旺

2021 年全年高校毕业生就业供需两端总体趋稳，第四季度在供需两端下行压力下景气指数有所回落。按月份来看，在招聘需求方面，2021 年 1—6 月均高于 2020 年同期，3—4 月达到最高，7—9 月与 2020 年同期基本持平，之后有所下降；在求职供给方面，高校毕业生工作搜寻具有周期性，与 2020 年相比，由于 2021 年高校毕业生可以选择线下校园招聘会等渠道，在线求职人数在 2—6 月均低于 2020 年同期，其中 3 月份达到最高。而 8、9 月与 2020 年同期持平，10—12 月高于 2020 年。

从 2021 年全年分行业就业形势来看，招聘需求较多的行业为中介服务、教育/培训/院校、互联网/电子商务、房地产/建筑/建材/工程、专业服务/咨询，求职人数较多的行业为互联网/电子商务、房地产/建筑/建材/工程、专业服务/咨询、教育/培训/院校、计算机软件，CIER(中国就业市场景气)指数较高的行业为中介服务、基金/证券/期货/投资、教育/培训/院校、互联网/电子商务、房地产/建筑/建材/工程、专业服务/咨询。

2021 年 7 月，国家"双减"政策正式出台，各地方政府也陆续发布了具体实施文件。进入 2021 年第四季度，教育/培训/院校行业的高校毕业生招聘需求人数逐月下降，而求职申请人数在 11 月有小幅度回升。从 CIER 指数来看，从年初的 19.49 下降至 11 月的 1.32 和 12 月份的 1.25，表明"双减"政策对该行业的就业造成了很大的冲击和影响。

从 2021 年全年分职业就业形势来看，招聘需求较多的职业为销售顾问、中小学课程辅导、房地产交易、管培生/储备干部、客户服务，求职人数较多的职业为行政、管培生/储备干部、财务、销售顾问、人事，CIER 指数较高的为房地产交易、中小学课程辅导、销售顾问、职业培训、演艺人员/经纪人等。

"双减"政策实施后，中小学课程辅导职业受到明显影响。从招聘需求来看，2021 年 10—12 月，中小学课程辅导的招聘需求人数连续下降，特别是在 11 月下降人数较为明显；从求职供给来看，第四季度求职投递人数出现小幅度回升；从 CIER 指数来看，12 月的景气指数下降为 1.31，为 2021 年所有季度最低。

一线城市招聘需求旺

从 2021 年全年分城市就业形势来看，招聘需求较多的城市为北京、深圳、上海、成都、广州等，求职人数较多的城市为北京、成都、广州、上海、深圳，从 CIER 指数来看，较高的城市为咸阳、大庆、嘉兴、中山、宁波。

以上分析表明，从招聘需求和求职人数的绝对数量来看，一线城市和部分新一线城市处于领先优势，而就业景气较好的城市为二线城市和三线城市。

从 2021 年全年招聘需求和求职供给来看，一线城市的招聘需求和求职人数均有所上升，但后者上升幅度明显更大，使得 CIER 指数下降。具体来看，北京招聘需求和求职人数的绝对值都要高于其他一线城市，但从 CIER 指数来看，在四个一线城市中，深圳和上海的高校毕业生 CIER 指数相对较高。

从 2021 年全年不同企业规模和性质来看，在招聘需求上，小型企业招聘需求人数相对较多，微型企业招聘需求人数基本稳定，而大型企业招聘需求人数略高于中型企业。但在 2021 年 9 月之后，大型企业招聘需求人数出现下降趋势，特别是 11 月人数下降较为明显，而中型企业招聘需求保持平稳；在求职人数上，进入 9 月之后，不同规模企业的求职人数都有明显上升；在需求保持平稳或下降、供给有所上升的作用下，CIER 指数出现下降趋势。

从 2021 年全年需求端来看，国企和外商独资企业对高校毕业生的招聘需求均有所上升，但民营企业需求略有下降；从供给端来看，国企、民营和外商独资性质企业的求职人数上升更明显，在供需两侧的作用之下，CIER 指数均出现下降趋势。

(资料来源：https://www.hqsdz.com.cn/article/14590.html，内容有删改)

1.1　当前的就业形势及现状

大学生要掌握当前就业形势，知晓我国就业状况，为择业打好基础。目前，我国就业趋势多样化，在求职过程中，哪些趋势对自己有利、需要避免哪些不利趋势，都是大学生要提前关注和考虑的。

1.1.1　我国目前的就业形势

1. 就业态势总体稳定

一直以来，我国不断强化就业优先导向的宏观调控，并持续完善就业政策体系，稳就业政策对特定群体产生了很好的效应，新业态和灵活就业群体日益扩大。随着我国经济的持续向好，整体就业韧性比较好，就业形势总体好于预期。

2. 总量性失业和结构性失业并存

(1) 高校毕业生就业人数基数大且连年增长。近年来，大学生就业难、就业形势严峻成为社会普遍关注的热点话题。从 1999 年开始，高校扩招，我国高等教育进入新阶段，高校毕业生人数大增。近年来，全国高校毕业生人数一直处于上升阶段，但同比增速不断放缓，趋于稳定。2011—2020 年，我国高校毕业生人数逐年攀升，由 2011 年的 660

万人到 2019 年的 834 万人，再到 2021 年的 909 万人，求职需求不断扩大。

此外，大学生就业群体出现"慢就业"等心理现象。"慢就业"是指一些大学生毕业后既不打算马上就业，也不打算考研究生，而是暂时观望，慢慢考虑人生道路的现象。据统计，中国越来越多的大学生毕业后并不急于找工作，而是在社会上观望和实践，寻找最合适自己的人生道路。"慢就业"的大学生家庭条件普遍比较好，家庭氛围民主，父母不会因为孩子不工作而焦虑，而且会支持孩子考研究生、考公务员、考察就业市场或者暂时放松。

(2) 产业结构调整背后伴随社会劳动力需求结构的变化。目前，我国的产业结构进一步调整和优化，劳动力从第一产业向第二、三产业等非农部门转移，并且随着我国社会整体经济结构的持续向好，还会出现劳动力由第二产业向第三产业转移的现象。随着经济的发展，我国第一产业的就业人口比重明显下降，第二产业和第三产业的就业人口比重均呈上升趋势，且第三产业的就业人数增长幅度大于第二产业。因此，整个社会的就业岗位也会出现结构性变化。

(3) 突发性因素影响较大。2020 年，突然暴发的新型冠状病毒让每一个企业都措手不及。由于新冠肺炎疫情的影响，工业、制造业和服务业受损严重，众多小微企业和个体经济陷入生存危机，进一步加剧了近年来就业市场的低迷状况。最新统计数据显示，近年来我国 31 个大城市失业率持续上升，2022 年初失业率达 5.4%。同时，考虑到退出劳动市场的人口会导致失业率分母虚低，而停薪留职的人口会导致失业率分子虚高，实际失业情况要比表现出来的失业率更加严重。

国家统计局数据显示，2020 年全年城镇新增就业 1186 万人，比 2019 年少增 166 万人，年末全国城镇调查失业率为 5.2%，城镇登记失业率为 4.2%。但在 2020 年，我国是全世界唯一实现经济正增长的国家，尽管受新冠肺炎疫情的影响严重，我国还是取得了可喜的成绩。

尽管新冠肺炎疫情的影响比较广泛，但是对就业情况的破坏性并非是长远的。2021 年，随着经济的快速复苏，我国实施双循环制度，继续扩大开放，外资投资我国的比例快速攀升。经济的快速发展必定会带来工作岗位的进一步增加，就业压力也会因此得到缓解。

1.1.2　我国目前的就业现状

就我国目前的形势来看，高校毕业生人数逐年大幅度增加，就业压力也在逐年增大。但我国的经济发展保持良好，高校毕业生初次就业率保持在 70% 以上，比较平稳。但高校毕业生就业地域结构性问题、专业结构性问题较为突出，高校人才培养错位。此外，一些政策性障碍仍然存在。再加上大学生对自身能力提高不重视，没有明确的职业生涯规划，表现为企业用人门槛不断提高，大学生能力却跟不上要求。这些因素都会影响就业率。经济发展速度放缓造成劳动力需求萎缩，经济发展结构的优化导致大学生就业结构性矛盾升级；生产动力的调整对大学生的业务能力提出新要求、高要求；传统渠道的吸纳能力降低，政府机关、国有企事业单位招聘岗位逐年递减，逢进必考，选人门槛提高。这些变化都加大了高校毕业生的就业难度。

1.1.3　就业创业促进计划

2021 年我国政府部门坚持把高校毕业生就业作为就业工作的重中之重，并采取了一系列措施来实施高校毕业生就业创业促进计划。

(1) 支持企业就业。采取税费减免、社保补贴、培训补贴等政策，鼓励企业尤其是中小企业招用更多的高校毕业生，同时保持公共部门岗位挖潜的力度，扩大国有企业招聘规模，稳定事业单位招聘。

(2) 支持基层就业。通过学费补偿、高定工资档次、就业补贴等有"含金量"的举措，引导高校毕业生为城乡社区服务，到急需教育、医疗等人才的领域就业。

(3) 支持创业创新。把创业创新作为扩大就业的重要方向，向大学生倾斜政策服务资源，提供有针对性的创业培训，给予高校毕业生创业担保贷款、创业补贴、场地支持。同时，完善灵活就业保障举措，支持高校毕业生个体经营、非全日制就业和平台就业。

(4) 强化招聘服务。继续开展全国性的线上网络招聘活动，同时有序放开线下招聘，组织城市联合招聘，加大行业企业的特色专场招聘，把优质的公共就业服务资源送进校园。

此外，人力资源和社会保障部(以下简称人社部)还将对高校毕业生开展针对性职业指导，拓展新职业培训，募集更多高质量的就业见习岗位，提升高校毕业生的就业能力。针对低收入、零就业等家庭的毕业生实施专项帮扶，开展"一对一"援助，发放求职创业补贴。

1.2　大学生就业程序

高校毕业生因为对就业程序不了解，所以可能会做很多无用功。其实，大学生就业有一套完整的程序，熟悉这套就业程序，便能更加高效地完成就业手续。

1.2.1　毕业生生源信息上报

(1) 高校毕业生需要进行生源信息上报。所谓生源信息上报就是高校毕业生将自己的基本信息，包括生源信息等录入系统，便于主管部门审核和查询，这对毕业、就业、档案转接等重大事项的顺利进行起着基础性作用。

(2) 上报流程。高校毕业生注册中国高等教育学生信息网(以下简称学信网)账号—登录之后输入自己的学号、姓名、身份证号、户籍所在地等相关信息—就业负责教师导出学生的基本信息—通过高校毕业生就业信息网上报生源信息—等待审核。

(3) 学信网。学信网由全国高等学校信息咨询与就业指导中心主办，是教育部高校学生司指定的电子政务平台，是网站依托中心建立的集高校招生、学籍学历、毕业生就业信息和全国高校学生资助信息于一体的大型数据仓库，开通了"阳光高考"信息平台、学籍学历信息管理平台、中国研究生招生信息网、全国高校学生资助信息管理平台、内地高校面向港澳台招生信息网等平台，开通了学历查询系统、在线验证系统、硕士研究生网上报名和录取检查系统、硕士研究生招生调剂服务系统、全国高校学生资助管理系统、学历认证网上办公系统等 20 余个电子政务系统和社会信息服务系统。

例如，湖北省的高校毕业生，可以使用湖北省普通高校毕业生就业手续网上申办平台(https://www.hbbys.com.cn)，平台由湖北省高等学校毕业生就业指导服务中心主办，该中心成立于 1993 年，是湖北省教育厅直属事业单位。湖北省高等学校毕业就业指导服务中心的工作职责是：组织开展全省毕业生供需见面活动，在公共信息平台收集发布毕业生供需信息，推荐和选拔毕业生实习就业，组织毕业生择业培训，开展毕业生就业咨询和各种就业委托服务。

1.2.2 毕业生就业材料准备

(1)《毕业生就业推荐表》。《毕业生就业推荐表》是高校以组织名义向用人单位推荐毕业生的书面材料，具有较大的权威性和可靠性，是用人单位接收毕业生的重要参考依据。例如，《湖北省普通高等学校毕业生就业推荐表》由高校大学生就业指导中心统一印发，其内容包括毕业生个人基本情况，毕业生在校期间所学主要科目及成绩。教务部门、就业指导教师、毕业生所在学院和学校毕业生主管部门的审核推荐意见。

(2)《全国普通高等学校毕业生就业协议书》。《全国普通高等学校毕业生就业协议书》简称"就业协议书"或者"三方协议"，是为明确毕业生、用人单位、毕业生所在学校三方在毕业生就业工作中的权利和义务，经协商签订的协议。就业协议书也是高校派遣毕业生的依据，在学生毕业离校前，高校将根据就业协议书的内容开具毕业生就业报到证和户口迁移证，同时转递毕业生档案。如果毕业生未签订就业协议书，高校将把其关系和档案转递回原籍。每位毕业生拥有唯一编号的就业协议书(一式三份)。

1.2.3　就业协议书

1. 毕业生网签协议

(1) 单位签约邀请。具备网签资格(系统注册审核通过且正常经营)的用人单位查询拟录用高校毕业生，向其发送签约邀请。

(2) 学生网签应约。符合签约条件的高校毕业生收到签约邀请，在应约有效期内同意应约，则生成电子协议书。

(3) 信息审核入库。

2. 毕业生线下录入协议

毕业生线下录入协议可实现省内院校毕业生与省外非系统注册单位落实就业后的信息登记功能。由毕业生录入就业协议信息，毕业院校审核。

(1) 录入协议。符合签约条件的毕业生录入就业协议信息，生成电子协议书。

(2) 反馈电子协议书。高校毕业生下载并打印就业协议书，联系单位盖章签字后，将纸质协议书扫描上传，提交审核。

(3) 审核入库。省内院校毕业生离校派遣前由毕业院校审核入库，离校派遣后由省级人社部门审核入库。

3. 报到证办理

高校毕业生可通过当地的毕业生就业网(如湖北毕业生就业网，网址 https://www.hbbys.com.cn)领取加盖电子签章的电子报到证，凭电子报到证即可办理相关就业手续。电子报到证和纸质报到证具有同等法律效力。

电子报到证方便使用、储存、归档以及共享，是永不丢失的电子证件。电子报到证作为电子证照材料，可通过扫描二维码、网上查询等方式进行核验，毕业生可以避免纸质报到证丢失补办的繁琐手续。2020 届及以后的高校毕业生办理调整改派手续也实现了全程网上办理，毕业生可以直接在网上领取相关资料，并可自行下载或打印。

1.2.4　档案转接

(1) 如果毕业生在毕业后没有及时参加工作，或者参加了工作但是没有和用人单位签订就业协议书，那么学校会将这些毕业生的档案转回户籍地的人才交流中心。

(2) 也有一些学校对未就业毕业生的档案不做任何处理，依然将其保存在学校。因为毕业生在毕业后有两年的择业期，在此期间，学校不会处理毕业生的档案。如果毕业两年后毕业生未处理档案，那么学校就会把档案退回生源地。

1.3　就业制度

就业制度是指有关人们合法获取就业机会、维护社会就业行为的根本规定。大学生就业制度是国家为确保大学生就业工作的有序进行，而制定的一系列直接或间接约束大学生就业行为的规则和程序的总称。

我国现行的大学生就业制度由一系列与大学生就业相关的劳动人事制度、就业管理体制组成，主要包括劳动合同制度、就业准入制度、人事代理制度等。

1.3.1　劳动合同制度

1. 劳动合同制度的概念

《中华人民共和国劳动法》(以下简称《劳动法》)第十六条规定，劳动合同是劳动者与用人单位确立劳动关系、明确双方权利和义务的协议。建立劳动关系应当订立劳动合同。

劳动合同是确立劳动关系的法律凭证和法律形式，它的法律特征可以从以下三方面来考虑：

(1) 劳动合同的主体是特定的。劳动合同的当事人一方是企业、个体经济组织、国家机关、事业组织或社会团体等用人单位，另一方是劳动者本人。也就是说，劳动关系是在拥有生产条件的用人单位与具有劳动权利能力、劳动行为能力的劳动者之间形成的。

(2) 劳动合同当事人的法律地位是平等的。劳动合同是双方当事人在平等自愿、协商一致的基础上达成的协议，是双方意志一致的产物，劳动合同的订立真正实现了企业的用工自主权和劳动者的择业自主权。

(3) 订立劳动合同的目的在于劳动过程的实现，而不仅仅是劳动成果的给付。劳动过程十分复杂，其成果也多种多样。有的劳动有独立的成果，有的劳动成果存在于集体劳动成果中；有的劳动成果当时就可以衡量，有的则要过一段时间才能衡量。无论劳动成果属于哪一种，只要劳动者按时按量完成了劳动合同规定的工作，企业就应当按照劳动合同的约定支付劳动报酬。总之，订立劳动合同的主要目的是使劳动者与用人单位构成具体的劳动关系。

2. 劳动合同的形式

劳动合同的形式常常根据劳动合同的期限来划分。《劳动法》第二十条规定，劳动合同的期限分为有固定期限、无固定期限和以完成一定的工作为期限。与此相适应，劳动合同分为以下三种形式：

(1) 有固定期限的劳动合同。有固定期限的劳动合同是指在双方当事人订立的合同中，对劳动合同履行的起始时间和终止时间有具体明确的规定。劳动合同期限届满，双方的劳动关系即告终止。但如果双方同意，也可以续订劳动合同。这类劳动合同的具体期限可以由双方当事人根据工作需要和实际情况来确定，时间可长可短，如半年、五年、十年或者更长，但它的根本特征是不变的，即劳动合同的起始时间和终止时间是固定的。

(2) 无固定期限的劳动合同。无固定期限的劳动合同是指在双方当事人订立的劳动合同中，没有规定具体明确的终止时间。在这类劳动合同中，双方当事人应当约定劳动合同终止的条件，只要不出现双方约定的终止条件或法律法规规定的其他情形，无固定期限的劳动合同一般不能终止。对于技术复杂、生产工作长期需要保持人员稳定的工作岗位，用人单位可以与劳动者协商签订这类合同。此外，国家法规政策规定，对部分符合条件的职工，只要本人提出订立无固定期限劳动合同的要求，用人单位就应当与之订立无固定期限的劳动合同。

(3) 以完成一定的工作为期限的劳动合同。以完成一定的工作为期限的劳动合同是指双方当事人把完成某一项工作或工程作为确定劳动合同起始和终止的时间。该项工作或工程开始的时间就是履行劳动合同的起始时间；该项工作或工程一旦完成，也意味着劳动合同的终止。因此，这类合同与有固定期限的劳动合同有相同之处，但在表现形式上有所不同。

3. 劳动合同的基本内容

劳动合同的内容是指双方当事人在劳动合同中必须明确各自的权利、义务及其他问题。劳动合同的内容可以分为法定条款和协商条款两部分：前者是指劳动合同必须具备的由法律、法规直接规定的内容；后者是指不是由法律、法规直接规定的，而是由双方当事人自愿协商确定的合同内容。《劳动法》第十九条规定，劳动合同应当以书面形式订立，并具备以下条款：

(1) 劳动合同期限。劳动合同期限是指劳动合同的有效时间，是双方当事人所订立劳动合同的起始时间和终止时间，也是劳动关系具有法律效力的时间。劳动合同期限是订立劳动合同所必须明确的内容。

(2) 工作内容。工作内容是针对劳动者而言的，是对劳动者设定的义务条款。工作内容包括劳动者从事劳动的工种、岗位以及在生产或工作中应当达到的数量和质量，或劳动者应当完成的任务。

(3) 劳动保护和劳动条件。劳动保护和劳动条件是针对用人单位而言的，是对用人单位设定的义务条款。劳动保护和劳动条件是为了保障劳动者在劳动过程中获得适当的劳动条件而采取的各项保护措施，如工作时间和休息休假、劳动安全和劳动卫生方面的措施和设备，以及对女职工和未成年职工的特殊劳动保护等。

(4) 劳动报酬。劳动报酬是劳动者劳动的成果返还和劳动者履行劳动义务后必须享受的劳动所得。从另一方面讲，劳动报酬是用人单位依据法律、法规以及劳动合同的约定支付给劳动者的工资、奖金、津贴等。劳动关系双方当事人在约定劳动报酬时，不得违反国家法律、法规的规定，如工资不得低于当地政府规定的最低工资标准，工资支付形式和期限也不得违反有关法律、法规和政策。

(5) 劳动纪律。劳动纪律也可称为厂规厂纪(校规校纪)，是指劳动者在生产(工作)过程中必须遵守的工作秩序和劳动规则。劳动纪律是用人单位组织生产经营活动、完成工作任务的保证条件，是规范劳动者行为的一项重要内容，也是劳动者必须履行的义务。劳动纪律主要包括上下班纪律、保密纪律、防火及防止其他事故的日常纪律等。

(6) 劳动合同终止的条件。劳动合同终止的条件是通过一定法律事实(包括行为和事件)中断劳动关系的条件。劳动合同终止的条件除了劳动合同期限届满或者双方当事人约定的工作任务完成等条件以外，订立无固定期限的劳动合同的双方当事人还应当约定其他劳动合同终止条件，如职工退休、退职，职工应征入伍或出国定居；用人单位宣告破产，用人单位被政府管理机关明令撤销等，都可以在劳动合同中约定为终止条件，但不能把《劳动法》明确规定的法定解除劳动合同条件约定为终止条件。这是因为，按照《劳动法》的规定，用人单位在某些情形下依法解除劳动合同，应当支付劳动者经济补偿金。如果约定为终止条件，则有可能使用人单位不支付劳动者经济补偿金，侵犯职工的合法权益。

(7) 违反劳动合同的责任。违反劳动合同的责任是指由于劳动合同当事人一方或双方的过错而造成劳动合同不能履行或不能完全履行，以及违反法律、法规规定的条件解除劳动合同，按照法律、法规的规定及劳动合同的约定，应当由过错方承担的行政、经济或司法责任。在劳动合同中规定这一内容是为了促使双方当事人切实履行劳动合同所规定的各项条款，维护双方当事人的合法权益。

劳动合同的内容，除了以上七项条款外，双方当事人还可以协商约定其他内容，即约定条款，如用人单位是否为职工提供居住条件及规定居住的期限，职工是否享受单位托儿所、幼儿园和其他生活福利设施，发生劳动争议时解决的途径等。双方当事人在协商约定条款时，都应当符合国家有关法律、法规的规定。

1.3.2 就业准入制度

所谓就业准入制度，是指根据《劳动法》和《中华人民共和国职业教育法》的有关规定，对从事技术复杂，通用性广，涉及国家财产、人民生命安全和消费者利益的职业(工种)的劳动者，必须经过培训并取得职业资格证书后方可就业上岗的制度。对技术工种(职业)从业人员实行就业准入制度，其根本目的是提高劳动者的技能水平，增强其就业能力和适应职业变化的能力，实现高质量就业和稳定就业。

2000 年 3 月 16 日，我国劳动和社会保障部以部令第 6 号形式发布了《招用技术工种从业人员规定》(以下简称《规定》)，对 90 个工种实行就业准入。该制度自 2000 年 7 月 1 日开始在全国范围内施行，实行就业准入的职业范围由劳动和社会保障部确定并向社会发布，其基础就是职业资格证书制度。

1. 实行就业准入制度的积极意义

制定《规定》的出发点和落脚点是加快提高劳动者素质、增强企业竞争力，同时满足促进企业安全生产、提高效益、保护消费者利益等的迫切需要。

2. 《规定》对用人单位及新生劳动力的要求

(1) 用人单位违反《规定》，招用未取得相应职业资格证书的劳动者从事技术工种工作的，由县级以上劳动保障行政部门给予警告，并可处以 1000 元以下罚款，同时责令用人单位限期对有关人员进行相关培训，其取得职业资格证书后再上岗。

(2)《规定》的规范对象主要是初次就业的劳动者。根据《规定》的要求，今后凡初次就业的劳动者，包括城镇初高中应届毕业生、待业人员以及农村从事非农产业或进城务工人员，只要从事国家规定的技术工种(职业)工作，必须取得相应的职业资格证书，方可就业上岗。

3. 高校及毕业生对就业准入制度的应对策略

(1) 职业资格证书的引进。我国高校引进职业资格证书的历史并不长。例如，上海高校也是在 2001 年底才首次进行大学生职业资格鉴定的。通过这第二张证书，学生在学校里就能做到知识与市场接轨。2003 年上半年，上海市劳动部门将 20 类职业正式列入高校职业资格鉴定范围，此外，还有 10 种职业认证即将推出。

目前不少高校毕业生动手能力较弱，专业技能与市场需求严重脱节，从而造成就业难问题。职业资格鉴定，可以培养大学生的专业能力，让大学生与市场需求"零距离"接轨。上海市推出的 20 类职业以及即将推出的 10 种职业，都是目前市场上的热门职业，这些职业资格证书的考核内容也充分体现了行业发展的最新动态。尽管高校职业资格证书还只是一个新事物，但随着"轻学历、重能力"用人观念的日益普及，以及市场对技能人才需求的持续上升，高校职业资格鉴定将在高校越来越普及。

(2) 树立职业资格证书的意识。随着人力资源市场的发展，"学历教育+职业资格教育"成为发展趋势，职业资格证书就是就业市场的准入证，越来越多的行业要求从业者必须具备职业资格,各种各样的职业资格证书已经从可有可无的附属品变为随身必需品,成为高校毕业生的必备装备。在就业形势越来越严峻的今天，考取国家职业资格证书是高校毕业生增加择业资本的重要途径和有力保证。但是，职业资格证书只是一种证明，其能否为求职就业增加筹码，还要看高校毕业生在校期间能否系统学习本专业的理论知识。只有理论联系实践，全面提高自己的综合素质，才能从根本上提升自己的就业竞争力。

1.3.3　人事代理制度

人事代理制度是我国人事制度改革的一项重要内容，它对于改革毕业生传统的就业方式、拓宽毕业生就业渠道、保障毕业生和用人单位的合法权益具有重要意义。

1. 人事代理的基本内涵

人事代理是指人事代理单位受用人单位或者个人委托代理有关人事业务。人事代理有以下三方面的含义：

(1) 人事代理是人事管理社会化的一种服务方式，人事代理单位受用人单位委托对用人单位内部人员进行管理。人事代理涉及的关系有三个方面：人事代理机构、用人单位、员工。人事代理机构代表的是用人单位的利益，把人员的进出放在代理机构，减轻了用人单位的负担。

(2) 人事代理是一种人事关系的代理。在社会主义市场经济体制下，人事工作应坚持为经济建设服务的方针。政府与企业的最终目标是一致的，人事代理是政府指导企业、为企业服务的一种途径和形式。

(3) 从宏观上来讲，人事代理的概念应该模糊一些，不能太受法律上"代理"一词的约束。但是，代理的具体业务可以按"代理业务"和"代理辅助业务"区分清楚。个人人事关系的代理是委托行为，是服务，而不是完全意义上的代理。人事行为是用人和被用的关系，是企业法人对雇员的管理行为，是人事管理行为，个人不存在这种行为。但是为了管理方便，我们把个人人事关系的委托也纳入代理的范畴。

2. 实行人事代理制度的意义

为适应社会主义市场经济体制的转变，我国人事制度必须进行改革。企事业单位实行人事代理制度是内部管理制度的突破口，具有重要的意义。

(1) 促进人事工作职能的转变，增强人才的流动性。实行人事代理制度，实现了人事工作从行政管理型向服务保障型的转变。人事代理制度是一种新的用人机制，它解决了企事业单位在用人方面"能上不能下""能进不能出"的问题。

(2) 规范人事管理活动，提高工作效率。人事代理制度的实行规范了人事管理活动，大大提高了人事管理的效率和水平。在社会主义市场经济体制下，实行人事代理制度也是政府人事部门有效配置人才的一个途径。国有企业产权改革，所有权与经营权分离，通过人事代理制度，人才也可以实现两权分离。人才两权分离，能够为人才跨部门、跨地区流动创造条件。从这个意义上讲，实行人事代理制度对人才优化配置能起到良好的作用。

(3)有效促进全员聘用合同制的实现，增强员工的危机感。全员聘用合同制旨在通过聘用合同的约定，确定用人单位与受聘人员的权利和义务，明确职责，激发员工的工作积极性。实行全员聘用合同制是从劳动关系层面来解决人员"能进不能出"问题的。但必须看到，受过去计划经济体制的影响，高校在人员的出口上还存在许多具体问题，导致出口不畅，如档案的衔接、社会保险的缴纳等方面的问题。而人事代理制度正是解决在实行全员聘用合同制后人员出口不畅的有效途径。此外，人事代理制度的实行还可以增强员工工作的危机感和责任感，促进员工不断钻研业务、努力工作，有利于员工素质的提高及员工队伍的成长。因此，实行人事代理制度是企事业单位人事内部管理向社会化管理转化的条件，是企事业单位择人求职走向市场的关键环节，是人才资源优化配置和企事业单位建立人员"能进能出"良性循环机制的有效途径，是整个干部人事制度改革的方向。

3. 人事代理的当事人

人事代理的当事人分为代理方和委托方。一般情况下，代理方为县级以上政府人事行政部门下属的人才流动服务机构，委托方为需要人事代理服务的各种企业、事业单位和个人。委托代理的方式由双方商定，并以合同的形式确立。

4. 人事代理的职能

人事代理属于人才交流服务范畴，其主要职能如下：

(1) 各级人才流动机构为委托方提供信息咨询服务(包括人事政策咨询服务、人才供求关系信息、市场统计信息等)，协助委托方研究、制定人才发展规划和人事管理方案等。

(2) 各级人才流动机构为委托方管理人事档案，负责技术人员专业技术职务任职资格的申报，办理大中专毕业生见习期满后的转正定级手续，调整档案工资，出具报考研究生、婚姻登记、办理独生子女手续、自费留学、出国等有关人事档案的证明材料。

(3) 各级人才流动机构为国家承认学历的大中专毕业生提供人事代理服务。从签订人事代理合同之日起，按照有关规定承认身份、申报职称、计算工龄、确定档案工资、办理流动手续。

(4) 各级人才流动机构为委托方接转党团组织关系，建立流动人员党员组织，开展组织活动。

(5) 各级人才流动机构为委托方办理失业、养老等社会保险业务,并为其代办住房公积金。

以上职能可划分为单位委托和个人委托两大类别。需要注意的是,各级人才流动机构与委托人不存在行政隶属关系,仅为其代理有关服务事宜。

5. 毕业生人事代理的常见问题

(1) 哪些毕业生应申请人事代理?

凡通过双向选择,已同外资企业、股份企业、乡镇企业、区街企业、私营企业、民办科技教育、医疗机构以及各种中介机构等非国有单位和实行聘用制的国有企业、事业单位签订就业协议的毕业生,择业期内暂未落实就业单位,正在择业的毕业生,准备复习考研或自费出国留学的毕业生等,均应申请人事代理。

(2) 未就业的毕业生办理人事代理需经过哪些程序?

未就业或准备复习考研的大专以上学历毕业生与人才中心签订就业协议书后,将就业协议书交到学校就业办公室,由学校统一到有关部门办理就业报到证,并将其档案转交人才交流中心。之后,毕业生持就业报到证、身份证等材料到人才交流中心报到,签订人事档案管理合同。

(3) 毕业生办理人事代理对个人有哪些好处?

毕业生办理人事代理后,人才交流中心会保障毕业生的合法权益,毕业生可以享受到和国有单位工作人员同等的人事待遇,如办理转正定级、初定职称、连续计算工龄、调整档案工资、职称资格考评、出国政审、党员管理、代办社会保险、户口迁入、出具以档案材料为依据的相关人事证明等。

(4) 人事代理毕业生的工龄如何计算?

毕业生凭就业报到证到人才交流中心报到后,无论从事何种职业,均从报到之日起开始计算工龄。工龄可以说明资历,是毕业生进入国有单位享受工资晋升、职务变动、退休、保险等待遇的依据之一。

(5) 人事代理毕业生怎样参加养老保险?

毕业生本人持身份证、人事档案管理合同到人才交流中心办理开户缴费手续,缴费标准按当地省市核定的当年标准,由个人在最低与最高标准之间选择确定。

(6) 人事代理毕业生在择业期内联系到单位后,如何办理改派手续?

毕业生若联系到可接收档案的单位工作,可持接收单位或其主管部门出具的接收函和原就业报到证到毕业生主管部门办理改派手续。之后,毕业生凭新的就业报到证到人才交流中心将人事档案转往接收单位。

1.4 就业政策

就业政策是指党和政府为促进经济和社会发展，为劳动者创造就业机会、解决就业问题而制定并推行的行为准则，是促进新生劳动力就业和失业人员再就业的有效手段。大学生就业政策是党和国家就业政策的重要组成部分，是专门针对大学生就业工作而制定的一系列规章制度的总称。

大学生就业政策对促进大学生就业具有重要意义。新的历史时期，党和国家高度重视大学生就业工作，指出就业是最大的民生工程，提出"就业优先"，强调要重点解决好高校毕业生等群体的就业问题，制定了一系列政策促进大学生就业。党的十九大报告明确强调，要坚持就业优先战略和积极就业政策，实现更高质量和更充分就业；要大规模开展职业技能培训，注重解决结构性就业矛盾，鼓励创业带动就业；要提供全方位公共就业服务，促进高校毕业生等青年群体就业创业；要破除妨碍劳动力、人才社会性流动的体制机制弊端，使人人都有通过辛勤劳动实现自身发展的机会；要完善政府、工会、企业共同参与的协商协调机制，构建和谐劳动关系。2020 年，受新冠疫情影响，国家针对大学生就业工作出台了更多政策，稳就业居"六稳"工作之首，保就业居"六保"任务之首，具体举措包括扩大硕士招生和专升本规模、扩大重点领域招聘、扩大基层服务项目招聘、强化困难帮扶等。

1.4.1 大学生就业政策变迁

随着社会转型和经济体制的发展，我国大学生就业政策发生了重大变化，大致可以划分为四个阶段：统包统分、双向选择、自我择业和鼓励自主创业。

1. 统包统分阶段

从中华人民共和国成立到改革开放前期，我国实行的是计划经济体制，高校毕业生的就业政策也严格按照计划管理模式进行，国家"包办"大学生的学习和就业，从招生到就业的一切活动都在"计划"内进行。大学生在完成学业之后，学校按"计划"进行派遣，用人单位按"计划"进行接收，大学生在就业选择上和用人单位在用人选择上缺乏自主权。"统一计划，集中使用，重点配备"与"在适应国家建设需要的基础上贯彻学用一致的原则"是这一时期重要的就业政策，并在此基础上形成了"地方分配、中央调剂"的原则。

统包统分的大学生就业政策是特定历史时期的产物，具有计划性、统筹性等特点，高校、大学生、用人单位均无须担忧就业问题，各主体只需完成自身任务即可。在人才稀缺的年代，国家通过"计划"，可以保证各重点行业、部门、机关尤其是边远地区和艰苦行业的人才需求得到满足，对巩固社会主义制度和促进经济社会发展起到了重要的作用。

2. 双向选择阶段

随着经济社会的不断发展，统包统分大学生就业政策的弊端逐渐显现，特别是随着改革开放的逐步推进，高校无法及时根据社会发展需要调整人才的培养方式，"等、靠、要"的思想不利于大学生发挥主观能动性和创造性，用人单位缺乏选择权因而无法挑选到合适的人才，这些都不利于社会发展，统包统分的大学生就业政策急需调整。1985年5月27日，中共中央颁布《关于教育体制改革的决定》，我国高校毕业生就业政策改革也随之展开。《关于教育体制改革的决定》明确指出，对于国家招生计划内的学生，其"毕业分配，实行在国家计划指导下，由本人选报志愿、学校推荐、用人单位择优录用的制度"。这意味着大学生就业政策由计划经济时代的"统招统分"向大学生自主择业、用人单位择优录取的"双向选择"转变。1993年中共中央、国务院颁布的《中国教育改革和发展纲要》明确，改革"统包统分"的就业政策，指出除少数大学生就业由国家安排之外，大部分大学生可通过人才市场与用人单位实行"双向选择"就业。

"双向选择"的大学生就业政策，对高校、大学生和用人单位而言，是一种"三赢"的结果。"双向选择"有多种优势：一是对人才资源合理利用的有效手段，有利于形成尊重知识、尊重人才的良好风气；二是提高高校办学的自主权，促进高校开展教学改革，培养适应社会所需的人才，高校人才培养的竞争意识明显增强了；三是有利于大学生自身发展，"双向选择"提高了他们学习的主动性和积极性，打破了过去"等、靠、要"的思想观念，使在校大学生有了危机感和竞争意识；四是有利于用人单位择才而用，可以根据自身需要挑选最适合的人才。

3. 自主择业阶段

随着改革开放的深入推进，国家需要实行更加灵活的就业政策，促进人才的自由选择和流动，以适应市场经济体制发展的需要。为了建立健全我国高校毕业生的就业体制，从2000年起，各高校向大学生发放就业报到证，采用毕业大学生自主择业的就业模式，这标志着以市场为导向的"自主择业"阶段正式开启。2002年，国家取消了高校毕业生就业的地区限制，允许毕业生跨区域就业。

"自主择业"的大学生就业政策一直沿用至今。对于大学生而言，可以根据自己的兴趣爱好、性格特征、能力优势等参与就业市场竞争。对于高校而言，办学的自主权进一步扩大，可以根据社会发展需要调整专业设置、调整培养人才的模式，甚至可以联合用人单位办学，把人才培养"搬到"企业中去，使培养的人才更加符合市场需要。对于用人单位而言，可以根据发展需要来制订招聘计划，或到人才市场，或直接到高校招收合适的人才。用人单位还可以因人而异制定政策，通过优厚的待遇吸引人才。

4. 鼓励自主创业阶段

为方便毕业生就业，高等教育应主要培养学生的创业技能与主动精神，毕业生不再仅仅是求职者，而首先将成为工作岗位的创造者。这是 1998 年世界高等教育大会上的内容要点，写进了《世界高等教育会议宣言》。我国政府积极响应这一宣言，2002 年，教育部、公安部、人事部等部门联合颁布的《关于进一步深化普通高等学校毕业生就业制度改革有关问题的意见》明确提出，鼓励和支持高校毕业生自主创业。特别是 2015 年以来，教育部在有关高校毕业生就业的文件中将"就业"与"创业"并列，旨在鼓励大学生自主创业。

近年来，面对严峻的就业形势，创业带动就业的模式越来越被社会所接受和认可。在 2014 年 9 月的夏季达沃斯论坛上，李克强总理提出，要在 960 万平方公里土地上创造"大众创业、万众创新"的氛围和环境。"大众创业、万众创新"被写进 2015 年的政府工作报告。自主创业成为部分大学生择业的优先选项。

从严格意义上来说，鼓励自主创业的大学生就业政策不是独立的政策阶段，而是对"自主择业"就业政策的进一步延伸。对于高校而言，不再是单纯培养适应岗位需要的人才，而是要培养具有创新创业精神和能力的高素质人才。对于大学生而言，则有了更加多元的选择，特别是在当前新兴业态不断涌现的背景下，创业将成为大学生的新舞台。

1.4.2 毕业生的一般性就业政策

(1) 定向生的就业政策。定向生原则上是按入学时签订的合同就业，确因特殊困难不能回原定向单位就业的，须征得原定向单位同意，将原定向单位同意解除合同的函件和新接收单位及其主管部门同意接收的函件上报就业主管部门批准，并缴纳相应的违约金和培养费后，方可调整就业。

(2) 专升本毕业生的就业政策。我国在 2020 年扩大了普通高等学校专升本规模，招生方向由职业教育专业和应用型专业转向产业升级和改善民生急需的专业，如电子信息类、计算机类、生物医学工程类和预防医学、健康服务与管理、应急管理、养老服务管理、护理等。统招专升本和高考本科都是教育部承认的本科学历。

(3) 毕业生自费出国留学的就业政策。毕业生可以凭国(境)外大学的录取通知书，在学校规定的期限内申请自费出国留学(申请自费出国的毕业生不参加就业)。经学校教务处和毕业生就业管理部门审核同意后，这类毕业生不列入就业计划。同时，在集中离校时未办妥手续的毕业生，原则上应将其户口转至生源地，继续办理出国手续。

(4) 应届毕业生报考国家公务员的就业政策。国家行政机关、其他国家机关和参照国家公务员制度管理的事业单位从高校应届毕业生中录用国家公务员，一律实行考试考核、择优录用的办法。高校应届毕业的研究生、本科生、大专生(非委培、定向生)，符合国家规定报考条件的均可报考。被录用为公务员的应届毕业生与组织者的人事部门签订就业协议书，也在就业范围内。

(5) 患病毕业生的就业政策。高校应在派遣前认真对毕业生进行健康检查，对不能坚持正常工作的，应让其回家休养。一年内治愈的可以随下一届毕业生就业，一年后未能痊愈或无用人单位接收的毕业生，自谋职业。

(6) 残疾毕业生的就业政策。高校应帮助残疾毕业生就业，确有困难的，按有关规定由生源所在地的民政部门安置。必要时，高校可与民政部门联系安排残疾毕业生的工作单位。

(7) 结业生的就业政策。结业生就业必须在就业报到证上注明"结业生"字样。已被录用的结业生，在国家财政拨款单位就业的，其工资待遇按照国务院有关文件规定，比国家规定的普通高校毕业生工资标准低一级。结业生在一年内补考及格换发毕业证书的，国家承认其毕业资格，工资待遇从补发毕业证书之日起按毕业生对待。

(8) 肄业生的就业政策。对于肄业生，高校发放肄业证书，并将其档案和户口转回生源地。国家不负责为肄业生办理就业手续，肄业生自谋职业。

1.4.3　国家促进大学生就业的政策

1. 鼓励高校毕业生到基层及中西部地区就业

基层就业就是到城乡基层工作，国家近几年出台了一系列优惠政策鼓励高校毕业生积极参加社会主义新农村建设和城市社区建设。一般来讲，基层既包括广大农村，也包括城市街道社区；既包括县级以下党政机关、企事业单位，也包括社会团体、非公有制组织和中小企业；既包括单位就业，也包括自主创业、自谋职业。

(1) 对到农村基层和城市社区公益性岗位就业的高校毕业生，给予社会保险补贴和公益性岗位补贴；对到农村基层和城市社区其他社会管理和公共服务岗位就业的高校毕业生，给予薪酬或生活补贴。

(2) 对到中西部地区和艰苦边远地区县级以下农村基层单位就业并履行一定服务期限的，由政府补偿学费，代偿助学贷款。

(3) 对有基层工作经历的高校毕业生，在研究生招录和事业单位选聘时优先录取。

(4) 对参加"选聘高校毕业生到村任职""三支一扶"(支教、支农、支医和扶贫)、"大学生志愿服务西部计划""农村义务教育阶段学校教师特设岗位计划"等项目的高校毕业生，给予生活补贴，按规定参加社会保险；项目服务期满并考核合格的高校毕业生，报考硕士研究生，初试总分加 10 分，高职(高专)学生可免试入读成人本科；相应地，自然减员空岗，全部聘用项目服务期满的高校毕业生。

2. 鼓励高校毕业生应征入伍服兵役

(1) 由政府补偿学费，代偿助学贷款。

(2) 在选取士官、考军校、安排技术岗位等方面，优先录取。

(3) 退役后参加政法院校基层公检法定向岗位招生考试时，优先录取。

(4) 具有高职(高专)学历的高校毕业生，退役后免试入读成人本科，或经过一定考核，入读普通本科。

(5) 退役后报考硕士研究生，初试总分加 10 分；荣立二等功及以上的高校毕业生，退役后免试推荐入读硕士研究生。

3. 鼓励优秀高校毕业生参与国家和地方重大科研项目

高校毕业生在参与项目研究期间，享受劳务性费用和有关社会保险补助，户口、档案可存放在项目单位所在地或入学前家庭所在地的人才交流中心。聘用期满，根据需要可以续聘或到其他岗位就业，就业后工龄与参与项目研究期间的工作时间合并计算，社会保险缴费年限连续计算。为提高骨干企业人力资源质量和科研项目质量，国家对有技术专长的毕业生、高校优秀毕业生等采取相应的鼓励政策。

(1) 鼓励企业更多地吸纳高校毕业生。国有大中型企业特别是创新型企业要更多地吸纳有技术专长的高校毕业生。高新技术开发区、经济技术开发区和高科技企业要集中吸纳高校毕业生。高校毕业生掌握现代化知识和技术，符合这类企业的用人需求，因此《国家促进普通高校毕业生就业政策公告》指出，要鼓励吸纳，以加强人才培养和储备，各地、各有关部门要根据实际情况制定具体的鼓励措施。

(2) 鼓励困难企业更多地保留高校毕业生。在应对国际金融危机实施企业减负稳岗措施中，支持困难企业更多地保留大学生技术骨干，按规定给予其社会保险补贴、岗位补贴或职业培训补贴。人力资源和社会保障部、财政部、国家税务总局《关于采取积极措施减轻企业负担稳定就业局势有关问题的通知》对此项政策有具体规定。

(3) 鼓励科研单位聘用高校毕业生。承担国家和地方重大科研项目的单位要积极聘用优秀高校毕业生参与研究。一是给予毕业生劳务性费用和有关社会保险费补助，由项目经费列支。二是参与项目期间，毕业生的户口、档案可存放在项目单位所在地的人才交流中心。三是聘用期满可续聘或到其他岗位就业，聘用期间工龄、社会保险缴费年限连续计算。高校毕业生参与科研项目，既可以促进科研的发展，又可以延长学习和研究的时间，对缓解当前就业压力起到了积极作用。

4. 鼓励和支持高校毕业生到中小企业就业和自主创业

(1) 对企业招用非本地户籍的普通高校专科以上毕业生，各地城市应取消落户限制(直辖市按有关规定执行)。

(2) 为到中小企业就业的高校毕业生提供档案管理、人事代理、社会保险办理和接续等方面的服务。

(3) 符合条件的个体经营者，免收行政事业性费用并享受国家相关扶持政策。

(4) 登记失业并自主创业的高校毕业生，如自筹资金不足，可申请 5 万元小额担保贷款；对合伙经营和带动就业的高校毕业生，可按规定适当提高贷款额度。

(5) 参加创业培训的高校毕业生，按规定给予职业培训补贴。强化高校毕业生的创业指导服务，提供"一条龙"创业服务；建设完善的大学生创业园和创业孵化基地，给予相关政策扶持。

(6) 灵活就业并符合规定的高校毕业生，可享受社会保险补贴政策。

5. 强化对困难家庭高校毕业生的就业援助

(1) 就业困难或零就业家庭的高校毕业生，可享受公益性岗位安置、社会保险补贴、公益性岗位补贴等就业援助政策。

(2) 机关、事业单位免收困难家庭高校毕业生招聘报名费和体检费。

(3) 高校可根据实际情况给予困难家庭高校毕业生适当的求职补贴。

(4) 对离校后未就业回到原籍的困难家庭的高校毕业生，由各地公共就业服务机构免费提供就业服务并组织就业见习和职业技能培训。

1.4.4 基层就业项目

1. 大学生志愿服务西部计划

大学生志愿服务西部计划由共青团中央、教育部、财政部等部门共同组织实施，每年招募一定数量的高校应届毕业生或在读研究生，到西部贫困县的乡镇从事为期 1～3 年的志愿服务工作。

(1) 选拔标准：到岗之前获得毕业证书或学位证书，通过西部计划体检，有志愿者服务经历或担任过各级团组织学生干部的优先录用。

(2) 岗位：到西部贫困县的乡镇从事教育、卫生、农技、扶贫以及青年中心建设和管理等工作。

(3) 服务期间身份：西部计划志愿者。

(4) 日常管理：县级成立领导小组和项目管理办公室，主要负责协调指导服务单位工作和对志愿者进行日常管理。

(5) 主要服务地：内蒙古、广西、重庆、四川、贵州、云南、西藏、陕西、甘肃、青海、宁夏、新疆等西部省(自治区、直辖市)和海南省，新疆生产建设兵团及湖南湘西土家族苗族自治州，湖北恩施土家族苗族自治州，吉林延边朝鲜族自治州部分地区贫困县的乡镇。

(6) 待遇：①政策支持，报考研究生初试总分加 10 分，同等条件下优先录取；服务期满考核合格，享受相应的学费补偿和助学贷款代偿政策等。②经费保障，志愿者服务期间，中央财政给予一定生活补贴，为志愿者统一投保(人身意外、伤害保险)，提供体验费等。

2. "三支一扶"计划

从 2006 年开始，全国每年招募 2 万名高校毕业生，主要安排到乡镇从事支教、支农、支医和扶贫工作，服务期限一般为 2 年。

例如，2020 年湖北省"三支一扶"计划具体情况如下。

(1) 招募数量：2020 年湖北省选拔招募 2000 名"三支一扶"志愿者，服务期限为 2 年。

(2) 招募对象：2018 年至 2020 年毕业(截止时间为 2020 年 7 月 31 日)的高校毕业生。

(3) 日常管理：用人单位负责安排工作岗位并承担日常管理工作，县级人事部门负责年度和服务期满考核工作，服务期满考核合格的，经省级办公室审核颁发证书。

(4) 岗位：支农、支教、支医和扶贫。

(5) 服务期间身份："三支一扶"志愿者。

(6) 待遇：服务期间，为志愿者发放生活补贴，并按有关规定为其办理服务期内的企业养老、医疗、工伤保险。服务期满三年内报考硕士研究生的高校毕业生，初试总分加 10 分；已被录取为研究生的参加"三支一扶"项目的应届高校毕业生，学校应为其保留学籍。

3. 大学生村官计划

2008 年，国家决定让高校毕业生到农村担任村委会主任助理、村党支部书记助理或团支部书记、副书记等职务，工作期限一般为 2~3 年。报名条件之一是经学校党委推荐的中共党员(含预备党员)学生干部。

(1) 选聘对象：30 岁以下应届和往届毕业的全日制普通高校专科以上学历的毕业生，应届毕业和毕业 1~2 年的本科生、研究生。原则上为中共党员 (含预备党员)，非中共党员的优秀团干部、优秀学生干部也可以选聘。

(2) 岗位：一般安排村党组织书记助理，村委会主任助理，村团组织书记、副书记，村党组织书记、副书记等职务。

(3) 日常管理：选聘的高校毕业生工作管理及考核，比照公务员有关规定进行，由乡镇党委政府负责。

(4) 岗位性质：为"村级组织特设岗位"，非公务员身份，其工作、生活补助和享受待遇应缴纳的相关费用由中央和地方财政共同承担。

4. 农村义务教育阶段，学校教师特设岗位计划

特设岗位分为新机制教师、城镇义务教育学校教师、各地自主公开招聘农村义务教育学校教师。报考新机制教师的年龄应在 30 周岁以下。资教生(含特设岗位生)、"三支一扶"服务期满人员报名参加考试的，年龄可放宽至 35 周岁以下。报考国家或省定的扶贫开发工作重点县(市、区)、武陵山、大别山、秦巴山、幕阜山连片特困地区所属县(市、区)的，年龄可放宽至 40 周岁以下。

(1) 日常管理：高校毕业生在聘期内由地方教育行政部门对其进行跟踪评估。

(2) 服务期间身份：特设岗位教师。

(3) 岗位：特设岗位教师原则上安排在县以下农村初中，适当兼顾乡镇中心学校。

报考各地城镇义务教育学校、各地自主招聘的农村义务教育学校教师岗位的考生，除应满足招聘所列的基本条件外，还须满足各地招聘公告中公布的其他条件。具有研究生学历的考生可报考各地的免笔试岗位。每个省份政策不同。

思考题

1. 如何看待当前我国大学生的就业形势？
2. 对你来说，目前的就业形势利在何处？弊在何处？
3. 签订就业协议书的主要流程是什么？
4. 国家针对大学生出台了哪些优惠的就业政策？
5. 就业协议书与劳动合同有什么不同？

第 2 章
认识自我：自身潜能探究，
就业心理调适

　　一个人一旦有了自我认知，也就有了独立人格，而一旦有了独立人格，也就不再浑浑噩噩地虚度年华了，换言之，他的一生都会有一种适度的充实感和幸福感。

　　自我认知是大学生职业生涯规划的第一步，即了解与职业生涯决策有关的个人因素及其与职业的关系。成就、财富、名利、声望等都建立在自我认知的基础上，大学阶段是个体对自我的职业性格、兴趣、气质、能力、价值观等充分了解的好时机。只有全面客观地认识和评价自己，才能知道自己想干什么、能干什么，才能在职业选择中扬长避短、趋利避害，选到适合自己的满意的职业。

⏰ 知识要点

1. 性格的含义、特征、分类及其与职业的关系。
2. 兴趣的含义、分类及其与职业的关系。
3. 霍兰德职业兴趣类型。
4. 气质的含义、分类及其与职业的关系。
5. 能力的含义、分类及其与职业的关系。
6. 价值观的含义及其与职业的关系。

⏰ 导航阅读

中国核潜艇之父——黄旭华院士

黄旭华，中国工程院院士，我国第一代核动力潜艇研制创始人之一，1926 年 3 月 12

日出生于广东省汕尾市海丰县红海湾区田墘镇，1949 年毕业于国立交通大学(今上海交通大学)造船系船舶制造专业，先后从事过民用船舶和军用舰艇的研究设计工作，1958年开始参与并领导我国第一代核潜艇的研究设计工作。他先后出任第一任核潜艇副总设计师、第二任总设计师，历任中船重工集团公司副所长、所长、党委书记，曾先后于 1978年获全国科学大会奖，1982 年获国防科工委二等奖。他参与完成的我国第一代核潜艇研制，获 1985 年国家科学技术进步奖特等奖；参与完成的导弹核潜艇研制，获 1996 年国家科学技术进步奖特等奖。1989 年，黄旭华被评为全国先进工作者，1994 年当选为中国工程院院士，2014 年 1 月当选中央电视台感动中国 2013 年度人物。

他的父亲黄树毅，衔勇救抗日义士之壮举，母亲曾慎其，积救死扶伤之善行，他们设育黎(黄树毅号)药房，兼营农商，阖家悬壶济世、仗义疏财、享誉乡里。

黄旭华的求学之路非常艰辛，但他对知识、对科学的追求却从未停止。1941 年夏初，黄旭华在历史悠久的桂林中学接受了系统的学习，激起了他对个人前途和国家命运的深刻思考。1944 年 6 月，日寇的铁蹄逼近桂林，在匆匆结束了高中学习后，黄旭华再度开启了自己的求学之旅。一年后，黄旭华终于实现了自己的梦想，既获得了中央大学的保送资格，又以优异的成绩被国立交通大学录取。

在黄旭华的人生旅途中，国立交通大学的学习历程堪用扎实、华丽、杰出、惊险等词来形容，即扎实的专业学习、华丽的思想转变、杰出的文艺才能、惊险的对敌斗争。通过国立交通大学四年的学习与锤炼，黄旭华不仅成长为一名拥有现代造船理论与技术的专业人才，而且实现了人生思想、理想与抱负的涅槃，成为一名铮铮的革命者，这为他后来铸造国之重器奠定了专业基础和思想基石。

随着上海的解放，黄旭华也走出了大学校园。作为在白色恐怖中成长起来的共产党员，他首先在党校受到了系统的马克思列宁主义、毛泽东思想的培育，聆听了陈毅、饶漱石、谭震林等多位党的高级领导人讲话，他为党和国家的事业奋斗终生的意志也因此更加坚定。

1949 年 10 月，黄旭华于党校结业。在随后的短短三年时间内，黄旭华频繁地变换工作单位，担任过秘书、团委书记等行政工作。但黄旭华认为，用技术报国才是他的志趣选择。经过一番努力，黄旭华终于在 1953 年被调到与他专业相关的船舶工业管理局从事专业技术工作。这不仅是他个人的兴趣所在，也成为他一生的追求。

1958 年，我国研制核潜艇的"09"工程诞生了，黄旭华因其优秀的专业能力被秘密召集至北京，迅速开始了我国第一代核潜艇的论证与设计工作。我国第一代核潜艇研制不仅面临着无经验、无技术、无条件的残酷现实，而且一开始就坎坷跌宕。黄旭华等技术人员刚取得初步的成果——"09"工程即在 1962 年遭遇下马风波，所幸黄旭华等十余人作为仅存的种子得以存留，继续坚持着艰难的研制工作。

在面临巨大的困难时，黄旭华考虑到国家、民族，只要能够推动国家进步，不计较个人得失。终于，1965 年春，"09" 工程迎来了曙光，不仅迅速恢复上马，而且各项工作紧锣密鼓地得到实质性推动，专司核潜艇研制的中国核潜艇总体研究设计所在渤海湾的一个荒岛成立。随着我国核潜艇研制的正式启动，黄旭华也随即开始了他的"荒岛"人生。

经过以黄旭华为代表的第一代全体研制人员及协作单位的共同努力，我国第一艘核潜艇于 1968 年 5 月在毗邻核潜艇总体研究设计所的核潜艇总体建造厂开始放样，核潜艇的建造正式拉开帷幕。在 "091" 首艇的制造过程中，囿于条件的限制，黄旭华及其他建造者克服重重困难，甚至采用磅秤称量的"笨"办法来控制各种设备及艇体重心与重量。终于，1970 年 12 月 26 日，我国第一艘鱼雷攻击型核潜艇带着全国人民的期盼和全体研制人员的汗水顺利下水了，中华民族开始拥有捍卫国家安全的海上苍龙。

其后，在弹道导弹核潜艇的研制过程中，黄旭华创造性地提出并运用了"毒蛇"理论、"尖端与常规"创新思想，大胆取消大陀螺设计，积极协同弹道导弹的设计与试验。经过诸多曲折与艰辛，我国首艘弹道导弹核潜艇于 1981 年 4 月 30 日成功下水，从此劈波斩浪，遨游在深蓝大洋之中，为保卫世界和平释放着巨大的震撼力。

在我国一代两型核潜艇的定型、完善过程中，黄旭华不畏艰险，爱国、敬业，指挥并参与了一系列重大试验，尤其是以总设计师的身份亲自登艇，现场指挥极限深潜，成为世界上第一个参与核潜艇极限深潜的总设计师，为国家富强、科技发展做出了贡献。黄旭华以自身行动践行了社会主义核心价值观。

(资料来源：作者根据相关资料整理)

2.1　性格

性格，也可称为个性，是人与人区别开来的典型特点，是一个人主要的、稳定而长久的个性特征。就像世界上没有两片完全相同的雪花，世界上也没有两个性格完全相同的人，无论是现实生活中、影视作品中，抑或是作家书中所塑造的角色，每一个人都性格各异。

2.1.1　性格的含义

性格是一个人对现实稳定的态度，以及与这种态度相应的在习惯化了的行为方式中表现出来的人格特征。一个人对人和事的态度与看法以及所采取的言行都能表现出其性格。所谓态度，是个体对社会、自己和他人的一种心理倾向，包括对事物的评价、对人的态度、好恶和趋避等。每个人的性格会因受到生活环境和教育的影响而有所不同。性格表现一个人的品德和道德面貌，受个人价值观、人生观、世界观的影响，如有的人克己奉公、公正无私，有的人唯利是图、假公济私。

人的性格是在后天多种因素的共同作用下形成的，具有稳定性和后天性。俗话说"江山易改，本性难移"，这就是性格稳定性的充分写照。同时，性格具有可塑性，尽管一个人的性格一经形成就很难改变，但这并不意味着我们就要顺其自然，我们仍可以通过自身的努力，充分发挥自己的性格优势，避免或减少自己性格中的劣势对事业的影响。

2.1.2　性格的特征

性格反映了一个人的独特性，其具有以下特征。

1. 性格的态度特征

人对现实的态度是性格最重要的组成部分。性格的现实态度特征主要是指一个人看待和处理各种社会关系的性格特征，主要包括对待自己的态度，如自尊或自卑、谦虚或骄傲、自律或放任等；对待他人和社会的态度，如正直或虚伪、尊重或轻蔑、公正无私或唯利是图、诚心诚意或三心二意、热爱集体或愤世嫉俗、热情或冷漠等；对待学习和工作的态度，如勤劳或无所事事、认真负责或马虎、创新或墨守成规等。性格的态度特征与每个人的日常生活息息相关，它直接决定了一个人对自己人生的选择。

2. 性格的理智特征

性格的理智特征主要是指人们在认知事物的过程中表现出来的心理特征。

(1) 感知方面：有的人在观察客观事物的时候非常专注，不易受外界刺激物的干扰，能高效地完成观察，属于主动观察型；有的人则非常容易受外界刺激物的干扰，一点风吹草动都可能让其无法专心致志，属于被动观察型；有的人在观察时喜欢把所观察和感知到的都一一罗列出来，属于罗列型；有的人则会对观察的客观事物进行一个整体的概括性描述，属于概括型。

(2) 记忆方面：有的人是在不经意间记忆的，属于主动记忆型；有的人则需要刻意记忆，属于被动记忆型；有的人擅长记忆直观形象的内容，属于直观形象记忆型；有的人则更擅长记忆抽象的内容，属于逻辑思维记忆型。

(3) 想象方面：有的人想象天马行空，有的人想象更加贴合实际；有的人在想象时敢于大胆创新，而有的人在想象时比较保守。此外，每个人想象的深度与广度也有区别。

(4) 思维方面：有的人喜欢独立思考，属于独立型；有的人只想抄袭别人的思考结果，属于依赖型；有的人喜欢分析问题的原因，属于分析型；有的人喜欢综合考虑多方面的事情，属于综合型；等等。

3. 性格的情绪特征

性格的情绪特征表现在以下四个方面。

(1) 情绪强度：情绪强度指情绪对一个人行为活动的感染程度和情绪受意志的控制程度，如有的人情绪高涨，精力旺盛，富于激情；而有的人情绪体验比较微弱，如安宁、冷漠等。

(2) 情绪持久性：有的人遇到一件事，虽然当时有情绪，但事后很快恢复平静；有的人情绪则能持续很久。例如，遇到一件开心的事，有的人只是事情发生的时候开心，而有的人会开心很长一段时间。

(3) 情绪稳定性：有的人成功或失败时，情绪都比较平静，无太大波澜，保持平常心；有的人有一点成功就沾沾自喜，有一点失败则闷闷不乐、垂头丧气。

(4) 主导心境：有的人经常欢乐愉快，有的人经常抑郁低沉，有的人经常心情平静，有的人却经常不安和躁动。

4. 性格的意志特征

意志是指一个人决定达到某种目的而产生的心理状态，常以语言或行动表现出来。意志可以促进强化或抑制削弱人的独立性、自律性、自主性、主动性、毅力等。每个人的意志有强有弱、有好有坏，通常从做一件事情的自觉程度上就可以体现出来。独立自主、有理想、有目标、有计划、果断、自信、勇敢、自律、毅力强等都是优秀意志的表现，而优柔寡断、无组织、无计划、学习工作不思进取、行为举止简单粗暴、控制不住自己的情绪等都是不良意志的表现。

2.1.3 性格的分类

把性格按照一定的原则和标准加以分类，有助于我们更好地了解自己的性格类型，进而把握性格的主要特点和实质，探索性格与职业的关系。

1. 按照心理机能优势分类

英国的培因和法国的李波特根据情绪、理智、意志三种心理机能在一个人的性格结构中所占优势的不同，将人的性格划分为情绪型、理智型、意志型三种。

(1) 情绪型，这类人外部表露明显，情绪波动大，处事较任性，行为常被情绪所控制和支配。

(2) 理智型，这类人通常有自己理智的思考，从不鲁莽行事，以理智思维控制自己的行为。

（3）意志型，这类人有目标、有计划，并会为之努力，做事积极主动，自律是其典型特征。

2. 按照心理活动指向性分类

瑞士心理学家荣格将性格分为外倾型和内倾型。外倾型性格的人喜欢社交，乐观开朗、活泼好动、社会适应能力强，喜欢与他人交流；内倾型性格的人不喜欢主动与他人交流，更喜欢独自一人，小心谨慎、深思熟虑后才会做决定，交际圈小、社会适应能力弱，思想和情绪不易外露。这两种性格类型的人从做事风格就能看出明显的区别。

3. 按照个体独立性程度分类

美国心理学家威特金等人将性格分为顺从型和独立型。顺从型性格的人喜欢顺其自然，对上级言听计从，喜欢随波逐流，不喜欢打破常规；独立型性格的人自尊、自信、自立、自强，喜欢独立思考、自主决策。

4. 按照人的社会生活方式分类

德国心理学家斯普兰格将性格分为理论型、经济型、审美型、社会型、权力型、宗教型六种。

（1）理论型性格的人以追求真理为目的，从理论的角度出发看待问题、观察事物，尝试找到事物之间的理论联系从而评价事物的价值。这种性格类型的人不擅长解决生活中的实际问题。

（2）经济型性格的人总是从经济的角度出发看待问题、观察事物，以获取财产为目的，将所有事物赋予经济价值，属于功利主义者。

（3）审美型性格的人以追求美为人生的最高境界，对美有独特的看法，注重自我完善和自我欣赏，但是对实际生活不大关心。

（4）社会型性格的人注重自己的社会价值，有强烈的献身精神，致力于提高社会和他人的福利。

（5）权力型性格的人以追求权力为最高目标，认为拥有了权力就拥有了一切，喜欢支配他人，但不愿被人支配。

（6）宗教型性格的人信仰宗教神学，相信上帝的存在，宽容大度，以慈悲为怀，如教堂的神父。

2.1.4　性格与职业

每个人都希望在工作中发挥自己的长处，都希望选到适合自己性格的职业。如果一个人的性格与职业要求相适应，工作起来就会得心应手、心情舒畅，也容易在工作中取得成就；反之，如果一个人的性格与职业需求不适应，就会阻碍其工作任务的完成，使人感到被动，对工作缺乏兴趣并难以胜任。

不同性格的人适合从事不同的职业，性格和职业存在相互对应的关系。职业心理学的研究表明，不同的职业对从业者的性格要求也不同。例如，从事教师职业的人要性格开朗、活泼乐观、自信，有耐心和责任心，喜欢与他人交流；从事科学研究的人要认真仔细，富有创造力和创新精神，敢于接受挑战、迎难而上；做医生的人要沉着、冷静、一丝不苟、责任意识强烈，具有救死扶伤的人道主义精神；做管理的人要具有团队意识，敢于大胆尝试，决策果断，有领导才能。国内外研究发现，在有成就的杰出人物中，绝大多数人属于坚强、有毅力、人缘和谐的性格类型。

我国古人讲过："积行成习，积习成性，积性成命。"这道出了性格的重要性。印度古谚语云："播种行为，收获习惯；播种习惯，收获性格；播种性格，收获命运。"总之，一个人越了解自己的性格与偏好，就越容易发现一条能够最大限度地发挥自己才能的职业道路。

心理学家霍兰德根据性格特征与职业选择的关系，把性格分为六种类型，如表 2-1 所示。

表 2-1　性格六类型

性格类型	性格特征	对应职业
研究型	好奇心极强、擅于观察、重分析、做事慎重，用研究的能力解决工作及其他方面的问题，自学能力强、好学、自信、重视科学，但缺乏领导方面的才能，喜欢从事有创造性和钻研精神的职业	科研人员、科技工作者、工程师、软件工程师等
艺术型	拥有艺术和音乐方面的能力，想象力丰富、有理想，喜欢创作，具有审美的能力，喜欢从事空间想象、自由、有一定艺术素质的职业	作家、诗人、音乐家、钢琴家、美术家、文学家、艺术家等
社会型	擅长社交、具有合作精神、重友谊、责任感强，乐于助人，有教导别人的能力，重视社会与伦理活动，喜欢从事福利相关或与他人建立和发展各种关系的职业	人力资源、教师、医生、律师等
企业型	有领导才能和冒险精神，自信而精力旺盛，爱支配别人，好发表见解，缺乏科学能力，但重视政治与经济上的成就，喜欢从事直接获得经济效益的职业	公司高管、经营管理人、产品供销商、公关等

性格类型	性格特征	对应职业
现实型	看重经济利益、守规则、重视社交，用具体实际的能力解决工作及其他方面的问题，但缺乏人际关系方面的能力，重视钱财，喜欢从事按一定程序进行操作、有一定技巧的职业	机械类、建筑工人、技术工人、土木工程师、一般劳动等
常规型	愿意服从，能自我抑制，有文书与数字能力并重视商业与经济能力，喜欢从事规律性的和较简单、刻板、遵循规定要求的职业	秘书、图书管理员、办事员、库房管理员、会计、出纳等

2.1.5　性格的自我评定

正确评估自己应从评定性格开始，了解自己的性格特征至关重要。很多学者都推出了评定性格的方法，现在较流行、较科学、操作较方便的是性格自我测验。下面介绍由心理学家在无数个案例和广泛调查研究的基础上总结设计出的性格自测试卷，以便帮助大家正确、合理地评定自己的性格。

性格测试一：

下面的问题可以帮助你判断自己的性格属于感情型、敏感型、思考型、想象型中的哪一类型。每个问题都有四个选项，最符合你的情况的选项计4分，其次为3分，再次为2分，最不符合的选项计1分。

1. 我给别人留下的深刻印象可能是(　　　)。

　　A. 经验丰富

　　B. 热情

　　C. 有教养

　　D. 知识丰富

2. 当我按计划工作时，我希望这个计划能(　　　)。

　　A. 取得预期效果，不要浪费时间和精力

　　B. 有趣，并能和有关人员一起进行

　　C. 计划性强

　　D. 能产生有价值的新成果

3. 我的时间很宝贵，所以总是首先确定要做的事情(　　　)。

　　A. 有无价值

　　B. 能否使别人产生兴趣

　　C. 是否安排妥当，按计划进行

      D. 是否考虑好了下一步计划

4. 对我来说，最满意的情况是(　　)。

      A. 比原计划做得多

      B. 对别人有帮助

      C. 通过思考解决了一个问题

      D. 把一个想法和另一个想法联系起来

5. 我喜欢别人把我看成一个(　　)。

      A. 能完成工作任务的人

      B. 充满热情和活力的人

      C. 办事胸有成竹的人

      D. 有远见卓识的人

6. 当别人对我无礼时，我往往(　　)。

      A. 立即表现出不快

      B. 心情不快，但能很快消除

      C. 谴责对方

      D. 原谅对方

【计分方法】把六个问题中 A，B，C，D 四项的分数分别相加，得出四个总分数。分数最高的一项，就是你性格的基本类型，即 A 为敏感型，B 为感情型，C 为思考型，D 为想象型。

【性格评定】第一种：敏感型。这类性格的人能够迅速对发生的事情做出反应，富有激情，敏捷迅速，办事速战速决，但是行为常有盲目性。他们喜欢将自己的全部热情拿出来与人交往，但受挫折时容易消沉、失望，一遇到困难就容易自我否定。这类性格的人最多，约占 40%，在运动员、行政公务员和各种职业中均有。

第二种：感情型。这类性格的人感情丰富，热情洋溢，追求刺激，容易感情用事，内心藏不住事，把所有情绪都写在脸上，乐于把自己的事情分享给他人，希望他人能对自己的事情感同身受。他们喜欢尝试新鲜事物，不喜欢单调的生活，希望生活有滋有味。但是在与他人交往过程中，这类性格的人易感情用事，行为冲动，傲慢无礼，有时易反复无常。这类性格的人占 25%，在演员、活动家和护理人员中较多。

第三种：思考型。这类性格的人做任何事都是自己思考和分析结果的，具有很强的逻辑思维能力，有较成熟的观点，注重事实和可行性，不会轻易改变自己的决定。他们的生活工作有理有序，有较强的时间观念，爱整洁，重视调查研究的精确性。但他们有时不擅长变通，墨守成规，思想教条化，纠结细节，缺乏必要的灵活性。这类性格的人大约占 25%，在工程师、教师、财务人员和数据处理人员中较多。

第四种：想象型。这类性格的人具有极强的想象力，对未来满怀憧憬。他们在生活中不太注重细节，有自己的想法，通常对那些不能立即了解他们想法的人表现出不耐烦。在与人交往的过程中，这类性格的人特立独行，不易合群，难以相处。这类性格的人不多，约占10%，在艺术家、科学家、研究人员、发明家、作家中较多。

性格测试二：

下面的50个问题，符合你情况的写A，不符合的写B，模棱两可的写C。

(1) 对社会上发生的事情很关心。

(2) 经常向朋友借出、借入东西。

(3) 喜欢兴奋而紧张的劳动。

(4) 喜欢别出心裁地做一些别人未做或不愿做的事情。

(5) 能立即适应新环境。

(6) 与其事先考虑能否成功，倒不如先试试。

(7) 我认为人的幸福应自然流露出来，应不拘小节。

(8) 我盼望生活有变动，不要一潭死水。

(9) 我宁愿把问题挑明，也不愿一个人生闷气。

(10) 我尽量注意不伤害别人的感情。

(11) 在大庭广众下工作显得更富生气。

(12) 能与观点不同的人和睦相处。

(13) 可以马上领会新工作的要领。

(14) 一旦知道行不通，立刻改变主意。

(15) 遇到高兴的事，我总是很爱笑。

(16) 对实际生活无用的知识不感兴趣。

(17) 发生事故不惊慌，能想办法摆脱困境。

(18) 看到别人做错事，马上提醒他。

(19) 认为处世要先发制人。

(20) 有许多要做的事情，不知从何处下手。

(21) 任何需要交谈的活动都愿意参加。

(22) 喜欢研究别人而不喜欢研究自己。

(23) 走路、穿衣、说话，我不喜欢磨磨蹭蹭的。

(24) 不愿别人提示，而自己思考。

(25) 别人说三道四，我并不介意。

(26) 对别人十分信任。

(27) 做事粗糙。

(28) 我交的朋友很广泛，各种各样的都有。

(29) 愿意帮助别人。

(30) 今日事情今日做，能做的事情——用不着左思右想的马上做。

(31) 不愿回想自己的过去。

(32) 人生应当充满冒险，这是很有意思的。

(33) 不论理由如何，我认为自杀的人都是很傻的。

(34) 听到别人的意见就很快改变自己的看法。

(35) 不怕失败。

(36) 我不经常分析自己的思想和动机。

(37) 常常与别人商量。

(38) 过十字路口时，红灯亮却没来车时就穿过去。

(39) 听别人说话，脑子里会不断涌出新主意。

(40) 与朋友聊天时不顾及别人在场。

(41) 心里有事，藏不住。

(42) 不管谁和我讲话，我都坦荡自如。

(43) 只要是我信服的人，我愿意听从其调遣。

(44) 有什么想法，常愿意告诉别人。

(45) 写信不打草稿。

(46) 很受孩子们的欢迎。

(47) 空闲时不知如何打发时间。

(48) 我爱读书，但不求甚解。

(49) 对什么问题都喜欢发表议论。

(50) 我喜欢体育活动，也爱看电视上的体育节目。

【计分方法】写 A 计 2 分，写 B 计 0 分，写 C 计 1 分，最后相加即可得出总分。

【性格评定】根据目前世界上广泛应用的、由瑞士著名心理学家荣格提出的性格倾向说，把性格分为外倾型和内倾型两大类。总分在 70 分以上的属于外倾型，41～69 分的属于平衡型(性格的倾向不明显)。40 分以下的属于"非外倾型"，即内倾型。外倾型性格的人，擅于交际，对新鲜事物感兴趣，乐观开朗、活泼，喜欢与他人交流，爱自由，做事速战速决，不拘小节，具有独立性、自主性、灵活性、活动性、开放性强的特点。在学习和工作上，他们注重自身兴趣和情感，但常常缺乏计划性和坚持性。内倾型性格的人，更多地关注自己的内心世界，常常沉浸在自我幻想中，在日常生活中往往表现为不自信、安静少言、处世谨慎，做事有计划、有规律，但随机应变能力较差，不擅长交际。在学习和工作上，即使有好的想法他们也不愿意表达出来，容易产生自卑感，封闭自己，爱拘泥于一些小事。两类性格还可具体分为十种，即社交型、感情型、行动型、思考型、过于自信型、孤独型、丧失自信型、不安型、乐天型、冷静型。

2.2 兴趣

兴趣和性格一样，也与职业有着密不可分的关系。一个人只有了解自己的兴趣爱好，才能知道自己喜欢做什么、想做什么。因为喜欢，所以热爱，只有热爱，才能不懈追求，才能将一件事情做到极致。兴趣可以使人的智力潜能得到充分发挥。当一个人对某事产生兴趣时，整个身心的积极性就会被调动起来，通常表现为积极地感知、观察事物，大胆探索和思考，情绪高涨，想象丰富，从而增强记忆效果和克服困难的意志。相反，"牛不饮水强按头"是不会取得理想效果的。

2.2.1 兴趣的含义

兴趣是人认识某种事物或从事某种活动的心理倾向，它是以认识和探索外界事物的需要为基础的。不同的人对同一件事情可能表现出不同的兴趣程度，同一个人也可能会对多件事情产生兴趣。在选择职业的过程中，我们把人对某种职业需要的情绪表现称为职业兴趣。

兴趣是一个人在生活实践中逐步建立和发展起来的。如果一个人根本不了解自己所从事的职业，那么他就很难对这种职业产生兴趣。

兴趣是推动人认识事物、探索真理的重要动机。兴趣是每个人进行职业选择的重要依据，它对人的职业选择具有重要作用，是不可忽视的。有时我们把兴趣比作是驶向成功的发动机，可以说，谁找到了自己最感兴趣的工作，谁就选择了通向成功的道路。

2.2.2 兴趣的分类

兴趣可分为物质兴趣、精神兴趣和社会兴趣三种。

(1) 物质兴趣。物质兴趣表现为人对精神以外的物质的迷恋和追求，如收藏古董、收藏邮票的兴趣。

(2) 精神兴趣。精神兴趣表现为人注重对精神层面的追求，包括对文化、科学和艺术等的追求，如科技创新、发明创造、旅游、摄影、写作、绘画、书法等兴趣。

(3) 社会兴趣。社会兴趣主要是指人对社会工作等活动的兴趣，如参与志愿者活动的兴趣。

兴趣还可以分为直接性兴趣和间接性兴趣，二者既可以相互转化，也可以相互结合，从而更有效地调动人的积极性。

2.2.3　兴趣与职业

从最早期的帕森斯开始，职业发展专家就把兴趣当作是职业选择的一个重要部分。古往今来，很多成功者都是根据自己的兴趣来确定志向和选择职业的，正是因为他们对兴趣的坚持，才有了一个又一个家喻户晓的"大家"。例如，我国著名的戏剧家曹禺在上中学前就热衷于看"文明戏"和京剧，也爱看地方戏和电影，升入天津南开中学以后，他成了南开新话剧团的演员。通过演戏实践，曹禺对戏剧产生了浓厚的兴趣，虽然父亲希望他学医，但他的兴趣在戏剧上。中学毕业后，曹禺进入清华大学学习西方语言和文学，开始从事长篇小说和戏剧创作，他的兴趣得到了进一步发展。在大学的最后一年，他写出了他的第一个剧本《雷雨》，之后成为我国著名的戏剧家。

兴趣类型不同的人，其对应的职业也有所差别，如表 2-2 所示。

表 2-2　兴趣类型与对应职业

兴趣类型	特点	对应职业
喜欢与事物打交道	喜欢操作工具、器具等，而不喜欢从事与人和动物打交道的职业	制图员、修理工、裁缝、木匠、建筑师、会计、工程技术员、机器制造员等
喜欢与人接触	喜欢与他人接触、交往，擅于交际，喜欢如销售、采访、传递信息一类的活动	记者、服务员、推销员、教师、行政管理员、营业员等
喜欢从事有规律的工作	喜欢常规的、流程化的、有规律的活动，喜欢在预先安排的条件下做细致工作	图书管理员、办公室职员、档案整理员、打字员、统计员等
喜欢研究人的行为	喜欢观察他人的表现，爱研究人的行为举止和心理状态	心理学家、政治学家、人类学家、历史学家、人事管理员、思想教育研究员等
喜欢从事抽象性和创造性的工作	想象力和创造力丰富	演员、创作人员、设计人员、画家等
喜欢做领导和组织工作	喜欢管理工作，希望受到尊敬，在组织中起着重要的作用	学校领导者、辅导员、行政人员、管理人员等
喜欢从事社会福利和助人的工作	乐意助人，试图通过自己的努力来改善他人的状况	医生、律师、护士、咨询人员等

（续表）

兴趣类型	特点	对应职业
喜欢从事科学技术工作	擅长推理、测试、理论分析，喜欢独立解决问题，也喜欢通过实验获得新发现	工程学家、物理学家、地质学家、生物学家等
喜欢从事操纵机器的技术工作	喜欢运用一定的技术，操纵各种机械来制造产品或完成其他任务	机床工、驾驶员、飞行员、石油煤炭开采工等
喜欢从事具体的工作	喜欢制作看得见、摸得着的产品，希望很快看到自己的劳动成果，并从中获得成就感	手工制作人员、美容师、理发师、室内装饰人员等

"兴趣是最好的老师。"一个人的主动性和生命力都会因为兴趣而得到充分激发，无论这件事是好还是坏、简单还是困难、轻松还是辛苦，他都兴致勃勃，全力以赴。

2.2.4　霍兰德职业兴趣类型

霍兰德是美国著名的职业生涯指导专家，他认为，个人职业兴趣特性与职业之间具有一种内在的对应关系。根据性格特征与职业选择的关系，性格可分为社会型(S)、企业型(E)、常规型(C)、现实型(R)、研究型(I)、艺术型(A)六个维度，每个人的性格都是这六个维度的不同程度的组合。

1. 社会型

性格特征：喜欢与人交往，不断结交新的朋友，善言谈，愿意教导别人；关心社会问题，渴望发挥自己的社会作用；寻求广泛的人际关系，比较看重社会义务和社会道德。

典型职业：喜欢从事与人打交道的工作，能够不断结交新的朋友，从事提供信息、启迪、帮助、培训、开发或治疗等工作，并具备相应的能力，如教育工作者(教师、教育行政人员)、社会工作者(咨询人员、公关人员)。

2. 企业型

性格特征：追求权力、权威和物质财富，具有领导才能；喜欢竞争，敢冒风险，有野心、抱负；为人务实，习惯以利益得失、权利、地位、金钱等来衡量做事的价值，做事有较强的目的性。

典型职业：喜欢从事要求具备经营、管理、劝服、监督和领导才能，实现机构、政治、社会及经济目标的工作，并具备相应的能力，如项目经理、销售人员、营销管理人员、政府官员、企业领导、法官、律师。

3. 常规型

性格特征：尊重权威和规章制度，喜欢按计划办事，细心、有条理，习惯接受他人的指挥和领导，自己不谋求领导职务；喜欢关注实际和细节情况，通常较为谨慎和保守，缺乏创造性，不喜欢冒险和竞争，富有自我牺牲精神。

典型职业：喜欢从事要求注意细节、精确度、有系统、有条理，具有记录、归档、根据特定要求或程序组织数据和文字信息的工作，并具备相应的能力，如秘书、办公室人员、记事员、会计、行政助理、图书馆管理员、出纳员、打字员、投资分析员。

4. 现实型

性格特征：愿意使用工具从事操作性工作，动手能力强，做事手脚灵活，动作协调；偏好具体任务，不善言辞，做事保守，较为谦虚；缺乏社交能力，通常喜欢独立做事。

典型职业：对要求具备机械方面才能、体力，或从事与物件、机器、工具、运动器材、植物、动物相关的职业有兴趣，并具备相应的能力，如技术性职业(计算机硬件人员、摄影师、制图员、机械装配工)、技能性职业(木匠、厨师、技工、修理工、农民)。

5. 研究型

性格特征：思想家而非实干家，抽象思维能力强，求知欲强，肯动脑，善思考，不愿动手，喜欢独立的和富有创造性的工作；知识渊博，有学识才能，不善于领导他人；考虑问题理性，做事精确，喜欢逻辑分析和推理，不断探讨未知的领域。

典型职业：喜欢完成智力的、抽象的、分析的、独立的定向任务，喜欢从事要求具备智力或分析才能，并将其用于观察、估测、衡量、形成理论，最终解决问题的工作，并具备相应的能力，如科学研究人员、教师、工程师、电脑编程人员、医生、系统分析员。

6. 艺术型

性格特征：有创造力，乐于创造新颖、与众不同的成果，渴望表现自己的个性，实现自身的价值；做事理想化，追求完美，不重实际；具有一定的艺术才能和个性，善于表达，喜欢怀旧，心态较为复杂。

典型职业：喜欢从事的工作具有艺术修养、创造力、表达能力，并能用于语言、行为、声音、审美、思索和感受之类的工作，不善于从事事务性工作，如艺术方面(演员、导演、艺术设计师、雕刻家、建筑师、摄影家、广告制作人)、音乐方面(歌唱家、作曲家、乐队指挥)、文学方面(小说家、诗人、剧作家)。

2.3 气质

气质是表现在人心理活动的强度、速度、灵活性与指向性等的一种稳定的心理特征。人的姿态、样貌、穿着、性格、行为、学识等都是气质的组成部分。一个人的气质由内到外散发，是长久的内在修养所形成的，具有恒久性。

2.3.1 气质的含义

气质是指人的相对稳定的个性特点和风格气度。心理学认为，气质是不以人的活动目的和内容为转移的心理活动的典型的、稳定的动力特征。

个体间的不同气质，使每个人在生活、工作及社交活动中呈现不同类型的稳定的色彩，在人与人的交往中，往往会碰撞出不一样的火花。特别需要注意的是，气质没有好坏之分，很多人属于兼有两种或三种气质特点的混合气质。

2.3.2 气质的类型

(1) EAS 模型。A.H.巴斯和普洛明提出气质的 EAS 模型，确定了三种气质倾向：情绪性(emotionality)、活动性(activity)、交际性(sociability)。情绪性，指个体情绪反应的强度；活动性，指个体能量释放的一般水平；交际性，指个体的人际交往特点。托马斯和切斯提出儿童气质的九个维度，即活动水平、节律性、主动或退缩、适应性、反应阈限、反应强度、情绪质量、分心程度、注意广度和持久性，并据此将气质划分为三种类型：易教养型、困难型和缓慢发动型。

(2) 体液学说。古希腊医生希波克拉底很早就观察到人有不同的气质，他认为人体内有四种体液：血液、黏液、黄胆汁和黑胆汁。希波克拉底根据人体内这四种体液的不同配合比例，将人的气质划分为四种不同类型：多血质、黏液质、胆汁质、抑郁质。

(3) 高级神经活动学。巴甫洛夫认为有四种典型的高级神经活动类型，即活泼的、安静的、不可抑制的、弱的，分别与希波克拉底的四种气质类型相对应，四种气质类型即四种典型的高级神经活动类型的行为表现。除了这四种典型的高级神经活动类型外，还有许多中间类型的神经活动。巴甫洛夫学说得到后继者的进一步发展，如捷普洛夫和涅贝利岑等主张研究神经系统的各种特性及其判定指标；梅尔林主张探讨神经系统特性与气质的关系，强调神经系统的几种特性的组织是气质产生的基础。还有人将气质归因于个人体质、内分泌腺或血型的差异，但气质的生理基础仍无法确定。

2.3.3　气质与职业

气质具有两重性，不同情况下具有不同的作用，可能是积极作用，也可能是消极作用，总的来说，不能凭主观来判断气质对职业的影响。具有不同气质类型的人，其特点也不同，对应的职业也就有所差别。在职业生涯中，人们能够通过自我控制来发挥气质的长处，抑制气质的不足。气质类型与对应职业如表 2-3 所示。

表 2-3　气质类型与对应职业

气质类型	特点	对应职业
胆汁质	胆汁质相当于神经活动的强而不均衡型，这类人精力充沛，行为兴奋，反应敏捷而迅速，但把兴奋性行为转变为抑制性行为较困难；比较粗心大意，难以抑制自己的情绪，易表现出暴发性情绪；行为的外倾性明显	导游、推销员、节目主持人、公关人员等
黏液质	黏液质相当于神经活动的强而均衡的安静型，这类人有精力，但沉着平稳；行为反应迟缓，不敏捷；情绪易抑制，不易表露，行为的内倾性明显；对兴奋性行为的改变较容易	出纳、财务人员、话务员、播音员、会计等
多血质	多血质相当于神经活动的强而均衡的灵活型，这类人精力充沛，行为反应灵活而敏捷，情绪易表现和变换，行为的外倾性明显，对行为的改变较容易	外交官、管理者、记者、律师、运动员、服务员等
抑郁质	抑郁质相当于神经活动弱型，这类人的兴奋和抑制程度都弱，但对事物的感受性很强，敏感多疑，精力不太充沛；行为反应细心谨慎，但迟疑缓慢，带有刻板性；情绪易波动且持久，行为的内倾性严重，对行为的改变较难	技术员、化验员、保管员、登录员、检察员等

2.3.4　气质的自我测定

由我国心理学者张拓基、陈会昌编制的气质测试 60 题是目前国内应用广泛的一种气质测验工具。下面 60 题可以帮助大家大致测定自己的气质类型。在回答这些问题时，你认为很符合自己情况的，计 2 分；比较符合的，计 1 分；介于符合与不符合之间的，计

0 分；比较不符合的，计-1 分；完全不符合的，计-2 分。

(1) 到一个新环境很快就能适应。

(2) 遇到可气的事就怒不可遏，想把心里话说出来才痛快。

(3) 喜欢安静的环境。

(4) 做事力求稳妥，不做无把握的事。

(5) 厌恶那些强烈的刺激，如尖叫、噪声、危险镜头等。

(6) 做事总是有旺盛的精力。

(7) 宁肯一个人干事，也不愿很多人在一起。

(8) 善于和人交往。

(9) 羡慕那种善于克制自己感情的人。

(10) 生活有规律，很少违反作息制度。

(11) 理解问题总比别人快。

(12) 碰到陌生人觉得很拘束。

(13) 遇到令人气愤的事，能很好地克制自己。

(14) 和人争吵时，总是先发制人，喜欢挑衅。

(15) 遇到问题常常举棋不定，优柔寡断。

(16) 总是闷闷不乐。

(17) 情绪高昂时，觉得干什么都有趣；情绪低落时，又觉得做什么都没意思。

(18) 当注意力集中于某一事物时，别的事很难使我分心。

(19) 在多数情况下情绪是乐观的。

(20) 碰到危险情景，常有一种极恐怖感。

(21) 一点小事就能引起情绪的波动。

(22) 能够长时间地做枯燥、单调的工作。

(23) 符合兴趣的事情，干起来劲头十足，否则就不想干。

(24) 对学习、工作、事业怀有很高的热情。

(25) 喜欢看感情细腻、描写人物内心活动的文学作品。

(26) 与人交往不卑不亢。

(27) 喜欢参加热烈的活动。

(28) 讨厌做那种需要耐心的细致工作。

(29) 工作学习时间长了，常感到厌倦。

(30) 不喜欢长时间谈论一个问题，愿意实际动手干。

(31) 宁愿侃侃而谈，也不愿窃窃私语。

(32) 在人群中从不觉得过分拘束。

(33) 老师或师傅讲授新知识、新技术时，总希望他讲慢些，多重复几遍。

(34) 疲倦时只要短暂休息就能精神抖擞，重新投入工作。

(35) 心里有话宁愿自己想，也不愿说出来。

(36) 认准一个目标就希望尽快实现，不达目的誓不罢休。

(37) 和别人同样学习、工作一段时间后，常感觉比别人疲倦。

(38) 别人说我"出语伤人"，可我并不觉得。

(39) 理解问题常比别人慢些。

(40) 能够很快地忘掉那些不愉快的事。

(41) 能够同时注意几件事情。

(42) 喜欢运动量大的体育活动，或参加各种文艺活动。

(43) 不能很快地把注意力从一件事转移到另一件事上去。

(44) 接受一个任务后，就希望把它迅速完成。

(45) 认为墨守成规比冒风险强些。

(46) 做作业或完成一件工作总比别人花的时间多。

(47) 当我烦恼的时候，别人很难使我高兴起来。

(48) 爱看情节跌宕起伏、激动人心的小说。

(49) 对工作抱认真严谨、始终如一的态度。

(50) 和周围人的关系总是不好。

(51) 喜欢复习学过的知识，重复做已经掌握的工作。

(52) 希望做变化大、花样多的工作。

(53) 小时候会背的诗歌，我比别人记得清楚。

(54) 兴奋的事常使我失眠。

(55) 在体育活动中，常因反应慢而落后。

(56) 反应敏捷，头脑机智。

(57) 喜欢有条理而不甚麻烦的工作。

(58) 做事有些莽撞，常常不考虑后果。

(59) 别人讲新概念，我常常听不懂，但是弄懂以后就很难忘记。

(60) 假如工作枯燥无味，马上就会情绪低落。

将每题得分填入表 2-4 相应的得分栏，然后计算每种气质类型的总分数。

表 2-4 自我测定评分表

胆汁质		多血质		黏液质		抑郁质	
题号	得分	题号	得分	题号	得分	题号	得分
2		4		1		3	
6		8		7		5	

(续表)

胆汁质		多血质		黏液质		抑郁质	
题号	得分	题号	得分	题号	得分	题号	得分
9		11		10		12	
14		16		13		15	
17		19		18		20	
21		23		22		24	
27		25		26		28	
31		29		30		32	
36		34		33		35	
38		40		39		37	
42		44		43		41	
48		46		45		47	
50		52		49		51	
54		56		55		53	
58		60		57		59	
总分		总分		总分		总分	

如果某种气质的得分明显高于其他三种(均高出 4 分以上)，则可确定为该种气质；如果两种气质的得分接近(差异低于 3 分)而又明显高于其他两种(高出 4 分以上)，则可确定为两种气质的混合型；如果三种气质的得分相接近且均高于第四种，则可确定为三种气质的混合型。

2.4　能力

一个人的能力有高低之分，能力是人通过后天不断努力与自我探索形成和提高的。个人对自己能力的认知也是自我认知非常重要的一部分。每个人既要具备一般能力，也要培养自己的特殊能力，这样才能在职业选择的时候让自己更具竞争力。

2.4.1　能力的含义

能力是直接影响人们工作效率，保证人们顺利完成某种工作所必需的个性心理特征。即使在相同的教育环境中，每个人所拥有的能力也是不一样的。从一件事情的完成程度就可以评判一个人能力的高低，能力的高低会直接影响工作的效率，要想不断提高自身的能力需要通过一定的锻炼。

2.4.2　能力的分类

通常人的能力可分为一般能力和特殊能力。

一般能力又称智力，是人的认识知动中的一种具有多维结构的综合性能力。心理学上用智商(IQ)来衡量人的智力高低，这是一个能够被量化的指标。个人认知过程中的各种能力、如感知能力、言语能力、思维能力、记忆能力、想象能力等都属于智力的范围，抽象概括能力、创造能力也是一般能力的重要组成部分。一般能力在各种活动和实践的方方面面可见，即使是一件不起眼的小事也能体现我们的一般能力。

特殊能力也称特长，是指人为从事各项专业活动而具备的能力，如语言表达能力、动作协调能力、空间判断能力、形态知觉能力、计算能力、手指灵活与灵巧度等。

2.4.3　能力与职业

合理地进行职业选择，清晰地了解自己的能力倾向及不同职业的能力要求是必不可少的一个环节。在进行职业生涯规划时，个人应主要考虑自己的最佳能力，选择最能发挥自己优势能力的职业。每个人所拥有的能力不同，对职业的选择也会有所差异，而不同类型、不同层次的职业，对人的能力要求也有所不同。能力类型与对互职业如表 2-5 所示。

表 2-5　能力类型与对应职业

能力类型	含义与特点	对应职业
一般学习能力 (智力)	能够认识、理解客观事物并运用知识、经验等解决问题的能力，即逻辑思维能力，它包括记忆能力、观察能力和注意能力	所有职业
语言表达能力	能够理解词、句子、段落、文章及其含义，并能正确运用，清晰而正确地表达自己的观点和向别人介绍信息。简单来说，它包括文字的理解能力和口头、文字、数字、图表表达能力	教师、公关人员、营销员、外交官等，基本上每个职业都需要具备此能力
动作协调能力	能够迅速、协调地做出精确的动作和运动反应	运动员、舞蹈家、飞行员、牙科医生、外科医生等
空间判断能力	能够看懂几何图形、解决几何问题、识别物体在空间运动中的联系	城市规划师、缝纫工、无线电修理工、建筑师等

(续表)

能力类型	含义与特点	对应职业
形态知觉能力	能够感知图像或物体的有关细节，对图像的阴暗、线的长短等做出视觉的区别比较，并看出其细微的差异	医生、药剂师、生物学家、建筑师、农业技术员、画家、测量员、制图员等
计算能力	能够迅速而准确地计算	出纳、会计、建筑师等
手指灵活与灵巧度	手指能够迅速、准确、和谐地操作小物体	雕刻家、画家、打字员、外科医生、护士等

我国现代职业教育的奠基人黄炎培说："一个人职业和才能相当和不相当，相差很大。用经济的眼光看起来：要是相当，不晓得增加多少效能；要是不相当，不晓得埋没多少人才。就个人而言：相当，不晓得有多少快乐；不相当，不晓得有多少怨苦"。

2.5　价值观

我们经常会说到三观，即价值观、人生观、世界观。每个人所处环境不同，所受教育不同，认知不同，三观也就有所差别。树立正确的价值观是树立正确的职业价值观的基础。

2.5.1　价值观的含义

1. 价值观

价值观是基于人一定的思维感官而做出的认知、理解、判断或抉择，即人认定事物、辨别是非的一种思维或取向，从而体现出人、事、物一定的价值或作用。价值观和人的性格、气质一样，具有稳定性和持久性。此外，价值观还受历史的影响，具有历史性与选择性，受人们主观意识的调动。价值观对动机有导向作用，一个人的价值观反映其认知和需求的水平与状况。

2. 职业价值观

其职业价值观是指一个人的人生目标和人生态度在职业选择方面的具体表现，以及对职业的认识和对职业目标的追求与向往。人各有志，每个人的追求都不一样，对待职业的态度也不一样。理想、目标、信念、追求对职业的影响集中体现在职业价值观上。

目前，大学生择业成为一大难题。对大学生进行科学合理的职业价值观教育，引导其树立正确的职业价值观，帮助其认清未来工作的发展方向，有助于解决这一难题。

2.5.2　职业价值观的类型

美国心理学家米尔顿·洛克奇在《人类价值观的本质》(*The Nature of Human Values*)一书中提出了 13 种价值观。

(1) 成就感：希望能够提升社会地位，得到社会和他人的认可，从一项挑战中获得成功并出色地完成工作，得到满足和成就感。

(2) 美感的追求：能有机会多方面地欣赏周围的人、事、物，或自己觉得重要且有意义的事物。

(3) 挑战：具有创新思维，选择创新的方法处理事务，用聪明才智来解决困难。

(4) 健康：包括身体和心理健康。希望工作能够免于焦虑、紧张和恐惧，能够心平气和地处理事务。

(5) 收入与财富：希望通过工作来改变自己的财务状况，注重钱财带来的满足感。

(6) 独立性：希望能够自由，可以充分掌握自己的时间和行动，从事具有弹性的工作。

(7) 爱、家庭、人际关系：关心他人，乐于与别人分享，协助别人解决问题；体贴、关爱他人，对周围的人慷慨。

(8) 道德感：能够与组织的目标、价值观、宗教观和工作使命契合。

(9) 欢乐：享受生命，热爱生活，愿意结交新朋友、与别人共处，一同享受美好时光。

(10) 权力：具有控制他人和支配他人的权力，使他人按照自己的意思去行动。

(11) 安全感：能够满足基本的工作需求，有安全感，较稳定，远离突如其来的变动。

(12) 自我成长：追求自我成长，寻求更美好的人生，在智慧、知识与人生的体会上有所提升。

(13) 协助他人：具有团队合作意识，能够体会到自己的付出对团体是有帮助的，别人因为自己的行为而受惠颇多。

2.5.3　职业价值观与职业

职业价值观是一种具有明确的目的性、自觉性和坚定性的职业选择的态度和行为，对一个人的职业目标和择业动机起着决定性作用。每个人的职业价值观都不尽相同，因此，每个人对工作或职业所带来的金钱、权力、声望等的看法也不一样。大学生在步入社会之前，必须树立自己的职业价值观，做出理性的选择，这样才能为今后长远的发展打下基础。职业价值观类型与对应职业如表 2-6 所示。

表 2-6　职业价值观类型与对应职业

职业价值观类型	特点	对应职业
自由型(非工资生活者型)	不愿受人干涉，想充分地施展本领，不愿受别人指使，凭能力拥有自己的"小城堡"	自由职业者、作家、诗人、作曲家、室内装饰专家、图书管理员、摄影师、音乐教师、演员、记者、编剧、雕刻家、漫画家等
自我实现型	不考虑收入、地位及他人对自己的看法，不关心平常的幸福，一心一意想发挥个性，追求真理，尽力挖掘自己的潜力，施展自己的本领，且视此为有意义的生活	气象学家、生物学家、天文学家、药剂师、动物学家、化学家、科学报刊编辑、地质学家、植物学家、物理学家、数学家、实验员、科研人员、科技工作者等
小康型	追求虚荣和优越感，看重社会地位和名誉，希望受到众人的尊敬，当欲望得不到满足时，由于具有过分强烈的自我意识，有时反而很自卑	记账员、会计、银行出纳、法庭速记员、成本估算员、税务员、核算员、打字员、办公室职员、计算机操作员、统计员、秘书等
经济型(经理型)	断然认为世界上的各种关系都建立在金钱的基础上，拥有金钱至上的观念，包括人与人之间的关系，甚至父母与子女之间的爱也带有金钱的烙印，这种类型的人确信金钱可以买到世界上所有的幸福	各种职业中都有这种类型的人，商人为甚
支配型(权力型)	将追求权力视为第一目标，想当组织的一把手，飞扬跋扈，无视他人的想法，为所欲为，且视此为无比快乐	推销员、进货员、商品批发员、旅馆经理、饭店经理、广告宣传员、调度员、律师、政治家、零售商人等
志愿型	富有同情心，把他人的痛苦视为自己的痛苦，希望自己能够帮助他人，不愿干哗众取宠的事，把默默地帮助不幸的人视为无比快乐	社会学家、福利机构工作者、导游、咨询人员、社会工作者、社会科学教师、护士等
技术型	认真钻研一门技术，认为靠本事吃饭既可靠又稳当，认为立足社会的根本在于拥有一技之长	木匠、农民、工程师、飞机机械师、自动化技师、野生动物专家、机械工、电工、司机、机械制图员等

(续表)

职业价值观类型	特点	对应职业
合作型	注重团队合作，人际关系较好，将友谊看作最大的财富	公关人员、推销人员、秘书等
享受型	享受安逸的生活，不愿从事任何具有挑战性的工作	无固定职业类型

思考题

1. 简述性格、兴趣、气质、能力、价值观的含义及分类。
2. 兴趣对职业生活有哪些影响？
3. 性格能决定命运吗？
4. 简述能力与职业能力对职业生活的影响。
5. 性格有哪些特征？
6. 气质有哪些类型？
7. 分析职业价值观的作用。

第3章
知己知彼：做好择业定位与职业分析

　　大学生毕业后走出校门，也要开始自己的职业生涯。职业选择是大学生人生事业发展的起点。不同的职业通常意味着不同的发展机会与空间，也决定着人们不同的生活方式。面对新的就业形势和就业环境，大学生应该按照职业相关理论加强对自己的认识和了解，对什么是职业以及如何进行职业定位和选择，做出科学决策，从而使自己的人生变得更加充实、更加有意义。

　　未来的人生道路一片空白，需要自己去填充，灿烂与否、绚丽与否，取决于自己的人生规划与选择。命运掌握在自己手中，要想实现自己的理想，改变自己的人生，就要先改变自己，做好自己的职业生涯规划。

⏰ 知识要点

1. 职业及其分类。
2. 行业的概念、行业与职业的区别和联系。
3. 职业资格与职业资格证书。
4. 专业与职业的联系和区别。
5. 职业生涯的含义和特性。
6. 职业素质、提高大学生职业素质的具体措施。
7. 职业定位和职业定位的主要方法。
8. 职业选择的含义及大学生职业选择的主要原则。

导航阅读

人才市场洞察及薪酬指南

科锐国际市场研究中心连续第九年发布的《人才市场洞察及薪酬指南》报告显示，2020—2021 年我国人才市场呈现如下显著特点。

1. 新基建孕育新机遇，新一代信息技术上下游硬核科技人才急需紧缺

2020 年，中央提出加快 5G(第五代移动通信技术)网络、数据中心等新型基础设施建设进度，通过"新基建"来促进经济结构调整、实现经济动能转换和促进经济高质量发展。在此背景下，多地积极规划数字经济蓝图，5G 与云计算、大数据、人工智能、工业互联网发展浪潮奔涌，企业竞相展开布局，由此带来的新一代信息技术上下游硬核科技人才急需紧缺，这些人才成为各大企业争夺的目标。

其中，在芯片领域，Si/GaN 新材料研发专家、DRAM 研发专家、IC 工艺研发专家平均年薪可达 80 万～150 万元，跳槽薪酬涨幅甚至达到 50%；大数据领域的数据平台研发、数据应用开发和数据产品类人才炙手可热，部分资深工程师年薪已经超过 150 万元；而各地政府积极推进智慧城市大脑建设，并为企业上云提供政策支持，带来云计算、物联网领域平台架构、解决方案、智能运维高层次人才的缺口，部分岗位年薪超过 200 万元，跳槽薪酬涨幅接近 40%。

2. 新场景催生新业态，数字化转型及在线场景相关人才需求急速上涨

突如其来的新冠肺炎疫情加速了数字化时代的到来，2020—2021 年，各行业开始加码布局线上平台，加速产业互联融合，数字技术正在全链条重塑产业价值，数字经济已经成为驱动经济增长的重要引擎。从产业互联来看，新冠肺炎疫情使得互联网医疗重焕生机，医疗电商蓬勃发展；随着智能网联不断推进车企的数字化转型，汽车智能升级、数字化营销、数智化工厂方向的人才需求不断扩大。在金融板块，金融科技人才需求活跃，特别是技术研发类岗位，其薪酬涨幅高于行业平均水平。

而在消费互联领域，直播和短视频领域迎来大爆发，直播电商改变了原来人、货、场的场景和逻辑，不同企业纷纷加大对直播的投入，主播群体也更加多元化。互联网营销师、直播销售员入选 2020 年人社部发布的新职业，优秀的直播运营、短视频运营、垂直运营、社交电商负责人年薪超过 50 万元，跳槽薪酬涨幅超过 20%。此外，在线教育迎来了高光时刻，新冠肺炎疫情培养了用户对在线教育的使用习惯，大量资本和人才涌入 K12 以及幼儿素质领域线上教育赛道，教学教研岗位成为年度大热，高学历类主讲需求旺盛，跳槽薪酬涨幅可达 50%。

3. 新格局带动新发展，区域一体化加速人才聚集与人才共享

近年来，中共中央、国务院先后制定了一系列推动区域一体化发展的重大国家级规划，提出将京津冀城市群、长三角城市群和粤港澳大湾区建设成为世界级城市群。"十四五"时期，我国将坚持实施区域重大战略、区域协调发展战略、主体功能区战略，健全区域协调发展体制机制。一系列区域协调发展的整体性规划和创新性举措加速了区域一体化新格局的形成，并在基础设施一体化、产业发展一体化、市场建设一体化、公共服务一体化、生态环保一体化多方面展开实践。

在政策及产业驱动下，区域间的互联互通、互信互认为人才的自由流动、高效配置提供了便利和通道，形成了"产业+人才"生态圈，"不求常住，但求常来"的区域人才共享渐成趋势。而随着跨国公司和国内龙头企业纷纷加大区域总部布局力度，全面融入地方经济，从人才需求端加速了区域人才的聚集。从整体来看，高级管理人才、高级技术研发人才仍是重点吸引主体，部分岗位薪酬水平和一线城市差距缩小，多地政府建立了急需紧缺人才监测制度，并出台了一系列招才引智政策，提升综合人才吸引力。

4. 新需求匹配新能力，创新、增长、复合、迁移能力成为最受关注的人才核心能力

新冠疫情使得企业对应对变化、保持韧性、驱动增长、开拓创新有了更深入的认知，并由此带来对组织能力和人才能力的新要求。在各行业中，创新研发、增长运营岗位的人才备受青睐。在医药行业，传统增长模式面临重大挑战，创新成为制胜的主题。随之带来产品创新、销售模式创新、互动方式创新等各个环节岗位的相关人才缺口。而随着互联网流量红利见顶，各企业对于创新的重视更是提高到空前的高度，人才的能力要求更迭加快。

"不可一业不专，也不能只专一业"，复合化成为企业考察人才的主流诉求。优秀的研发技术人才不仅要技术过硬，也要善于沟通、合作，并对商业有敏感的认知。行业跨界、文化跨界成为常态，互联网与汽车、金融、智能制造等传统业务结合更加紧密，具备互联网思维或技术，同时精通传统行业场景的人才成为热需。在抵御风险、高质量发展的驱动下，企业对新进人才的学历背景、软性素质能力要求进一步升级，并加速了原有组织中人员的优胜劣汰，提高了整体人才队伍素质。如今能够举一反三，将成功经验迁移至新的领域人才分外抢手。

5. 新环境加速新分化，供需两端"稳"为主基调，整体薪资涨幅回归理性

受外部环境影响，2020—2021年我国整体人才市场需求重心也由高速增长转为高质量发展，人才两极分化更为明显。在市场中，优秀的前30%的人才是各企业争抢的重点，而平均线以下的职场人面临求职困境。一些过去高薪的行业如互联网、金融、房地产，由于市场加速洗牌，出现部分岗位人才供过于求的现象。而数字化、线上化给传统模式从业人员带来了冲击，裁员优化并不鲜见。除风口领域、稀缺人才以外，整体市场平均薪资涨幅降低。企业对人才的需求画像及岗位标准更加精细化、清晰化、理性化，更加注重人才的高性价比。

而候选人端也会更倾向于选择稳健合规的企业，被动求职比例以及拒绝聘用通知书的比例上升，在外部环境不确定性加剧的情况下转换工作的决策更加谨慎。他们除了考虑企业的可持续发展、抗风险能力，公司文化、员工体验也是重要的考虑因素。民营科技企业的人选对央企、国企意愿较高，甚至愿意降薪选择更有发展前景的平台。

(资料来源：北京科锐国际人力资源股份有限公司 2021 年发布的《人才市场洞察及薪酬指南》，https://baogao.store/69875.html，内容有删改)

3.1　职业与职业生涯

职业是社会经济发展的产物，每一种职业都体现了社会的发展和进步。当前，职业的分工越来越细致，每个人都在特定的职业岗位上为社会做着贡献，研究职业相关理论具有重要价值。

同时，虽然每个人都有关于职业生涯发展的理解，但职业生涯发展的相关理论对我们指导实践，从而更加深入地认识自我、开发潜能、增强职业生涯决策能力、提高职业生涯规划能力具有重要的作用。

在我国，职业教育是国民教育体系和人力资源开发的重要组成部分，是广大青年打开通往成功大门的重要途径。一直以来，习近平都高度重视职业教育，关心技能型人才的培养。习近平明确提出，在全面建设社会主义现代化国家新征程中，职业教育前途广阔、大有可为。要坚持党的领导，坚持正确的办学方向，坚持立德树人，优化职业教育类型定位，深化产教融合、校企合作，深入推进育人方式、办学模式、管理体制、保障机制改革，稳步发展职业本科教育，建设一批高水的平职业院校和专业，推动职普融通，增强职业教育适应性，加快构建现代职业教育体系，培养更多高素质的技术技能人才、能工巧匠、大国工匠。各级党委和政府要加大制度创新、政策供给、投入力度，弘扬工匠精神，提高技术技能人才的社会地位，为全面建设社会主义现代化强国、实现中华民族伟大复兴的中国梦提供有力人才和技能支撑。

3.1.1　认识职业

"职业"一词由"职"与"业"二字构成。"职"，指社会职责、天职、权利与义务等；"业"，是从事业务、事业、事情、独特性工作的意思。职业是指人们参与社会分工，利用专门的知识和技能为社会创造物质财富和精神财富，获取合理报酬作为物质生活的来源，并满足精神需求的工作。一般而言，职业包含 8 个方向：生产、加工、制造、服务、娱乐、政治、科研、教育。

职业不是从来就有的，也不是永恒不变的，它是人类社会发展到一定阶段的产物。

原始社会初期，由于社会生产力水平极其低下，生产关系十分简单，除了男耕女织等自然分工外，没有明显的社会分工，也无所谓职业。进入现代社会，人们在社会劳动中都有了自己的特定职业，如建筑工程师、律师、医生、设计师、政府管理人员、注册会计师、公交司机等。离开了职业也就离开了社会劳动。

(1) 职业具有社会性。职业的社会性是指职业是随着社会的发展而不断变化的。职业的社会性主要体现为职业是从业人员在特定社会生活环境中所从事的一种与其他社会成员相互关联、相互服务的社会活动。随着社会的发展，职业分工越来越细致。例如，随着互联网技术的进步，产生了带货员、快递小哥等职业。

(2) 职业强调个人价值的实现，具有较强的目的性。职业是个人赖以生存以及维持家庭生活的主要手段。人们从事职业活动，以获得现金或其他收入等报酬为目的，在创造社会价值的同时，要求参与利益分配。从业人呐喊正是为了持续不断地实现个人价值，才长期在社会分工体系中从事某项职业。

(3) 职业具有专业性和技术性。职业的专业性是指不同的职业在劳动内容、劳动方式、劳动手段等方面具有自身的特点。一个人要从事某一种职业，就必须具备专门的知识和能力以及特定的职业道德品质。例如，要从事一级建造师工作，一般需要获得一级建造师的职业资格。目前，一级建造师执业资格考试设建设工程经济、建设工程法规及相关知识、建设工程项目管理和专业工程管理与实务四个科目。

同时，很多职业需要从业人员掌握相关的技术，以确保工作得以顺利开展。例如，从事公交司机职业需要拿到 A 类驾照，比一般私家车的驾照要求更高。不同的职业具有不同的技术要求，同一种职业在不同时期对技术的要求也有所不同。具备技术专长的从业人员获得某项职业后，也需要在职业岗位上不断学习，适应不断变化的职业技术要求。

(4) 职业可以促进人的个性发展，职业活动具有自身的内在规律和外在要求，对人的兴趣、爱好、性格等都会产生不同程度的影响。当个人从事的职业能使其特长、兴趣得到充分发挥和激发时，也就能促进其个性的充分发展。因此，大学生在选择职业时，一定要考虑自己的兴趣点，做好自己的职业生源规划，实现人生价值。

(5) 职业具有相对稳定性。作为从事专门生产劳动活动的职业，它的形式和内容在一定时期内是相对固定的，这也保证了从业人员能通过连续从事这一职业获得稳定的收入。在现实生活中，职业的经济性和稳定性是不可分割的。只有稳定性没有经济性的工作不是职业，如家庭妇女；只有经济性没有稳定性的工作也不是职业，如购买彩票。

3.1.2　职业的分类

在我国，依据 2015 年出版的《中华人民共和国职业分类大典》，职业主要分为以下几类。

第一大类名称修订为"党的机关、国家机关、群众团体和社会组织、企事业单位负责人"，其职业分类修订参照我国政治制度与管理体制现状，对具有决策和管理权的社会职业依组织类型、职责范围的层次和业务相似性、工作的复杂程度和所承担的职责大小等进行划分与归类。修订后的第一大类包括 6 个中类、15 个小类、23 个职业。与 1999 版相比，此次修改增加了 1 个中类，减少了 1 个小类、2 个职业，并对部分类别名称和职业描述进行了调整。

第二大类名称为"专业技术人员"，维持原大类名称不变，其职业分类修订除遵循职业分类一般原则和技术规范外，还着重考量职业的专业化、社会化和国际化水平。修订后的第二大类包括 11 个中类、120 个小类、451 个职业。与 1999 版相比，此次修改减少了 3 个中类，增加了 5 个小类、11 个职业。

第三大类名称为"办事人员和有关人员"，维持原大类名称不变，其职业分类修订主要依据我国公共管理与社会组织中从业者的实际业态进行。修订后的第三大类强化其公共管理、企事业管理等领域行政业务、行政事务属性，包括 3 个中类、9 个小类、25 个职业。与 1999 版相比，此次修改减少了 1 个中类、3 个小类、28 个职业。

第四大类名称修订为"社会生产服务和生活服务人员"，其职业分类修订主要参照国民经济行业分类以及我国服务业发展现状，特别关注新兴服务业的社会职业发展，主要按照服务属性归并职业。修订后的第四大类包括 15 个中类、93 个小类、278 个职业。与 1999 版相比，此次修改增加了 7 个中类、50 个小类、81 个职业。

第五大类名称修订为"农、林、牧、渔业生产及辅助人员"，其职业分类修订以农、林、牧、渔业生产环境、生产技术和产业结构的变化，现代农业生产领域中生产技术应用、生产分工与合作的现状为依据，参照国民经济行业分类进行。修订后的第五大类包括 6 个中类、24 个小类、52 个职业。与 1999 版相比，此次修改中类维持不变，减少了 6 个小类、83 个职业。

第六大类名称修订为"生产制造及有关人员"，其职业分类修订按照国民经济行业分类以及生产制造业发展业态，以工艺技术、工具设备、主要原材料、产品用途和服务与技能等级水平相似性进行。修订后的第六大类包括 32 个中类、171 个小类、650 个职业。与 1999 版相比，此次修改增加了 5 个中类，减少了 24 小类、526 个职业。

第七大类名称为"军人"，沿用 1999 版《中华人民共和国职业分类大典》的做法，维持原大类名称及内容表述不变。

第八大类名称为"不便分类的其他从业人员"，沿用 1999 版《中华人民共和国职业分类大典》的做法，维持原大类名称及内容表述不变。

2021 年我国启动修订《中华人民共和国职业分类大典》。随着经济社会发展、科技进步，产生了很多新职业，这些新产生的职业被纳入这个分类大典，进一步健全完善符合中国国情的现代职业分类。

3.1.3　行业与职业

行业一般是指按照生产同类产品或具有相同工艺过程，或提供同类劳动服务划分的经济活动类别，如饮食行业、服装行业、机械行业、金融行业等。

行业主要是按照工作对象来划分的，如教师行业、保险行业、建筑行业。职业是按照工作职能来划分的，如职业经理人、科学家、人民教师等。行业内部会存在很多种不同的职业分工，职位之间会存在巨大的差异，如对于土木工程专业的大学生和以砌墙修筑为生的民工来说，虽然大学生对整栋房屋的设计和修筑是了如指掌的，但不能像民工那般砌砖筑墙。

大学生在做职业生涯发展规划的时候，行业的选择应优先于职业的选择。行业相当于人生的方向，方向错了，再怎么努力也无济于事。行业的转变往往需要付出更多的艰辛，职业的转变代价则小得多，如一名建筑学教师想要成为一名律师是非常困难的，需要一切从头开始，而他要成为一名土木工程设计师则容易得多，因为建筑学教师和土木工程设计师属于同一个行业。

在我国，行业主要包括以下几类：

农、林、牧、渔业，采矿业，制造业，电力、热力、燃气及水生产和供应业，建筑业，批发和零售业，交通运输、仓储和邮政业，住宿和餐饮业，信息传输、软件和信息技术服务业，金融业，房地产业，租赁和商务服务业，科学研究和技术服务业，水利、环境和公共设施管理业，居民服务、修理和其他服务业，教育，卫生和社会工作，文化、体育和娱乐业，公共管理、社会保障和社会组织，国际组织。

在现实生活中，大学生选择一个适合自己的行业至关重要。例如，从事建筑行业的三个学生，甲同学毕业后通过公务员考试进入住建部门；乙同学进入某国有银行，从事建筑评估师的工作；丙同学进入某建筑公司。尽管他们从事同样的行业，但单位差异很大，以后的发展也可能完全不同。

3.1.4　职业资格

1. 职业资格的含义

职业资格是衡量一个人满足某一职业基本要求的重要尺度。例如，要成为一名合格的教师，必须获得教师资格证书和普通话合格证书。

职业资格是对将要从事某一职业的劳动者所必备的学识、技术和能力的基本要求，包括从业资格和执业资格。从业资格是指劳动者从事某一专业(工种)所必备的学识、技术和能力的起点标准，如教师资格、秘书资格等。执业资格是指政府对某些责任较大、社会通用性强、关系公共利益的专业(工种)实行准入控制，是劳动者依法独立开业或从事某一特定专业(工种)所必备的学识、技术和能力标准。

职业资格认证分别由人力资源和社会保障部、国家人事部、国资委商业技能鉴定与饮食服务发展中心等各相关部委通过学历认证、资格考试、专家评定、职业技能鉴定等方式进行评价，对合格者授予国家职业资格证书。

2. 职业资格证书

职业资格证书是劳动者具有从事某一职业所必备的学识和技能的证明，它是劳动者求职、任职、开业的资格凭证，是用人单位招聘、录用劳动者的主要依据，也是境外就业、对外劳务合作人员办理技能水平公证的有效证件。职业资格证书是劳动者走向职业岗位的"通行证"，也是其通向就业市场大门的"入场券"。

获得职业资格证书的程序及相关事项如下。

(1) 职业技能鉴定所(站)将考核合格人员名单报经当地职业技能鉴定指导中心审核。

(2) 在报经同级劳动保障部门或行业部门劳动保障工作机构批准后，由职业技能鉴定指导中心按照国家规定的要求统一办理证书，加盖职业技能鉴定机构专用印章。

(3) 经同级劳动保障部门或行业部门劳动保障工作机构验印后，由职业技能鉴定所(站)将职业资格证书送交本人。

任何符合条件的个人均可自主申请参加职业技能鉴定。申请人根据所申报职业的资格条件，确定自己申报鉴定的等级。职业技能鉴定分为知识要求考试和操作技能考核两部分。经鉴定合格者由劳动保障部门颁发相应的职业资格证书。

职业资格证书制度是我国劳动就业制度的一项重要内容，也是一种特殊形式的国家考试制度。它是指按国家制定的职业技能标准或任职资格条件，通过政府认定的考核鉴定机构，对劳动者的技能水平或职业资格进行客观公正、科学规范的评价和鉴定，对合格者授予相应的国家资格证书的制度。

3.1.5 专业与职业

专业与职业既有区别又有联系，专业为职业服务，职业对专业具有引领作用。每个专业都为若干相近的职业群提供必要的基础知识和基本技能。专业与职业是对应的，专业知识往往能够对工作有明显的帮助。专业区别于一般职业，在于其非同寻常的深奥知识和复杂技能。专业需要接受长时间的专业化训练，一般以是否接受过高等专业教育为标志。专业的一个重要特点就在于面对市场的变化，需要不断进行调整，并做出创新。而职业主要是通过个人体验与个人经验总结，多是指一个人所从事工作的性质。职业未必是专业，职业往往覆盖宽泛，这与具体的历史时期对工作岗位的界定有直接关系，也与表述的具体语境有关联。例如，建筑工人可以作为一个职业，但建筑工人绝对不是一个专业；但售货员既是职业，也是专业。

一般而言，我们所选择的学(专)业应该是职业目标所需要的知识和技能。然而从学(专)业与职业的相关性来讲，它们并不都是一一对应的，而是呈现出一对一、一对多、多对多等非常复杂的关系，如图 3-1 所示。

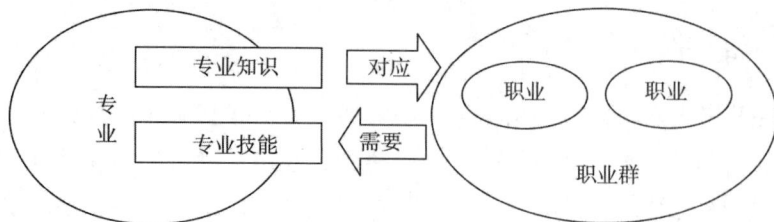

图 3-1　专业与职业的关系

(1) 一对一。这种情况最为简单，它是指一个专业方向对应一个职业目标。这类专业一般存在于中职类学校或高职学院，培养目标单一明确。此类职业的技术含量比较高，也比较单一，如我国湖北贵州的茅台学院，培养的学生基本都从事酒类生产、研发或者销售工作。

(2) 一对多。这类专业一般存在于普通本科高校，人们常说的宽口径、厚基础就是指这类专业。它们所对应的职业目标有多个。从职业的人格特征来看，许多专业都对应了两种以上甚至六种职业类型。例如，法律专业的学生以后可能从事的工作有公务员、律师、企业法律顾问等。

(3) 多对一。这就是多种专业都可以发展到某一种职业的情形。这类职业一般属于具有管理型人格的职业，如新闻记者、政府公务员、营销主管、执业经理人等。这种模式为大学生提供了多种选择途径。

(4) 多对多。这是多种专业都可以发展到多种职业的情形，这类专业在开设过程中往往具有明显的市场化趋势，专业课程设置比较宽泛，实用性强。由于现在职业的分工越来越具体，这种情况出现的频率也越来越高。

3.1.6　职业生涯

1. 生涯的含义

我国最早关于"生涯"的记载出自《庄子·养生主》中的"吾生也有涯，而知也无涯"。现代"生涯"一词更多的是指从事某种活动或职业的生活经历，如舞台生涯、体育生涯。生涯不是一个静止的点，而是一个动态的过程，不只是发生在人生的某个阶段，而是伴随人的成长，伴随人的一生。

生涯的英文是 career，主要是指两轮马车，引申为道路，即人生的发展道路。职业规划大师舒伯认为，所谓生涯是指一个人在一生中所扮演的角色的综合及结果，这些角色包括子女、学生、休闲者、公民、工作者、夫妻、家长、父母和退休者等九个。这九个角色扮演于四个主要场所：家庭、社区、学校及工作场所。美国国家生涯发展协会将"生涯"界定为"个人通过从事工作所创造出的一个有目的的、延续一定时间的生活模式"，这是生涯领域中被广泛使用的一个定义。

生涯不仅是一个人的职业或工作，它不是偶然产生的，而是一个需要我们认真规划、思考、制定和执行的过程。它与我们在不同成长阶段扮演的角色相互作用，是一个整合与合理安排这些角色的历程。

2. 职业生涯的含义

孔子云："吾十有五而志于学，三十而立，四十而不惑，五十而知天命，六十而耳顺，七十从心所欲，不逾矩。"他将人生划分为六个不同阶段。人生的主要阶段都是与职业分不开的，都依托一定的职业来维持生计。职业生涯是一个复杂的概念，由时间、范围和深度构成。时间指的是人一生的不同阶段，范围指的是人一生扮演不同角色的数量，深度指的是人扮演一种角色投入的程度。职业生涯是人一生中最重要的历程，是人追求自我实现的重要人生阶段。职业生涯不仅是我们的谋生手段，而且是我们满足高层次需求的重要途径，它对我们实现人生价值起着关键性作用。

关于"职业生涯"的含义，目前世界上有许多说法。美国著名生涯规划学者施恩将职业生涯分为外职业生涯和内职业生涯。外职业生涯是指人经历一种职业的过程，包括招聘、培训、晋升、解雇、退休等各个阶段，也指人从事一种职业的工作时间、工作地点、工作单位、工作内容、工作职务与职称、工资待遇、荣誉称号等因素的组合及其变化过程。外职业生涯通常可以通过职务名片、工资单等体现出来。内职业生涯更多地注重所取得的成功或满足主观感情，以及工作事务与家庭义务、个人消闲等其他需求的平衡，也是人内心的自我实现感。此外，美国著名学者舒伯认为："职业生涯是生活中各种事件的演进方向和历程，它统合了人一生中的各种职业和生活角色，由此表现出个人独特的自我发展形态。"所以，职业生涯具有终身性、独特性、发展性和综合性等特点，可以将它理解为介于"生命"与"职业"之间的概念，其内容是比较宽泛的，具有丰富的内涵与特性。这两位学者关于职业生涯的论述得到了最广泛的支持和应用。

中国研究职业生涯的学者将职业生涯分为广义和狭义两种。广义的职业生涯是指人从职业能力的获得、职业兴趣的培养、职业的选择、就职，直到最后完全退出职业劳动这样一个完整的职业发展过程，其上限从 0 岁人生起点开始。狭义的职业生涯则是指人从职业学习开始，踏入社会、从事工作直到职业劳动的最后结束，离开工作岗位为止的这段人生职业工作历程。目前，我国的职业生涯规划教程基本上采用狭义的概念。

3. 职业生涯的特性

从总体上看，职业生涯具有以下特性。

(1) 独特性：每个人都有自己的兴趣、爱好和理想，有自己独特的职业理想和职业选择，有为实现自己的职业理想所做的种种不同努力，从而有着与别人相区别的独特的生涯规划和历程。

(2) 发展性：人是职业生涯的主动创造者和实践者。职业生涯是一个动态的发展历程，个人在不同的生命阶段中会有不同的职业生涯追求和规划，这些职业生涯追求和规划不断变化和发展，个体也随之不断成长。职业工作和组织机构在范围上已日趋国际化，而不是仅限于一个国家内。同时，工作场所的多样性对工作和职业生涯造成了极大的冲击。

(3) 阶段性：人在不同的人生阶段有着不同的目标和任务，每个人的职业生涯发展过程都有着不同的阶段。职业生涯各个阶段之间具有递进性。一般来说，前一个阶段是后一个阶段的基础，后一个阶段是前一个阶段的发展。

(4) 终身性：职业生涯发展是一生当中连续不断的过程。职业生涯概括了一个人一生中所拥有的各种职位、角色。因此，职业生涯不是个人在某一阶段所特有的，而是人终身发展的过程。曹操的名言"老骥伏枥，志在千里"正体现了人生晚期也要不断进取、开拓创新的气概。

(5) 整合性：职业生涯以个人事业角色的发展为中心，也包括其他与工作有关的角色。职业生涯并不是仅仅特指个人在某一时段所拥有的职位、角色，而是个人在一生中所有职位、角色的总和，这个总和不局限于个人的职业角色和职业定位，也包括学生、子女、父母、公民等涵盖人生整体发展各个层面的各种角色。

(6) 互动性：每个人的职业生涯都是个人与他人、个人与环境、个人与社会互动的结果，不可避免地受到环境和他人的影响。人的主观能动性，个人所掌握的社会资源、个人所处的环境变化，对其职业生涯规划和决策有着重要的影响。

3.2　职业素质

大学生进入职场以后，除了要展示专业技能，还要展示出色的职业素质。一个人的职业素质是通过学习教育、学习实践以及受到周围环境的影响而逐步形成的，具有相对性和稳定性。随着社会经济的发展，人们对职业素质提出了更高的要求，大学生为了更好地适应职场需要，必须不断提高自己的职业素质。一个具有高度职业素质的大学生，更容易在职业生涯中获得成功。

习近平总书记一直以来高度重视高素质劳动者、创造性人才在我国经济发展中的重要作用。他明确指出："劳动者素质对一个国家、一个民族发展至关重要。劳动者的知识和才能积累越多，创造能力就越大。提高包括广大劳动者在内的全民族文明素质，是民族发展的长远大计。面对日趋激烈的国际竞争，一个国家发展能否抢占先机、赢得主动，越来越取决于国民素质特别是广大劳动者素质。要实施职工素质建设工程，推动建设宏大的知识型、技术型、创新型劳动者大军。""要树立正确人才观，培育和践行社会主义核心价值观，着力提高人才培养质量，弘扬劳动光荣、技能宝贵、创造伟大的时代风尚，营造人人皆可成才、人人尽展其才的良好环境，努力培养数以亿计的高素质劳动者和技术技能人才。"

3.2.1 职业素质的含义

职业素质是劳动者对社会职业了解与适应能力的一种综合体现，主要表现在职业兴趣、职业能力、职业个性及职业情况几个方面。影响和制约劳动者职业素质的因素很多，主要包括受教育程度、实践经验、社会环境、工作经历以及劳动者自身的一些基本情况(如身体状况等)。一般来说，劳动者能否顺利就业并取得成就，在很大程度上取决于本人职业素质的高低，职业素质越高的人，获得成功的机会就越多。职业素质的构成如表 3-1 所示。

表 3-1　职业素质的构成

职业素质的构成	含义
思想政治素质	包括政治教育、道德教育、世界观教育等
职业道德素质	在一定职业活动中应遵循的、体现一定职业特征的、调整一定职业关系的职业行为准则和规范
科学文化素质	在科学知识、文化知识、艺术欣赏等方面自我教育、自我提高的过程，内容包括自然科学知识、社会科学知识等
专业技能素质	专业是指企业经营与管理中某一范畴的具体的业务规范，如行政、人力资源、教书、护理等；专业技能素质主要是指从事某一职业的专业能力
身体素质	指人体在活动中所表现出来的力量、速度、耐力、灵敏度、柔韧度等机能，是一个人体质强弱的外在表现，也是我们从事各项工作的重要保障
心理素质	是人的整体素质的组成部分，以自然素质为基础，是在后天环境、教育、实践活动等因素的影响下逐步发生、发展起来的

3.2.2　提高大学生职业素质的具体措施

大学生要提高职业素质，必须加强职业道德修养，培养自己的敬业意识、责任意识和诚信意识；不断提高自己的专业技能，强化动手能力，以适应岗位的要求。同时，大学生要积极参加社会实践，在做中学、学中做，把做和学结合起来，提高自己在实践中运用专业知识的能力和综合素质。具体而言，大学生在学习和生活中要做到以下几点。

1. 树立正确的人生观和价值观

大学生要树立正确的人生观和价值观，必须拥护并贯彻、执行党的基本路线、方针和政策，遵纪守法；在工作中要有敏锐的政治鉴别力，对所承担的咨询项目或者是本职工作中涉及的政治事件和思想问题，要有洞察和辨别的能力，不做有损国家和人民利益的事情。

2. 遵守校企规章制度

大学生在学习和工作中要遵守学校和企业的各项规章制度，遵守所从事职业的道德规范，重视和维护好学校和企业的信誉，在工作中切实维护好客户的根本利益；切不可为了一时的利益做有损企业的事情，更不能搞商业欺诈。

具体而言，大学生职业道德标准如表 3-2 所示。

表 3-2　大学生职业道德标准

协调关系	简短概括	具体表现
对社会	守法宏德	遵纪守法、弘扬道德
对消费者	互利共赢	以消费者为中心
对企业	爱岗敬业	热爱本职工作、忠于职守
对客户	诚实守信	实事求是、真诚相待
对竞争对手	合法竞争	公平、公正竞争

3. 培养高度的合作意识和组织沟通能力

美国著名人际关系学家卡耐基说，一个职业人士成功因素 75%靠沟通，25%靠天才和能力。创新型人才的组织沟通能力是指围绕既定的目标，通过各种信号、媒介和途径，有目的地交流信息、意见和情感的信息传递行为。具体而言，它包括整个团队的建设、资料的收集与整理、工作的分工与协调、方案的制订等，即对人、物、事进行统筹安排。

4. 培养广泛的兴趣

一般而言，兴趣广泛的人见多识广，思考问题时能从多方面受到启发。当人的乐趣与社会责任感、理想、奋斗目标结合起来时，便由乐趣转为志趣。志趣是兴趣发展的高级水平，具有社会性、自觉性和方向性的特点：它可以伴随我们的整个职业生涯。兴趣广泛的人在职业选择上有较大的余地，也能较快地适应新的职业。

5. 勤奋博学，努力增强自己的专业知识和技能

大学生要树立"终身学习"的思想，专业知识和技能是人们能够成功就业的根本保证，学好专业知识是大学生活的重要内容。学习没有捷径可走，需要我们专心致志，努力提高自己的科学文化水平。同时，社会的产业、行业、职业结构调整随着科技和经济的高速发展而加速，职业岗位的随时变动难以避免。没有人能凭借一成不变的专业知识做一辈子工作。大学生要适应这种变化，必须有扎实的基础知识。所以不管将来做什么工作，大学生要想以不变应万变，最重要的是学好基础知识，打牢基础。例如，随着互联网行业的兴起，许多数学家及时调整自己的研究方向，现在许多互联网领域的人才都是具有良好数学基础的学者。

为了提高学习效率、强化时间管理，大学生需要制订合理的学习计划，应当对学习和生活做出全面的考虑和安排。除了安排好学习内容和时间，还要安排好社会工作时间、锻炼身体时间、睡眠时间、文化娱乐时间等，这样才能保证自己全面发展，才能保持旺盛的精力，使学习和生活丰富多彩、生动有趣。

此外，综合的知识背景是近年来用人单位提出的新要求。随着社会的发展，知识背景的多样化已逐渐成为就业优势的一个重要方面。大学生在校期间应利用大学(尤其是综合性大学)专业学科门类多、选择机会多的优势，结合自己的兴趣和爱好，以及社会对职业的具体要求，多自学或选修其他专业课程，如果条件允许甚至可以辅修第二专业。通过学习，大学生既可以拓宽自己的知识面，又能增加自己在择业竞争中的选择机会和市场竞争力。例如，小张是一名建筑专业的大学生，他抓住机会辅修了第二专业——技术经济管理。在招聘中，恰好有一家建筑公司需要招一名管理人员，他因为既懂建筑技术知识，又懂经济管理知识，所以获得了这个职位。

6. 积极参加校内外社会实践活动，积累丰富的实践经验

从大学生就业现状来看，社会实践明显有利于大学生求职。社会实践是锻炼和培养能力的一个重要途径，丰富的实践经验既可以证明学生的实践能力，也能显示出大学生在学习能力和实践能力方面的差异性。

为了提高社会实践能力，大学生应该高度重视第二课堂的作用。第二课堂是相对于

课堂教学而言的，是指在第一课堂外进行的与第一课堂相关的教学活动。一般来说，第二课堂不需要进行考试，管理和组织形式具有多样化的特点，参与的大学生往往不受专业和学历的限制。第二课堂的开设不仅可以帮助大学生更好地掌握专业知识和技能，还可以为他们提供良好的社会实践平台，激发他们对学习的兴趣和对生活的热爱。

7. 养成良好的阅读习惯，提高综合素质和技能

大学生的知识储备是其创新思维培养的基础，而阅读是其知识储备的重要途径，养成良好的阅读习惯对大学生创新思维的培养至关重要。

对于一个刚开始培养阅读习惯的人来说，最好选择图书馆、书店、教室等光线明亮且安静的环境，先清楚自己想了解的领域，列书单，从简单入门的书籍到抽象的一手文献将书籍进行排序，然后从简单的开始读，给自己定目标，同时把文章中的好句摘抄下来或者写阅读心得。整理完之后分类归档，便于定期查看、复习。此外，大学生要适当地参加体育锻炼和文娱活动。学习之余参加一些社团文体活动，不但可以缓解刻板、紧张的生活，还可以放松心情、增添生活乐趣，有助于提高阅读的效率。

大学生综合素质和技能的培养是高校的重要使命。要培养综合素质和技能，大学生不仅要努力学习专业知识和技能，提高本领，还要勇于实践，将所学知识与具体实践相结合，解决实际问题。此外，大学生还应该多学习社会知识，增强沟通和交往的能力，以更好地适应社会的需要。

职业化人才的素质构成如表3-3所示。

表3-3　职业化人才的素质构成

素质构成	含义
政治思想和道德素质	包括政治思想素质和道德修养
身体素质	一般包括力量、速度、耐力、灵敏度、柔韧度等
心理素质	包括个性、智力、心理适应能力、心态等
知识素质	包括专业知识、心理学知识、社会学知识等

8. 提高自己的身体素质

身体是革命的本钱，毋庸置疑，良好的身体素质是职业者做好本职工作的首要条件。没有好的身体素质很难做好每一件事。职业者只有具备健康的体魄和充沛的精力，才能适应工作环境和繁重的工作。职业者每天都要面临许多新挑战、新困难、新问题，他们要不断地思考，加上长时间的工作以及巨大的风险与压力，若无充沛的精力，必然力不从心，工作也将成为难以承受之重。如今，"每天锻炼一小时，健康工作五十年，幸福生活一辈子"的观念是非常值得我们学习和执行的。

9. 重视心理健康，保持积极健康的心态

良好的心理品质主要体现在人的独立性、敢为性、坚韧性、克制性、适应性、合作性等方面，它反映了人们的意志和情感。职业者的成功在很大程度上取决于良好的心理品质。

成功的职业者都具有非常乐观、自信的心态，为了生活更幸福，他们产生了强烈的奋斗欲望，学会控制自己的情绪，使自己变得开朗、积极向上。遇到挫折时，他们能够不惧怕，坦然面对，通过不断变换思考的方式和角度，在失败中不断总结经验，以增加下一次成功的机会，从而产生坚定的信念。

3.3 职业定位

当大学生走进职场的时候，首先要做的事情就是确定什么是自己想要的生活，自己适合做什么工作，擅长做什么工作，自己的爱好、特长、能力以及个性是否与岗位要求相匹配。要回答这些问题，关键就是要做好精准的职业定位。大学生在职场中需要充分结合自己的学历、工作经历以及自己的能力水平和兴趣爱好等，做好职业定位工作，以便最大限度地发掘自己的工作潜力，确保自己在职场中获得成就感，并取得成功。

3.3.1 职业定位的含义

职业定位就是清晰地明确一个人在职业上的发展方向，它是人们在整个职业生涯发展历程中的方向性问题，也是根本性问题。良好的职业定位建立在充分了解自己的兴趣、爱好、家庭、才能、性格等诸多因素的基础上。除此之外，还要考虑性格与职业的匹配、兴趣与职业的匹配、专长与职业的匹配、成长环境与职业的匹配等。

3.3.2 职业定位的类型

职业锚(又称职业定位)是指一个人在不得不做出职业选择时，无论如何都不会放弃的、职业中至关重要的东西或价值观。职业锚问卷是目前为止国内外职业测评运用广泛、有效的工具之一。施恩教授目前将职业锚类型增加到八种。

(1) 技术(职能)型。技术(职能)型的人追求在技术(职能)领域的进步，以及应用该技术(职能)的机会，获得渴望在技术(职能)上的成就感。

(2) 管理型。管理型的人青睐于管理职业，致力于走向管理岗位。这种类型的人既

可以独立负责一个职能部门，也可以跨部门进行人事、财务等方面的管理。

(3) 自主(独立)型。自主(独立)型的人希望自由地安排自己的学习和生活，他们追求的是宽松、自在、独立的工作环境，在工作中不愿意受到太多的约束。

(4) 安全(稳定)型。安全(稳定)型的人追求工作中的安全感与稳定感。他们的安全取向主要有两类：一是职业的安全，二是家庭的稳定。他们往往比较关注自己的养老金计划和未来的家庭生活。

(5) 创业型。创业型的人希望用自己的能力创造属于自己的事业或成果，他们往往不愿意过朝九晚五的上班族生活，愿意接受挑战，创办新的公司或企业，具有较强的冒险精神和独立探索能力。

(6) 服务型。服务型的人一直追求他们认可的核心价值，如积极致力于社会公益事业。他们一直追寻这种机会，即使这意味着岗位的调整，他们也不会接受不允许他们实现这种价值的工作变换或工作提升。

(7) 挑战型。挑战型的人喜欢解决看上去无法解决的问题，战胜强硬的对手，克服无法克服的困难和障碍，等等。对他们而言，参加工作的原因是工作充满的挑战性，一旦工作变得容易，他们的工作激情将大幅度下降。

(8) 生活型。生活型的人喜欢允许他们平衡个人需要、家庭需要和职业需要的工作环境。他们希望将生活的各个主要方面整合为一个整体，各方面得到兼顾，取得理想的效果。

3.3.3　职业定位的注意事项

职业定位的注意事项如下。

(1) 依据客观现实，考虑个人特点与企业岗位、社会需求等之间的关系。

(2) 选择具有长远竞争力的行业，切不能只图一时的利益，而忽视了长远发展。

(3) 扬长避短，发挥自己的专长。专业只是你的学业称号，并不代表你的实际专长，专长是你的优势之所在，是求职就业时的亮点。每一个在职场上成功发展的人，依靠的都是自己的专长而非专业。

(4) 职业定位不是一成不变的，要根据就业形势的变化及时调整择业目标，不能固执己见。

3.4　职业选择

选择职业就是选择自己的人生，选择自己的未来。一个人生活质量的好坏、社会地位的高低以及对社会贡献的大小，在很大程度上是由他所从事的职业特性来决定的。为什么有些人各方面条件优秀，工作也极为努力，但事业难有起色？这并不完全是因为他们能力不够，而主要是由于他们选择了不适合发挥自己特长的职业，或者是选择的职业与自己的兴趣和爱好不匹配。事业有成的人也并不一定比别人有更高的智商和能力，关键在于他们找到了适合自己特长的职业。合适的职业使他们的个人才能得到充分发挥，为他们带来了生活上的愉悦感和事业上的成功。对于初次走进职场的大学生，职业选择至关重要。

3.4.1 职业选择的含义

职业选择是指个人依照自己的职业期望、兴趣，在综合考量自身条件、综合能力及社会环境的基础上，对自己职业的方向、职业工种等进行挑选和确定，它是人们真正进入职场生活领域的重要举措，也是实现职业理想的关键步骤。通过职业选择，可以使人和工作岗位较好地结合，使个人价值得到实现。通过职业选择，有利于人与人之间、人与社会之间实现经济利益和社会效益等多方面共赢，促进人的全面发展和社会的进步。

从定义来看，职业选择主要包含两层意思：一是劳动者是职业选择的积极实践者，在择业行为中发挥着主导作用，各种职业则是被选择的客体；二是职业选择受劳动者自身条件、环境因素和职业要求的限制，职业选择需要切合实际需要。每个劳动者不可能具有从事一切职业的条件、能力和兴趣，各种职业对劳动者的能力也有不同的要求。

3.4.2 职业选择的理论

1. 霍兰德的个性职业匹配理论

美国学者霍兰德于 1959 年首先提出职业性向理论，认为不同人格特征的人适合从事不同的职业，一个人之所以选择某职业，基本上是受其兴趣和人格的影响的。每个人的人格都能以其主要方面划归为某一类型，每一类型人格的人会对相应职业类型的工作感兴趣。一个人的行为取决于个体人格与所处环境特征之间的相互作用。

根据职业性向理论，霍兰德将个人职业选择分为六种"人格性向"，分别为现实型、研究型、艺术型、社会型、企业家型、传统型；工作性质也分为六种，分别为现实性的、调查研究性的、艺术性的、社会性的、开拓性的、常规性的。

同时，霍兰德认为，同一类型的人与同一类型的职业相互结合，则可以充分施展自己的才能，表达自己积极的工作态度和价值观，并且能够以积极向上的乐观心态出色地完成工作任务。

2. 帕森斯的特质因素论

1909 年，美国波士顿大学教授弗兰克·帕森斯在其著作《选择一个职业》中提出，人与职业相匹配是职业选择的焦点。他认为，每个人都有自己独特的人格模式，每种人格模式的人都有其相适应的职业类型。所谓"特质"，就是指个人的人格特征，包括能力倾向、兴趣、价值观等，这些都可以通过心理测量工具来加以评定。所谓"因素"，则是指个人在工作中要取得成功所必须具备的条件或资格，这可以通过对工作的分析来了解。

帕森斯的特质因素论(人职匹配理论)强调，在做出职业选择之前，首先要评估个人能力，个人能力直接决定着职业选择的大致方向，因为个人选择职业的关键就在于个人的特质与特定行业的要求是否相匹配；其次要进行职业调查，即强调对工作进行分析，包括研究工作情形、工作环境、工作待遇和薪酬等，这些可以通过询问或者实际调查得到数据；最后要以人职匹配作为职业指导的最终目标。帕森斯认为，只有这样人才能更好地适应工作环境，最大限度地发挥个人的能动性，激发个人的工作热情，并且使个人和社会同时受益。由于该理论有较强的可操作性，实施起来相对简单明了，目前在大学生职业生涯规划领域应用极为广泛。

3. 罗伊的人格理论

罗伊是一位临床心理学家，她的人格理论约在 20 世纪 60 年代提出。罗伊认为，早年经验会增强或削弱个体高层次的需求，进而影响人的生涯发展。她特别强调早期经验对个体以后择业行为的影响，尤其是父母对孩子早期的教养方式，对其今后的职业选择有很大的影响。由于父母的教养方式对孩子的职业选择有重要的影响，所以应该让孩子从小去发展自己的能力倾向及职业兴趣，这样他们对终身的择业行为才有正确的观念及选择的能力，也愿意承担选择后的责任。

罗伊从温暖和冷漠两个基本方面，把父母对孩子管教的态度大致划分为三种类型：

(1) 关心子女型。父母会毫无保留地满足子女的生理需求，却不一定能满足子女对爱与自尊的需求，即使这些需求都能得到满足，子女也未必会表现出社会认可的行为。所以，在这种氛围下长大的孩子，日后显示出较多的人际倾向，而且不是出自防御的心理机制。而"过度要求型"的父母，对子女需求的满足往往附加某些条件，这种在父母的高标准、严要求下长大的孩子大多会变成完美主义者。他们会因为表现得不够完美而焦虑，因而在做职业选择时较为困难。

(2) 逃避型。父母的对子女的教育和要求采取逃避的态度，即对子女不论是生理需要还是安全需要的满足都会有所欠缺，更谈不上高级需要的满足。所以，这类孩子日后会害怕和他人相处，宁愿在自己的工作岗位上靠自己的努力满足自己的需求，也不愿多与他人交流。

(3) 接纳型。家庭的氛围大体上是温暖的，在温暖、民主气氛下长大的孩子，各类层次的需求都不会缺乏，在职业选择中更加积极主动，敢于面对现实，不惧怕择业失败。

4. 马斯洛的需求层次理论

马斯洛按需要的重要程度，把人类的需要分为五个层次：生理的需要、安全的需要、社会的需要、尊重的需要和自我实现的需要。

(1) 生理的需要。生理的需要是人类最原始、最基本的需要，也是最重要的需要，必须首先得到满足，包括衣、食、住、行等方面的需求，如吃饭、穿衣、住宅、医疗等。若不满足则有生命危险。也就是说，它是人类最强烈的、不可避免的、最底层的需要，也是推动人们行动的强大动力。

(2) 安全的需要。安全的需要是人们对于自身安全的欲望和要求。它是与人们为免遭肉体和心理损害有关的需要，最主要的是保障人身安全和生活稳定，其表现形式为保护人身不受损害、医疗保健、卫生、保险以及防备年老、失业等。

(3) 社会的需要。社会的需要即有所归属和爱的需要，是指个人渴望得到家庭、团体、朋友、同事的关怀、爱护、理解，是对友情、信任、温暖、爱情的需要。人们对社交的需要比生理和安全需要更细微、更难让人捉摸。它与个人性格、经历、生活区域、民族、生活习惯、宗教信仰等都有关系，这种需要是难以察悟、无法度量的。

(4) 尊重的需要。尊重的需要即自尊和被他人尊重的需要，具体包括威望、成就、自尊、被他人看得起、有身份名誉、有地位和权力等需要。这些不同的需要同样会从不同的侧面影响人们的行为。例如，威望这种需要既可鼓舞人们好好完成有益的事业，也可导致人们产生破坏性的、反社会利益的行为。

(5) 自我实现的需要。自我实现的需要是人类最高层的需要，是指希望充分发挥个人的能力及获得成就的需要。人们一般都会有这样的经验：当个人完成一件工作或达到一个目标时，都会产生一种内心的愉悦感。

马斯洛的需求层次理论对我们进行职业选择具有重要的指导意义，在职场生涯规划中的应用也比较普遍。

3.4.3 大学生职业选择的主要原则

(1) 择己所爱。心理学把兴趣界定为人们为了乐趣或享受而做的那些事。当我们把对某事的乐趣合起来时，就变成了兴趣。兴趣是最好的老师，是职场成功的关键因素。从事一项喜欢的工作，工作本身就能给你一种成就感和满足感，你的职业生涯也会充满幸福和快乐。调查表明，兴趣与职场成功概率有着明显的正相关性。大学生在规划自己的职业生涯时，首先要考虑自己的性格特点和兴趣爱好，择己所爱，选择自己喜欢的职业。

(2) 择己所长。任何职业都要求从业者掌握必需的知识和技能，每个人都有自己的优势和专长。大学生在进行职业发展路线规划时要择己所长，选择有利于发挥自己优势的职业，从而更好地实现自己的职业理想。

(3) 择己所利。职业具有经济性，在现实生活中，职业是个人谋生的一个重要手段，其目的在于追求个人和家庭的幸福。所以在择业时，人们首先要考虑自己的预期收益——个人和家庭幸福最大化。大学生在进行职业选择时应该综合考量职业收入、社会地位、幸福感和工作强度、工作时间等付出因素，综合权衡各方面，找出一个最优方案，这就是职业选择中的收益最大化原则。

(4) 择世所需。随着社会经济的不断发展，职业分工越来越细致，社会对人才的需求不断变化，求职者自身条件也在不断发生变化。大学生在规划自己的职业生涯时，应与时俱进，重视观察、分析社会发展的动态和职业需要的变化，始终把自己放在社会经济需要的主流当中。为了更好地实现自身的职场价值，我们要不断优化自身条件，加强学习，以更加积极主动的态度来进行职业选择。

思考题

1. 职业有哪些基本特性？
2. 行业与职业有什么区别和联系？
3. 专业和职业有什么区别的联系？
4. 什么是职业资格证书，获得职业资格证书的主要步骤是什么？
5. 职业生涯有哪些主要特性？
6. 大学生提高职业素质的主要途径有哪些？
7. 简述职业锚的含义及其八种主要类型。
8. 简述霍兰德个性职业匹配理论的主要内容。
9. 简述大学生职业选择的主要原则。

第4章
未雨绸缪：收集与选择就业信息

　　大学生求职择业不仅取决于自身的基础条件、成长环境等诸多因素，也取决于就业信息收集的质量。一个人掌握的就业信息越多，这个人的就业机会也就越多，也就越能稳妥地掌握自己的命运，成为就业市场的幸运儿。大量事实说明，目前很多大学生难以就业，一个重要的原因就是没有重视就业信息的收集和整理，失去了很多就业机会。

　　随着我国大学生就业制度的改革，大学生越来越清楚地认识到信息的收集和处理是择业的基础性工作。在就业信息大爆炸的今天，我们更应该保持头脑清醒，明辨是非，为自己的就业成功之路做好铺垫。

知识要点

1. 就业信息的定义和特征。
2. 就业信息的价值。
3. 就业信息的获取途径。
4. 就业信息获取途径的综合考量。
5. 就业信息的选择和注意事项。
6. 就业信息的评价。
7. 就业信息的应用。

⏰ 导航阅读

教育部办公厅等五部门关于联合开展 2022 年度高校毕业生等 重点群体促就业"国聘行动"的通知(节选)

为深入贯彻党中央、国务院稳就业保就业决策部署,落实《"十四五"就业促进规划》工作要求,充分发挥国有企业稳岗扩就业示范带动作用,千方百计扩大就业容量,努力提升就业质量,着力缓解结构性就业矛盾,教育部、人力资源社会保障部、国务院国资委、共青团中央、中央广播电视总台决定联合开展 2022 年度高校毕业生等重点群体促就业"国聘行动"。现就有关事项通知如下。

一、行动时间

2021 年 11 月至 2022 年 7 月。

二、行动主题

不负韶华·国聘行动。

三、对象范围

2022 届普通高校毕业生、2021 届离校未就业毕业生等重点就业群体。

四、工作内容

(一) 加大政策力度。各地各单位要切实履行主体责任,把握 2021 年就业工作的新情况新问题,明确目标任务,创新政策措施,增加岗位数量,提升服务质量,发动更多高校毕业生和用人单位参与,多措并举促进高校毕业生等重点群体就业,推动稳就业、保就业措施落实落细。

(二) 发布招聘信息。中央企业和地方国有企业要梳理用人需求,明确招聘人数和岗位要求,健全招聘制度。鼓励用人单位在国聘招聘平台(https://www.iguopin.com)、教育部"24365 校园招聘服务"平台(https://www.ncss.cn)、中国人力资源市场网(http://chrm.mohrss.gov.cn)、团团微就业、CiiC 中智招聘平台(https://myjob500.com)等平台集中发布招聘信息,举办线上专场招聘活动。有关招聘平台要切实履行社会责任,推进就业信息互通和岗位资源共享,提供优质就业服务。

(三) 开展招聘宣讲。鼓励有条件的地方、高校和企业等用人单位,通过中央广播电视总台央视频等宣传渠道,持续开展招聘宣讲活动。发挥协同优势,鼓励名企名校结对宣讲,搭建高校毕业生与行业专家、企业高管等面对面沟通交流的平台;创新展示形式,通过现场介绍发展蓝图、企业品牌、引才需求、人才前景、生产流程、先进技术、工作生活场景等方式,主动吸引求职群体。

(四) 统筹线下活动。各地各单位要结合新冠肺炎疫情常态化防控形势,按照各地疫情防控要求,统筹线下招聘活动安排,择时择地组织线下专场招聘会、校园招聘会,引导供需双方充分对接。

五、工作要求

(一) 加强组织领导。各地要进一步提高政治站位，切实履行稳就业主体责任，把解决毕业生等重点群体求职中遇到的问题作为"我为群众办实事"实践活动的重要内容，拿出针对性措施，推动"国聘行动"取得更大实效。各级教育部门和高校要积极组织高校毕业生参与"国聘行动"，充分发挥高校就业指导机构作用，做好相关线上线下活动的承接。各级人力资源社会保障部门要指导人力资源服务产业园和人力资源服务机构发挥市场化促进就业、推动供需精准对接的独特优势，提供多样化人力资源服务。各级国资委要发动所监管企业千方百计稳定现有就业岗位，积极增加新的就业需求。共青团组织要发挥密切联系青年优势，发动广大青年求职者和企业家积极参与"国聘行动"。

(二) 严格招聘审查。各地要加强对招聘活动的监管，严格审查招聘单位资质和招聘信息真实性、合法性，严厉打击虚假招聘和就业歧视，扎实做好劳动权益保障，依法查处招聘过程中的虚假、欺诈现象。重视对求职者的信息保护，杜绝信息泄露等情况。

(三) 落实防控要求。各单位在工作中，要严格执行当地疫情防控要求，安全有序举办现场招聘活动。要落实线下招聘活动疫情防控指南要求，制定活动现场疫情防护工作方案和应急预案，做好体温检测、消毒通风、卫生防护等工作。

(四) 加强宣传推广。各地各单位要认真做好"国聘行动"宣传工作，运用新闻媒体、网络平台等渠道，广泛宣传稳就业的政策措施，推广促就业的经验做法，营造良好舆论氛围。各有关单位要及时掌握工作进度成效，定期汇总招聘数据，做好阶段性工作总结，有关典型经验和做法及时报教育部、人力资源社会保障部、国务院国资委、共青团中央。

教育部办公厅 人力资源社会保障部办公厅 国务院国资委办公厅
共青团中央办公厅 中央广播电视总台办公厅
2021 年 11 月 12 日

(资料来源：http://www.moe.gov.cn/srcsite/A15/s3265/202112/t20211210_586338.html)

4.1　认识就业信息的价值

随着我国大学生就业制度的改革，大学生在求职过程中越来越清楚地认识到，就业信息对自己顺利走进职场至关重要。就业信息在高校毕业生求职就业过程中起着十分重要的作用，是高校毕业生求职择业的基础，是通向用人单位的桥梁，择业决策的重要依据，更是其顺利就业的可靠保证。在就业信息大爆炸的今天，我们更应该保持头脑清醒，明辨是非，为自己的就业成功之路做好铺垫。

4.1.1　就业信息概述

1. 就业信息的定义

就业信息是择业者事先不知，然后通过某种渠道获得并经整理加工后能被择业者所接受的有价值的信息。就业信息可分为广义(宏观)就业信息和狭义(微观)就业信息。宏观就业信息主要包括毕业生就业总体形势、社会对人才需求形势、就业政策、就业活动等。微观就业信息有用人单位所需专业、岗位对人才要求、需求毕业生的数量、用人单位生产经营状况、企业文化、发展前景、工作条件、福利待遇、对人才的重视程度以及对毕业生的安排使用意图等。

宏观就业信息，如我们国家和各地的大学生就业政策、大学生所享有的就业权利以及整个就业市场的供求关系等。这些信息的获取途径相对比较简单，可以通过查阅政府相关文件、咨询地方就业主管部门或者寻求就业指导教师的帮助。

微观就业信息，即用人单位的信息，主要包括用人单位的自然状况和用人条件。用人单位的自然状况指用人单位的名称、所在地区、所属行业、经济类型、经营情况、联系方式等；用人条件包括对应聘人员的要求，如地区要求、专业要求、年龄要求、技能和学历要求、工作经历要求等以及用人单位的承诺，如工资、福利待遇、假期等。

2. 就业信息的特征

(1) 时效性：就业信息的效用具有一定的期限，就业政策也是有时效性的。我们在选择就业信息时，一定要关注就业信息发布的时间节点和有效期。

(2) 共享性：就业信息一经公开发布，就成为求职者共享的信息。一般来说，企业也愿意让更多的人共享就业信息，以吸纳更多优秀的人才。

(3) 传递性：就业信息总处于流动和传递状态。特别是随着互联网技术的发展，信息传递的速度越来越快，也越来越广。

(4) 两面性：就业信息既有真假之别，又有积极与消极之分。积极的就业信息可以为我们提供许多就业机会，而消极的就业信息需要我们克服或者回避。

3. 就业信息的种类

按信息包含的内容可将就业信息分为就业形势信息、人才需求信息和用人单位信息。其中，就业形势信息是指毕业生就业的大背景，既包括国家政治经济和社会发展状况、毕业生就业市场的供求情况，也包括行业发展情况。人才需求信息是指社会在一定时期和一定范围内的人才需要能力。对于人才市场而言，人才需求信息是指人才价格与有支付能力的需求量之间的关系；对于人才使用单位而言，人才需求信息则是指用人单位在一定时期内，在各种可能的价格水平上愿意并且有这种支付能力而聘用到的人才数量或是人才的工作时间。用人单位信息则是指用人单位的全称，隶属关系(市属单位要搞清上级主管部门，省直属单位要搞清主管的厅局，中央直属单位要搞清主管部、委、总公司的情况)，用人单位的联系方式，如人事部门联系人、电话、通信地址、邮政编码等，用人单位的所有制性质，如国有、民营、外资企业、国家机关单位，用人单位需要的专业、使用意图、具体工作岗位等情况，用人单位目前的规模、未来的发展前景、地理环境、经营范围和种类等，用人单位对所需人才的具体要求，用人单位是注重人才的专业性，还是注重经验或个人能力，用人单位的福利待遇，如工资待遇、福利以及奖金、保险、住房公积金缴纳情况。

从信息语言的角度可将就业信息分为口头信息、书面信息、媒体信息、行为信息等。其中，口头信息是指通过与人交谈获取的信息，这种信息的来源非常广泛，但有时候真伪难辨。书面信息指通过书面材料获取的信息，如招聘信函。媒体信息指通过各种正式公开发行、发布的媒介载体获取的信息。行为信息指通过信息传递人的面部表情和肢体语言获取的信息，这类就业信息在实践中所占比例不高。

4.1.2　就业信息的价值

就业不仅取决于求职者的知识、能力、综合素质以及社会需求等因素，也取决于求职者所获得就业信息的质量，以及求职者收集、处理、应用就业信息的能力。就业信息在毕业生求职的过程中具有不可替代的作用,就业信息的质量直接关系到毕业生的就业。毕业生要想在激烈的人才竞争中取胜，就必须收集、处理和运用好就业信息。

就业信息是就业决策的基础。就业决策绝不能离开就业信息而孤立存在。在就业决策的过程中，就业信息的收集和处理是基础性工作。就业决策的科学性取决于就业信息的真实可靠性、准确性和及时有效性。就业信息越全面、准确，我们在做就业决策过程中思维的深度和广度也就越大，决策质量也就越高。就业决策过程实际是一个与决策问题和目标有关的信息收集、加工、转换的过程。科学的决策只能形成于准确、可靠、全面、系统的信息基础之上，如果就业信息出现差错，必然导致就业决策出现偏差。

就业信息的价值主要体现在以下几个方面。

1. 就业信息是职业选择的基本前提

随着高校毕业生就业工作的进一步市场化，大学生就业实行"双向选择"已深入人心。用人单位择人与毕业生择业的自主权已得到进一步强化。用人单位发布相关就业信息是其获得优秀人才的一个主要途径，大学生通过就业信息找到合适的用人单位，实现自主就业也是成功就业的关键。

2. 就业信息是择业决策的重要依据

要想使就业决策更具有科学性，毕业生就必须关注大量的就业信息。例如，国家的就业方针、各地方及行业的就业政策、自己所属院校的就业现状和就业渠道、有关的就业机构等，当然，更为重要的还有用人单位的招聘信息。如果我们收集的信息非常有限，那么在进行就业决策时，会很难选到适合自己的就业岗位。

3. 就业信息是顺利就业的可靠保证

如果毕业生依据自己所收集到的就业信息，经过筛选比较、科学决策，最后瞄准了一个或几个相对明确的目标，并且进入了面试环节，就必须对用人单位的情况有一定了解，如用人单位的发展历史、市场定位、用人制度等。这就是就业信息的深度要求。如果在面试过程中，只能抽象地表明一个求职意愿，而对用人单位的经营方式、产品结构、市场行情以及以往的历史和今后的发展一无所知，会让面试官认为你并没有认真对待你的求职，或者求职态度本身就存在问题，那么面试的结果将不能如愿以偿。当然，影响就业成败的因素是多方面的，把握就业信息的深度并不必然地决定你能否被录取，但如果是因为这方面的原因被淘汰，那就必须及时做出新的选择。

4. 就业信息是提高综合实力的指南针

我们可以根据就业信息的要求及时调整自己的知识、技能结构，提高自己的工作能力，弥补原来的不足，如发现自己某方面的知识不足，就主动去学习，或发现自己某方面的技能欠缺，就赶快参加必要的训练，主动学习和掌握相应的技能。例如，小王以前是一名建筑专业的大学生，大三时参加了几次实习单位的招聘会。在收集信息的过程中，小王发现若想未来从事建筑工作，首先，要具备较强的技术素质，必须掌握先进的工程技术知识，当前大部分建筑管理人员都具备这一素质。其次，要具备较强的管理学和经济学素质。许多建筑工程管理人员对经济学和管理学方面的知识知之甚少，认为有工作经验就行，但随着市场经济向纵深方向发展，各种经济关系纵横交织、错综复杂，这要求建筑工程管理人员有良好的经济学造诣和管理学修养。最后，由于建筑工程对社会的重要作用和建筑工程管理职业的特殊性，建筑工程管理人员需要满足特殊的职业道德要求。在中国传统文化中有这样的观点："有德有才是圣人，有德无才是贤人，无才无德是废人，有才无德是小人。"当前部分工程管理人员存在工程道德缺失问题，因此要加强职业道德教育。他们应具备良好的社会道德品质和经营管理道德品质，如乐岗敬业、诚信，有合作精神、使命感和责任感等。后来，小王在大四修习了相关课程，最终找到了心仪的就业岗位，成功实现了就业。

4.2　就业信息获取途径

就业信息越多，大学生选择的面就越宽；就业信息质量越高，求职成功的把握就越大；就业信息越及时，越有主动权；就业信息越全面明确，求职的盲目性越小。因此，大学生在收集就业信息时，一定要做到四个字：早、广、实、准。"早"就是要早做准备。很多大学生在大二、大三就开始收集就业信息，是有可取之处的。"广"就是收集信息的渠道要广，广泛收集各种就业信息。"实"就是收集的信息要全面，对用人单位的基本信息、用人制度、工作环境等都要有所了解。"准"就是信息要准确，不能模糊不清。

大学生要加强对就业信息收集重要性的认识，选择合适的就业信息收集途径，初步建立收集就业信息的意识，逐步养成关注信息、了解信息、运用信息的习惯，同时在收集整理信息的过程中，要明晰个人就业意向、正确认识个人素质与岗位素质要求的差距，从而及早有针对性地提高个人的素质、能力，为顺利就业奠定良好的基础。

4.2.1　大学生就业信息获取途径

大学生收集就业信息不能只靠等待，必须以更加积极的态度去主动收集，要善于利用各种渠道，通过各种途径收集信息。

1. 通过学校就业主管部门获得信息

目前，几乎每一个高校都有专门的就业指导部门负责收集、整理就业信息，并核实发布。由于很多用人单位对高校近似于定向招人，所以这类信息一般针对性强，而且部分高校对这类信息实行严格的核实制度，信息的准确度较高。

高校毕业生就业处或毕业生就业指导中心是高校毕业生就业工作的行政管理部门，毕业生就业服务中心发布的就业信息具有准确、可靠、多样、具体的特点，是毕业生获取就业信息最直接、最有效、最主要的途径。就业中心收集的信息都会及时传至各系(处)，或发布在学校官方网站的就业信息栏中。在毕业生就业过程中，就业中心会及时向毕业生发布有关就业信息，进行就业帮扶，让毕业生大致了解当年社会对大学生需求的状况及有关就业的政策规定，毕业生也可以就有关问题向就业中心进行咨询。

2. 通过各级毕业生就业指导机构或者政府相关部门获得信息

各级毕业生就业主管部门与人才服务机构是沟通用人单位与毕业生的桥梁和纽带，是为毕业生提供就业服务的专业机构。例如，各地都有大学生就业服务中心，或者政府就业主管部门，毕业生可通过他们组织的定期或不定期的人才交流洽谈会、毕业生供需见面会等活动获取就业信息，这也是获取信息的重要渠道。

同时，我国政府就业指导机构也会通过各种形式的宣传及政策引导发布部分就业信息。这些主管部门主要是教育部与省教育厅、人力资源和社会保障厅及各市的教育局、人社局。这些部门与就业机构的主要职责就是制定辖区的毕业生就业政策，为高校毕业生与用人单位提供信息，为毕业生就业提供咨询与服务。来自这些渠道的信息是真实可信的。这类信息对于当地生源具有很高的应用价值，但是发布不规律，所以毕业生不好把握。

3. 通过人才市场中介机构获得信息

随着社会主义市场经济建设的发展，我国人才市场中介机构也应运而生。在中介机构，求职者不仅可以了解到各类不同的企业与职位，而且能获得一次极好的锻炼面试技能与增强面试自信心的机会。同时，一些社会机构，包括职业中介、猎头公司等，也会发布一些就业信息。这类信息一般较多针对在职人员，但是也有部分信息针对应届毕业生。不过由于这类机构在监督监管方面多多少少存在一些问题，而且大多是以盈利为目的的，所以求职者一定要慎重处理这类机构发布的信息。

以下几种非法的中介机构或者用人单位类型及其行为，需要引起求职者的高度警惕。

(1) 证照不全型：公司没有固定的办公场所，出示的经营许可证都是复印件，而且这些复印件不是假的就是已经过期作废的，或者是冒用的。这些非法中介没有固定的办公场所，连执法部门也无法摸清他们的行踪。

(2) 收取中介费用型：一些企业或者中介机构收取求职者押金，或者以抵押身份证、毕业证等作为应聘的条件。我国法律明确规定上述行为是非法的。

(3) 双簧型：有的中介机构与一些不法工厂或企业勾结起来，合伙坑害求职者。一些别有用心的"用人单位"往往会利用毕业生求职心切的心理和缺乏社会经验、单纯、易轻信别人的特点，在"双向选择"过程中或在招聘广告中介绍本单位情况时，言过其实、夸大其词、避重就轻，或者使用一些笼统、含糊不清的词句，或者做出一些让人心动的"承诺"，以迷惑并吸引毕业生前来应聘。

4. 通过新闻媒体获得信息

每年大学生毕业之际，报纸、杂志上都会刊登一些关于大学生就业的指导信息，这些信息从不同侧面与角度反映了当年大学生的就业需求情况。在信息传媒高速发展的今天，电视、广播、报纸、杂志等新闻媒体受到了招聘机构与求职者的共同青睐，如《中国大学生》《中国大学生就业》刊载有数量不等的招聘信息。除此以外，它们还辟出"择业指导"与"政策咨询"等专栏，为毕业生就业提供指导。大学生在收集就业信息时，应该先看那些正规的招聘类报纸或者杂志，尽量少看那些不太负责任的小报或免费的招聘广告。

此外，有些企业自己编辑的杂志往往也有招聘信息，这类信息可信度高、针对性强。

5. 通过社会关系网获得信息

通过求职人际网络，即在求职过程中可以为你提供支援的人，包括父母、亲戚、朋友、老师、同学、学长、实习单位和其他人获得就业信息。目前，有相当高比例的就业来自推荐，并且成功率一直不低。

大学生在收集就业信息的时候千万不要忘记周围的亲戚、朋友以及朋友的朋友，也许他们会提供一些机会。实际上大多数用人单位更愿意录用经人介绍或推荐的求职者，一方面，他们认为这样录用的人比较可靠，如果毕业生有这种机会最好不要错过。另一方面，招聘单位每天都会收到数百封求职信函，而这些求职信函在内容上并无太大的差别，所述的求职资格与工作能力也都相差无几。招聘单位面对众多的没有多大区别的陌生人，并没有什么更好的方法分辨出哪一个更强些。所以，在求职中，要想获得用人单位更多的注意，就必须想些切实可行的办法。所以，在关键时候找个"关系"帮助推荐，也许是最为有效的。当然，关系要靠自己去发掘，途径也应该正当，切不可不择手段。通常求职者可以从以下几种社会关系网获得就业信息：

(1) 通过家长、亲友获取就业信息。家长、亲友提供的就业信息主要来源于个人的社会途径。当然，求职者对家长、亲友提供的就业信息也要认真筛选、合理比较。

(2) 通过学校的教师或导师获取就业信息。由于本专业的教师比其他人更了解本专业毕业生适合就业的方向与范围，并且许多教师在外从事科学研究工作，交际面广。同时，他们在与校外的研究所、企业、公司合作开发科研项目与教学活动中，对一些对口单位的人才需求信息了解得比较详细。因此，学校教师推荐的工作岗位往往专业对口，工作环境和工作条件比较好。

(3) 通过校友或学校校友会获取就业信息。校友提供的就业信息的最大特点就是比较接近本校，尤其是本专业的毕业生在人才市场上的供求状况及其在具体行业中的实际工作、发展状况。近几年毕业的校友更有对就业信息的获取、比较、选择、处理的经验与竞争择业的亲身体会。这比一般纯粹的就业信息更有参考利用价值。

(4) 通过社会实践(实习)获得就业信息。社会实践是大学生自我开发就业信息的重要途径。在社会实践的过程中，通过自己的努力赢得用人单位的好感、信任，取得就业信息甚至直接谋得职业的大学生不乏其人。因此，大学生在各种社会实践活动中，要提高思想觉悟，在培养社会能力的同时，做一个收集就业信息的有心人。此外，还有一个很重要的实践环节就是毕业实习。实习单位一般比较对口，通过实习毕业生可以直接掌握就业信息。在实习过程中与用人单位达成就业协议，也是毕业生一个很好的就业途径。

(5) 通过互联网取得就业信息。网络发展为信息资源发布提供了很好的途径，目前大多数毕业生求职信息来源于网络，这类信息的特点是查找方便、更新速度快，但是信息量比较大，需要求职者有一定的筛选能力，选择一些比较正规，口碑也很好的就业网站。此外，政府就业网站具有非常好的信誉度，是毕业生重要的就业信息来源。目前我国大学生常用的网络招聘网主要有中华人才网(www.chinahr.com)、前程无忧(www.51job.com)和智联招聘网(www.zhaopin.com)。

6. 通过供需见面会获得信息

供需见面会有多种形式。例如，学校举办的供需见面会，由学校就业指导中心组织，有针对性地邀请一些用人单位参加，这种供需见面会规模适中，大学生签约率高；各地有关主管部门每年也会组织几次大型供需见面会，有的还分季节、专场和专业等，这些供需见面会组织正规、规模大，参加的用人单位多，信息量大。

4.2.2 就业信息获取途径的综合考量

1. 招聘费用

关注校内信息与网上就业信息所需的费用最少，而参加社会上的人才招聘活动除了需要门票费用外，还需要必要的文字材料准备费用与交通费用。对大学生而言，查看各类报纸上的招聘广告并不需要太大的花费，而在报纸上刊登个人求职广告的费用却与借助中介机构求职的费用持平甚至更高。

2. 招聘周期

不论何种途的求职径都需要漫长的等待，但相较而言还是有所区别的。求助亲友花费的时间或许是最短的，而到刊登招聘广告的单位应聘，如果被选中，会通知求职者参加面试，到录用还要等待。参加人才招聘会，由于招聘活动的规模过大，竞争比较激烈，所以常常也需要较长时间。虽然网络的发展缩短、缩小了人与人之间交流的时间与空间，但是在决定一个人是否被录用上，任何一家用人单位都不会草率行事，面试必不可少，因此，等待的时间与参加人才招聘会的等待时间基本上是一致的。同样，求职于中介机构，不论是登记本人信息还是查找用人单位信息，时效性都会大打折扣。

3. 信息获取

对于个人而言，花费力气最小的求职方式莫过于浏览网络上的信息。在网络上，求职者不仅能迅速查阅到就业信息，而且能够了解用人单位的动态，掌握某个用人单位的发展前景，从而为就业决定奠定基础。但网络信息的传播范围比较广，竞争很激烈，同时，由于监管等多方面的原因，网络就业信息的可靠性要相对差一些。参加人才招聘会，特别是专场招聘会对大学生来说还是非常有意义的，但有些大型的招聘会只在大城市举行，这也增加了外地大学生的就业成本。

同时，家人、亲友的帮助会使大部分人很快确定就业单位。此外，毕业生在实习过程中的优异表现也往往能增加其留在实习单位的机会。因此，毕业生在收集就业信息时，要多与亲朋好友交流，力争在实习环节获得用人单位的肯定和青睐。例如，建筑专业大专毕业生小张，在老师的介绍下在一家市政建筑公司工作，他在工作中展现出良好的职业素质，和同事相处得很融洽，工作也很努力，经常在完成本职工作的同时，承担公司打扫卫生、接待等工作。虽然小张只是大专生，而这家市政建筑公司一般要求求职者具有本科学历，但后来经过领导特批，小张成功地留在公司工作。

4.3　就业信息的选择、评价与应用

收集好就业信息后，我们就要对这些信息进行合理的取舍，分析哪些信息对我们具有重要意义，哪些信息基本上没有价值。这样我们就可以在求职面试中获得主动权，提高就业效率和成功率。

4.3.1　就业信息的选择

毕业生在择业以前，必须对自己做出全面的认识与正确的评价，不但要清楚自己想干什么，而且要弄明白自己能够干什么，要清楚自己的兴趣爱好、气质特点、性格特征、基本素质、专业知识、技术能力等。在此基础上，毕业生可以从以下几方面入手，判断就业信息对自己是否具有价值。

1. 专业知识

专业知识是毕业生在择业过程中比其他非专业人员更具竞争力的一个主要因素。每种职业都需要一定的特殊能力才能胜任。例如，要成为一名合格的建筑师，不仅要有相应的理论知识，还要考取相关的资格证书，如一级建造师执业资格证书、二级建造师执业资格证书等。专业是否对口，往往是用人单位与毕业生双向选择的一个共同标准。大学生应该尽量结合自己的专业特点找到就业突破口，这样在职场工作中才更容易取得成功。

2. 兴趣爱好

在找工作时，求职者一定要明确自己的兴趣点，这样就不会太迷茫。假如求职者是偏外向的性格，喜欢与人打交道，愿意交际，愿意出差，那么让其去从事文秘或者内勤工作，肯定不符合其兴趣。

近年来，在毕业生择业中专业不对口的现象越来越多，如许多计算机专业的毕业生去干企业经营管理，汽车专业的毕业生去干销售，等等。放弃专业固然可惜，但兴趣爱好是一个人工作、事业取得成功的重要条件。

研究表明，一个人对自己所从事的工作有兴趣，就能发挥全部才能的 80%～90%，并能长时间保持高效率而不感到疲劳。不过在选择爱好的职业前，应该了解自己的能力，这里讲的是专业知识以外的能力。如计算机应用能力、实践能力、协调能力、外语能力、动手能力等。放弃自己的专业知识后，求职者面临的将是能力的竞争。大学生要做自己喜欢的事情，应该在大学早做准备。例如，求职者学的是建筑专业，但其更愿意从事室内设计工作，那完全可以利用大学课余时间来辅修室内装潢专业的课程。

3. 性格特征

性格特征也与职业的选择有关。如果求职者是一个性格内向、好静不好动的人，面对两条就业信息——一个是电话接待员，一个是营销代表，那前者就是该求职者合适的选择。不同性格的人适合从事不同类型的职业，毕业生应该根据自己的性格特征来选择适合自己的就业信息。此外，求职者还可以根据个人的要求，综合考虑用人单位的性质、规模、地理位置等因素，在各种就业信息中选出有利用价值的、适合自己性格特征的信息。

当然，一个人的性格是可以在实践中改变的，有些性格比较文静的人，去从事营销工作，只要肯在实践中加强学习，也可以获得比较好的效果。

4. 经济能力与未来规划

当前，对于绝大多数大学生来说，不需要一毕业就养家糊口，因此，若决意要进心仪的几家目标公司之一，那就要多征求家人和老师的建议，要长久考虑。对于未来规划，不少大学生都是离开家乡到外地上学的，毕业之后是留在学校所在地还是回老家，或是去其他城市，只要在这三个选项中选了任何一个，就已经定下了一个大致的方向。例如，小王是一名祖籍山东的大学生，在武汉求学，本来打算回老家工作，方便照顾父母，但导师为他介绍了一家在武汉的世界 500 强企业，小王也非常喜欢，后来与家人协商后，决定留在武汉工作。工作一段时间以后，小王在武汉买了房，把父母也接过来生活，现在小王工作很顺利，既照顾了家庭，也实现了自己的理想。

5. 行业分析

大学生选择行业至关重要，如同样是建筑专业，有些大学生从事建筑设计工作，有些从事装潢工作，有些从事给排水工程，有些从事工程概预算工作，几年后，他们之间的差别就体现出来了。这种差别就是行业带来的。在行业分析里，木桶理论是适用的。传统行业要重视其劣势，因为有逐渐衰落的可能，它的劣势就是其短板。对于新兴行业来说，首先要重视其优势和壁垒。优势有多大，天花板就有多高，当达到天花板后，壁垒上的优势就是剩余价值的空间。一般来说，在我们国家发布的新兴产业中用新兴技术进行生产，产品技术含量高的产业就是我们最佳的行业选择。

6. 岗位职责认知

所关注的公司的岗位职责，就是你想进的那家公司要你做些什么，满足了这些要求，你在这家公司工作的可能性就高。所以，我们可以在各大媒体上搜索自己想去的行业中龙头企业的招聘要求，如你想进入建筑行业，可以先看看中国建筑股份有限公司、中国中铁股份有限公司、中国能建股份有限公司等公司的招聘启事，看看有哪些职业是自己已经拥有相关能力并且能胜任的，自己已经拥有相关能力但不能胜任的，自己尚未拥有相关能力的。在比较分析不同企业对岗位要求的过程中，也可以加深自己对心仪职位甚至对心仪公司的了解，这样求职的针对性就高。

7. 情感状况

如果把职业当成人生的事业来抉择，那么建议你把求职的目光放得更长远一些，把可能影响的因素，甚至是自己的情感因素都考虑进去。每个人的价值观都不一样，职场的选择也很难做到不后悔，但我们一旦要做出选择，就要进行综合考量，将职业选择与自己的情感、价值观等紧密结合。例如，小王是一名 985 高校的毕业生，所学专业就业一直比较好，待遇也好，但他没有选择就业，而是和几个同学创业，开了一家连锁餐饮店，后来取得了巨大成功。小王认为他现在的工作虽然很辛苦，但收获非常多，他也很有成就感。

4.3.2　就业信息选择注意事项

当我们收集到一条或更多的就业信息后，一定要及时分析处理并向信息发出者反馈信息。只有及早准备，尽快出击，才能在人才市场的激烈竞争中获得主动权。正所谓"花开堪折直须折，莫待无花空折枝"。就业信息对毕业生来说十分宝贵，获得准确有效的信息后及时进行分析，则有助于其在择业中做出正确的选择。总而言之，毕业生在做好信息准备的同时要考虑以下几个问题。

1. 注意信息的广度、效度与信度

信息的广度是指要扩大信息渠道，多方面、多角度收集信息，增加信息量，特别是

用人单位的信息量，我们还可以与企业员工进行交流，确保信息的丰富。信息的效度是指信息的各种要素是否齐备，尤其是时间上的要求及与切身利益相关的要素是否清晰。例如，我们不仅要知道用人单位的职业要求，也要了解用人单位的人力资源管理制度。信息的信度是指信息的可靠性。现在的招聘信息来源广，信息可信度存在巨大差异。一般来说，政府机关、学校就业指导部门以及家庭成员提供的信息可信度较高，一些正规的就业网站也有较高的可信度。当然，我们可以通过多种途径来检验信息的真实性。

2. 处理好内因与外因的关系

所谓内因，是指大学生在选择职业时要发挥自主性。可以说，职业选择是人生的一件大事，应当由大学生自己决断。因为高校毕业生的自我评价、自我分析、自我判断的能力已基本形成，所以他们十分清楚自己想要过什么样的职场生活，也有能力进行自主择业。所谓外因，是指学校、家长、同学的帮助与影响。在分析信息、拟定与选择职业目标时，我们一定要多听取家长、亲友、老师、同学的意见，这样可以使决策更加正确与可行。在处理二者的关系，高校毕业生既要防止"固执己见、盲目择业"的倾向，也要克服"人云亦云，依赖他人，缺乏主见"的倾向，我们的导师、父母在很多方面比我们更有经验，非常有必要听取他们的意见。

3. 做到果断、灵活

由于确定决策与实施决策有时间差，客观形势就有可能发生变化，甚至变化很大，有些用人单位只在某一个时段进行招聘，如果错过这一时段就失去了就业机会。因此，大学生要果断、灵活地决断。在这个阶段，大学生要多咨询学校就业部门的老师或者专业课老师。例如，在一次大型的高校毕业生供需见面会上，由于用人单位的需求变化，就业岗位竞争激烈，但用人单位需要学生当场决断，及时签订协议书，以确保用人单位顺利完成招聘计划。很多大学生在负责就业指导的老师的帮助下，果断地决策，及时与用人单位签订了协议；也有不少大学生犹豫不决，企盼征求远在他乡的父母的意见，结果失去了签约的机会。

4.3.3　就业信息的评价

在收集到的大量就业信息中，由于信息的来源与获得的方式不尽相同，真实性也存在差异，求职者可结合自己的实际情况，对信息进行去粗取精、去伪存真的分析和研究，使信息具有真实性、全面性与有效性，这样的信息对求职者更有价值。现在仍然有大学生在求职中遇到"非法传销""定金诈骗"等职场陷阱，一个重要的原因就是他们没有对信息进行认真筛选。

为做好就业信息的筛选工作，我们需要将所有自己感兴趣的真实信息由重要至次要做一个排序，从中选出对自己来说最重要的信息并认真加以分析，而一般的信息则仅供参考。这样有利于大学生明晰求职的重点目标和具体方向，根据自己的实际情况、专业和特长等设置一套标准，对信息进行进一步筛选，把力量真正用在刀刃上，牢记适合自己的才是最好的。因此，大学生可以通过以下问题先对自己进行分析：我的核心竞争力是什么？我具备哪些专业理论知识和技术能力？我的兴趣爱好是什么？我的性格特征适合从事哪些职业？这份职业是否可以挖掘我的潜力，提升我的能力？哪些事情是别人做不到而我做得到的？

1. 有针对性地进行比较选择

把那些从"小道"而来或几经转达而未经证实的信息与有根有据的信息区别对待。前者有待进一步证实，真实性存在疑问；后者则可以作为自己择业的重要参考依据。目前来说，导师和亲友推荐的信息真实性极高，而一些贴在电线杆上的招聘信息虚假宣传成分多。除此之外，我们在对信息进行比较的过程中，要根据自己的性格、兴趣、特长以及自己对职业的期望来分析，综合考量职业选择的得与失，做出更合理、更可行的决策。

2. 对有关信息按不同内容进行整理分类

就业信息涉及的范围很广，不仅仅指用人单位的招聘信息。例如，我们一定要认真研究国家和各地关于就业方针、政策方面的信息，有的是与自己所学专业有关的信息，有的是关于职位对应聘者的素质要求方面的信息，等等。例如，小李是一名在某市求学的大学生，他想留在该市工作，根据目前的户口政策，小李难以通过就业渠道解决自己的落户问题。后来他通过政策了解到，可以通过自主创业来解决自己的落户问题，于是小李和几名同学创业，并通过创业解决了落户问题。

3. 对所获得的信息进行分析

分析就业信息有以下三层含义。

(1) 可信程度的分析。首先要辨别真伪。就业信息是否准确是大学生择业的关键因素，信息不准，会给大学生的择业工作带来决策上的失误。一般来说，高校的毕业生就业机构提供的信息可信度比较高,因为用人单位向学校提供的信息往往代表其真实想法。如果用人单位为学校提供的信息有误，也容易造成不良影响，因此这类信息真实性较高。我们鼓励大学生不仅收集自己学校的就业信息，也要多关注其他学校的就业信息。例如，小武是武汉某高校的一名大学生，他有一次参加了其他学校举行的专场招聘会，发现有一家企业非常适合自己，于是主动与该单位联系，后来经过考核，小武成功被该企业录取。

(2) 进行效度分析。对信息的可用性进行分析，要鉴别信息对自己的真实价值，如自己想找的工作是软件开发，但公司能够提供的岗位是营销代表，与自己的期望不符合，这类信息就没有效度。

(3) 信息的内涵分析。信息的内涵包括用人单位的性质、要求以及限定条件等。较好的就业信息(招聘广告)应包含以下要素：用人单位全称并指明其性质；用人单位的发展实力及远景规划；对从业者年龄、身高、相貌、体力等生理方面的要求；对从业者政治思想、道德品质、工作态度等方面的要求；对从业者学历及学业成绩的要求；对从业者职业技能和其他才能的特殊要求；对从业者的职业兴趣、职业能力、职业气质等职业心理特点方面的要求；工作时间的安排，如工作时间的长短、三班制或长日班；工作地点的分布，如工作单位的地址及附近的交通线路；从业者收入及福利条件，如每月薪资水平、资金的计算方法、办理何种保险，是否享受公费医疗、退休金等以及其他相关的福利条件。同时，求职者应结合自身条件来考虑自己与该用人单位、该职业是否匹配，如自己有什么优势、该职位是否符合自己的个性、自己用什么去打动用人单位以获得职位等。只有充分考虑了这些因素，确认了该信息对自己的利用价值，大学生才能在求职时争取主动权。

案例4-1

盲目求职　一无所获

毕业生阿阳学的是一个非热门专业，他知道自己的专业不太好求职，于是采取了"漫天撒网"的办法，自以为网撒得越大，捕到鱼的希望也越大。所以，他把自己精心设计制作的求职信和个人简历等材料复印了两百多套，在邮局买了一本最新的电话号码本，按上面的单位地址把信封写好，然后装信封、贴邮票……课余时间忙得不亦乐乎，当最后一批求职信投进邮筒时，他心里好像踏实多了，心想这下可以安安心心地等待好消息了。

大约过了一个多星期，陆续有十几封地址不详或查无此人的信件被退回，他表现得满不在乎，坚信好戏在后头。然而，一个多月之后，A 单位回信了："对不起，本单位没有用人计划，你是一名优秀的毕业生，相信一定会找到满意的工作。材料退回，请查收。"B 单位打来电话说："欢迎你来本单位应聘，不过我们单位解决不了户口问题，你能否将自己的户口转回家庭所在地后，再到我们单位来……"C 单位则明确答复："你的专业我们单位已不需要，……你能胜任的岗位我们没有空缺。"小李这下心里凉了半截。不久，D 单位的下属单位给他发来了热情洋溢的邀请函，欢迎他到基层立业，可他对该单位提供的工作环境、待遇又不满意。再往后，则什么消息都没有了，二百余封求职信如石沉大海，一无所获。

阿阳非常苦恼地来到校就业指导中心向老师诉说自己是如何投入"巨资"，如何满心期盼，而结果又是如何令人失望的。就业指导中心的老师耐心地为他指点迷津："你积极主动的精神值得肯定，但找工作一定要有明确的目标，千万不要盲目行事，要根据自己的实际情况和对方的需求情况有的放矢地投送材料，你现在要做的第一件事应该是尽快积极地收集就业信息，然后才是联系单位、参加应聘等。"在老师的指点下，他很快改变了策略，重新制作了十份材料，在广泛收集就业信息的基础上，根据自己的实际情况和兴趣爱好，有选择、有重点地参加了几场招聘会，一共投出去九份材料，收到了五个单位的面试通知，最后他参加了三个单位的面试，与其中一家单位正式签约。

(资料来源：https://wenku.baidu.com/view/2f1992d3b14e852458fb57d6.html，内容有删改)

4.3.4　就业信息的应用

求职信息的筛选过程实际上是一个求职决策的过程，这是择业的关键所在。求职者在广泛收集求职信息的基础上，要结合自己的实际情况，依据国家和地区的政策、法规，对收集的原始信息进行有目的、有针对性的归纳、整理、分析和选择。

在就业信息的运用上，大学生要把握好以下几点。

1. 注意信息的时效性

就业信息一般都有时间限制，大学生在收集就业信息时，应特别注意就业信息是否公布了招聘的截止日期，如有则应该在规定的时间内应聘。一旦看准就要有所行动，许多用人单位都有自己的招聘计划，不可能一年四季都进行大规模的招聘，并且招聘的指标往往有限，这就需要大学生及时做出决策。

2. 灵活应用信息

"专业对口(相近)"往往是用人单位与求职者尤其是应届毕业生"双向选择"的共同标准，这可以使求职者更容易地发挥专业特长，避免所学专业资源的浪费。但在招聘实践中，这并不是绝对的，如市场营销的招聘岗位可能会招聘专业技能强、综合能力强的其他专业的学生。因此，用人单位虽然对从业者有一定的要求，但也并非一成不变。用人单位的招聘政策是很灵活的，特别优秀的人才也容易被用人单位破格录用。例如，小刘是一名二本院校的大学生，他有一次到一家国有企业应聘，这家国有企业原定只要985高校的大学生，但小刘通过展示他良好的语言表达能力和特殊的才能，成功获得了职位。

3. 把握胜任和难度原则

作为一名刚毕业的大学生，首先要立足，让用人单位接纳自己，这样才能找到一个平台展示自己的实力，切不可不切实际、漫天要价。同时，大学生要学会客观地分析所搜集的就业信息，正确对待自己和工作，既要考虑今后自身的发展，也要从实际出发。适合自己的才是最好的。此外，职业的变动也是比较常见的现象，先就业，后择业也是一种目前来看比较好的选择。

4. 参照信息完善自己

大学生还可以根据就业信息中对人才的要求来对照自己目前的综合素质及能力，从中发现自己存在的不足，并力求在学习和生活中努力缩小差距，不断提高自己的综合能力。这样既提高了自己的水平，也顺应了职场的要求，对自己今后所从事的工作也会有很大的帮助，也会让自己在职场上获得更大的竞争优势。

5. 共享信息资源

在收集的就业信息中，有的就业信息对自己并无直接用处，但可能对其他同学或者朋友有利用价值。遇到这种情况，大学生应主动将这些信息提供给他人，避免信息资源的浪费。这样做不仅可以帮助别人，而且当被帮助的人获取了对你有益的信息时，也可能会提供相应的就业信息给你，实现双赢。

📖 **案例4-2**

毕业感言　信息处理

小章是某重点高校土木专业的毕业生，现在在上海某外资公司工作。当年她在求职过程中非常重视就业信息的收集和整理工作，并因此受益匪浅。下面是她写下的感想和体会。

感谢母校是一所综合性大学，每年毕业的学子分布在各行各业。于是，师兄师姐的亲身经历与体验就成了我宝贵的参考信息：公司的情况、面试的技巧、工作后的感受与心得等。这些"过来人"的经验之谈比大公司招聘过程中的介绍更富于细节性、实在性，往往会同时呈现一项工作的优劣两面。我有一位学长，在某会计师事务所工作了四年多，赴英国培训之前，他很中肯地对我说："做这一行，有很多机会接触不同的行业、不同的人，你可以不断地学习，不断地进步。然而，与机遇和挑战同时而来的是疲累、辛苦和超时的工作。"这段话给我的教益是，任何一项工作都有它的所长所短，在关注它耀眼之处的同时，要兼顾它不如意的地方。从大学一年级开始，系里就经常举行与学长们的座谈会，一、二年级讲如何适应大学与中学的角色转换，三、四年级的话题则是怎样面对择业、面对社会。可以说，这让我受益匪浅。

四年级时，我选修了一门就业指导课。老师可谓用心良苦，请了教委领导讲当年的就业政策，请了就业指导的专家谈如何有效利用就业信息，还请了咨询公司的资深顾问评论什么是世界级的人才。这一系列的讲座以其极大的信息量吸引了许多学生。随后，我又有机会参观了一些公司，于是，对他们的工作环境也有了直观的认识。

参加公司的校园招聘会是全面了解一家公司的好机会。在这里，有关公司的历史、经营的状况、招聘的计划、选择的标准等均一目了然。其实，在我看来，对于信息的收集，可以是无时无刻的。即便当我已经坐在面试官的面前，我仍然觉得我有了一个很好的机会去了解某方面的信息。在每次面试结束之前，基本上都有一个提问的机会，我经常问的问题是："您能否告诉我一些关于贵公司对于新员工的培训计划方面的信息。 因为我在选择公司的时候，比较注重的一条就是公司是否具有完善的培养计划。相对于薪资等条件，我更看重自身未来的发展与提高。"

本案例中的小章以校友的身份向我们介绍了她自己收集和处理信息的经验，对广大毕业生来说，应该是很有实用价值和借鉴意义的。最突出的是，她使我们看到，收集就业信息的方法是丰富多样的，不仅有众人通常可以想到的途径，还可以另辟蹊径。社会活动、暑期实践、毕业实习、师兄师姐、就业指导课程、校园招聘会，甚至在紧张的面试时刻，都是收集信息的好机会。

收集信息的目的是分析利用，小章在这方面又有自己的独到之处，那就是不随波逐流，而是有自己的主见，有的放矢。而有些毕业生收集信息仅局限于几种简单的方法，在收集信息后，也不结合自己的实际情况，不管自己适不适合，只是一味地拼命和别人抢热门单位。没抢上则失望沮丧，侥幸抢上了，却发现原来并不是自己真正喜欢的工作。

(资料来源：https://wenku.baidu.com/view/2f1992d3b14e852458fb57d6.html，内容有删改)

思考题

1. 就业信息的价值有哪些？
2. 就业信息的收集主要有哪些途径？
3. 如何进行就业信息的选择？
4. 如何对就业信息进行有效评价？
5. 如何对就业信息进行合理应用？

第5章
敲门金砖：简历制作与优化

在上一章中，我们学习了如何收集就业信息，以及如何更好地应用这些信息。当我们已经收集到合适的就业信息并已经做出决策后，如何走好接下来的求职之路极为重要。在目前中国的就业形势下，求职者之间竞争越来越大，如何让企业从众多的求职者中看中自己显得尤为重要。而且企业对求职者的要求越来越高，很多企业通过面试可以了解一个人的学习经历、特长、兴趣、爱好等，有些企业甚至可以通过求职者面试时的一举一动，对求职者的个人修养和品格有一定的了解。遗憾的是，不少求职者不注重求职技巧在实践中的应用，面试的时候十分随意，不注意细节的把控，导致面试后失去了就业的机会。而大多数大学生由于学校的学习环境，使得他们在这方面的经验十分匮乏。让求职者，尤其是大学生充分认识求职技巧的重要性，并对求职者进行求职技巧的训练与指导是非常重要和必要的。

🕐 知识要点

1. 求职简历的主要内容和撰写技巧。
2. 求职信的主要内容和撰写技巧。
3. 投递简历的注意事项。

🕐 导航阅读

各地高校"高招"扫描(节选)

为促进 2022 届高校毕业生更加充分、更高质量地就业，教育部启动"2022 届高校毕业生校园招聘月"系列活动。记者在北京、江苏、贵州等地看到，一些高校频出"高招"促进 2022 届高校毕业生更好就业。

连日来，贵州医科大学招生就业处的工作人员一直在积极筹备于 11 月 26 日举办的 2022 届毕业生冬季校园大型招聘会，届时将有 220 家用人单位累计提供 9900 多个就业岗位。

就读于贵州医科大学护理学院护理学专业的汤昌旺是学校 2022 届毕业生，这段时间他一直在不断完善简历，对于学校 26 日的招聘会也很期待。"学校一直都在推送企业招聘信息，学院老师也经常关心我们的就业情况，指导制作简历。"

谈到如何更好地做好学生就业工作时，贵州医科大学招生就业处处长张红霞认为重在"精准"。"这几年，学校积极改变以往求职信息'大水漫灌'的发布形式，强化就业信息化服务，务求更加精准。"她说。

为此，贵州医科大学开发了名为"蓝图"的招聘会报名小程序，学生在手机端就能及时获取求职信息、投递简历等，犹如有了"求职小助手"。

西安交通大学 26 日也将举办 2022 届毕业生冬季大型招聘会。该校学生就业创业指导服务中心主任郑旭红说，届时将有 400 余家用人单位参会，并且面向校内外学生开放。

据了解，西安交通大学建设了高校精准就业管理服务大数据平台，面向全国打通就业岗位资源，面向高校提供精准化、智慧化就业管理新模式，面向学生提供个人发展诊断、就业岗位推荐，面向用人单位提供精准化、智慧化的一站式就业管理服务。

在北京科技大学，有专门的视频面试间供毕业生使用。该校招生就业处处长吕朝伟说，根据疫情形势，北京科技大学及时将用于线下面试的房间全部改造为视频面试间，以专业的技术团队保障学生线上面试。

在西北大学，毕业生可通过线上投递通道或学校就业创业指导服务中心设置的线下投递箱向心仪的单位投递简历，学校定期将纸质简历邮寄到各用人单位。西北大学党委学生工作部部长董国强说："这种方式，学生参与热情高，用人单位反馈效果良好。"

（资料来源：http://www.moe.gov.cn/jyb_xwfb/s5147/202111/t20211126_582440.html）

5.1　求职文书的撰写及技巧

求职文书主要分为两大类：求职简历和求职信。目前，各大公司和事业单位对求职简历比较看重，但求职信同样具有求职者推荐自己的功能。其中，求职简历主要是一种对求职者经历、能力展示的文书；求职信则主要表明求职者的求职意愿和对求职简历的概述与补充，要突出自己的个性。虽然两种都为求职文书，但由于各自功能的不同，在求职过程中分别扮演着重要的角色。

5.1.1　求职简历

求职简历又称求职资历、个人履历等，是求职者经过分析、整理，把自己与所求职位具有紧密联系的个人信息清晰、简要地表述出来的书面求职资料，也是对个人生活经历加以叙述的一种应用文。它是求职者生活经历的精要总结，能在一定程度上反映求职者的整体形象。在求职简历中，求职者要用真实准确的事实向招聘者说明自己的经历、经验、技能、成果等。同时，求职简历是招聘者在阅读求职者求职申请后，对其产生兴趣进而决定是给予面试机会的极重要的求职文书。接下来，我们将进一步介绍如何撰写求职简历及所需注意的事项。

1. 个人信息

(1) 姓名：中文简历一般直接写出名字，以小一号或二号楷体加粗来突出表示。

(2) 地址：中文地址是由大及小，英文地址是由小及大。

(3) 联系方式：包括手机号码和固定电话号码等。现在也有部分企业要求求职者留下 QQ、微信等联系方式。所留的联系方式一定要保证在短期内不会更换，而且要保证招聘者可以随时联系到自己。

(4) 个人照片：选择一张符合自我形象的照片，照片要求清晰、美观、简洁，最好选用个人正式登记照，可适当美化但不可过度。如果职位对形貌有特殊要求，则可多附几张照片(一般为登记照、生活照、艺术照)。

(5) 电子邮件地址：要选择比较稳定的邮件系统，不易丢信非常重要。一般格式均为名称+@+网站。需要注意的是，在输入电子邮件地址时，要使用半角格式，如果使用全角格式输入，邮件系统会自动判定这个地址不符合电子邮箱地址格式，导致无法发送邮件。另外，邮件用户名最好不要添加如"."""_"这些符号。

2. 求职意向

求职意向就是求职者根据自己的爱好和能力进行职业规划，明确自己所要从事的职业，从而有针对性地寻找合适的工作。在求职简历中求职者不仅要写出自己与所求职位的紧密联系，还要写出个人意愿、想要从事的行业和工作岗位等。例如，建筑行业是一个对从业人员有较高专业要求的行业，有建筑设计师、土建工程师、预算员、安全员、技术员，甚至工地工人等职位，求职者要写明个人意愿，让招聘者做选择题而不是填空题，这样会增大被录用的概率。明确了求职意向，求职者在找工作的时候就能不偏方向，有的放矢。可以说，明确求职意向，是找工作的第一步。

但是，很多求职者在求职简历中通常只是将个人履历进行简单的罗列，并未将个人的求职意向明确说明，这就意味着求职者心仪的职位只有求职者自己知道，求职简历中的各项履历都在为那个职位服务。但是，招聘者在短时间内很难明白求职者的意愿，他们往往会认为求职简历牛头不对马嘴。这样的求职简历很难在众多求职简历中被招聘者看中。我们分析了大量求职简历，对求职简历中求职意向的撰写存在的问题进行了总结，并提出以下建议。

(1) 问题：求职简历中看不出职位意向。分析与建议：寻求一个明确的职位是投递求职简历的最终目标，所以，求职意向是求职简历的灵魂。求职简历的其他内容实际上都是围绕求职意向展开的。明确的求职意向可以让招聘者感受到你求职的诚意，在同等条件下，更能增加你求职成功的概率。在撰写求职简历时，建议你将目标职位设定成你的求职意向，并在后面的配置中围绕求职意向展开。这样你在简历撰写过程中就会有中心点，会将个人信息更为紧密地与求职意向相连。

(2) 问题：求职简历中意向位置偏后。分析与建议：求职意向不应置于求职简历的中后部，最好置于简历上方比较显著的地方，一般放在个人基本信息之后，这样才能让招聘者迅速明白你的求职意向，然后，他会根据你所阐述的个人能力进而判断你的求职意向与所应聘职位是否匹配。

(3) 问题：求职简历中意向不明确。分析与建议：要用准确明白的语言撰写求职意向，让人一看就能知道你的求职意向，主观含糊的求职意向还不如不写。求职意向也是显功夫的地方，但太多的求职简历上摆着这样笼统的语言：希望找一份具有挑战性并能提供职业训练的职位。这样的职位有很多。所以求职意向最好能把焦点聚集在你和招聘者的需求上面，如"一份具有挑战性的市场职位，能让我在为非营利性组织的筹款方面贡献我的经验和技能"，从这句话可以看出你想要从事市场方面的工作，而且是在筹款方面的。这样就能使你的"供"和招聘者的"求"完美结合。看到这样一个契合度如此高的人才，谁都会心动。显然，明确的表述比主观含糊的语言更具有针对性。

(4) 问题：求职简历中有多个意向。分析与建议：切勿在同一份求职简历中填写多个求职意向，尤其是毫不相关的求职意向，那样会让招聘者怀疑你求职的诚意。如果你确实有多个求职意向，最好根据不同的求职意向分别撰写求职简历。一份求职简历多个求职意向是求职简历的大忌。

(5) 问题：求职简历与工作经验不符。分析与建议：这句话的简单表述就是会干木匠活就不要抢铁匠的饭碗。你会干什么，熟悉什么、就去应聘哪个行业，不要写和自己实际工作经验不相符的求职意向，那样，得到面试机会的可能性也很小。试想，如果你正在应聘一个编程的职位，而求职简历通篇都介绍了你过去的文秘经验，招聘者自然会忽略你的求职简历。因此，为了提高求职成功的概率，求职简历应围绕求职意向展开，让实际工作经验尽量与求职意向相匹配。

3. 教育背景

教育背景包括学校、时间、专业、学位。需要的话，还可以加上 GPA(grade point average，平均学分绩点、平均分数)、排名、课程、研究方向。当然，不同的公司有不同的需要。对于社会经验较少的应届毕业生，教育背景这一部分则成为用人单位了解求职者的智力、专业能力以及在众多求职者中做横向比较的重要依据，所以，教育背景是较重要的一栏，毕业生要根据自己的真实情况认真填写。

(1) 学校：学校名要大写并加粗，这样便于招聘者迅速识别你的学历。如果你是名校出身，可能会对找工作有所帮助。

(2) 时间：时间要倒叙，即最近的学历情况要放在最前面。如果你现在是硕士刚毕业，那么要先写硕士再写本科。

(3) 专业：如果你是跨专业求职，你的双学位或者是辅修经历就尤为重要了。如果你是硕士或是博士研究生，不妨写出你的研究方向，让招聘者知道你具体从事哪项研究。

(4) 学位：如果你获得学历的同时，获得了学位，应同时填写，并写明具体学科学位。如果你通过全日制教育获得了大学本科学历、理学学士学位，就在"全日制教育"栏中填写"大学理学学士"；如果你获得了学历但没有学位或以同等学历攻读并获得了学位，则按获得的学历或学位如实填写。

(5) GPA：如果你的 GPA 还算出色，不妨列出来。同时，可以附一些说明性的文字。例如，专业前 5%，这里就不要写文字了，多些占比更为科学。

(6) 核心课程：一般应列出三至四门与职位相关的核心课程，以便招聘者了解你所学的专业。

4. 工作经历或实践经历

工作经历或实践经历包括社团活动、社会活动、社会实践、专业实习、科研经历、兼职等。一般认为，工作经历是求职简历中最重要的一项内容，因为这些是你经验和能力的证明。而工作经历也是有撰写要求的，即必须注明时间、地点、单位、职位和职责。

(1) 时间：仍然采用倒叙的方法。目前的工作经历要最先写，左侧写时间，如写成 2020 年至今。此外，更要注意拼写时不要把 2020 写成 2002，这是拼写检查无法查出的"漏网之鱼"，所以要格外小心。

(2) 职责：职责要分条来写，每段经历的职责写两条左右。写工作经历不要超过 3 段，因为我们还是大学生，经历不宜过多，写几段含金量比较高的即可。

注意：应届毕业生的工作经历一般包括两种：一种是实习，一种是兼职，要加以区别。就暑期工作而言，一般公司不会要求你在暑期工作期间有什么较大的成就。当然，如果有，也可以写出来。即使没有，在亲戚朋友的单位待了几天，也可以写上。

另外，不要一提到"工作经历"就立即想到每月按时上班领薪水的工作，有偿和无偿的工作都算是工作经历，如志愿者之类的有效经历也是很亮眼的。在实践中，有承担校园大型活动策划及主持、校园刊物主编，成为艺术队、篮球队成员，组织义务社会实践活动、献血等经历的大学生也格外受欢迎。

5. 获奖情况

奖项包括十佳大学生、三好学生、优秀共青团员、优秀学生干部、国家奖学金、专项奖学金及竞赛奖等。这部分要注意强调奖项的级别，仅仅说出奖项的名称是没有意义的，必须描述这个奖项的实质，最好用相对的数字来说明获得该奖项的难度，让招聘者明白只有十分优秀的人才可以获得这样的荣誉，而且要选择最重要、含金量最高、最新的去写。

6. 职业技能

(1) 语言技能。语言技能通常用专业考试和国家四、六级考试来表现和证明，如表 5-1 所示。

表 5-1　各级语言证书

中文名称	英文全称	英文简写
大学英语四级证书	College English Test Band 4 Certificate	CET-4
大学英语六级证书	College English Test Band 6 Certificate	CET-6
全国英语等级考试	Public English Test System	PETS
托福成绩证书	Test of English as a Foreign Language	TOEFL
雅思成绩证书	International English Language Testing System	IELTS
大学英语四、六级考试口语证书	CET Spoken English Test	CET-SET
英语专业四级证书	Test for English Major-Band4	TEM-4

(2) 计算机技能。中国人最爱用"熟悉"一词，无论是中文求职简历还是英文求职简历。"熟悉"是一个很弱的词，说明你不熟练、不常用。你要有可以证明自己能力的认证，如计算机证书或者相关专业的学历等。如果几个软件，你有的熟练，有的只是熟悉，建议只写软件名称。完全没把握的或不熟悉的，千万不要写。

(3) 专业资格证书。资格证书的专业性很强，一定要分清，写全称，如教师资格证、建造师执业资格证、会计从业资格证书等。最需要注意的是，有些人将注册会计师笼统地写成 CPA，但全世界各国都有自己的 CPA，有些是互不承认的，所以一定要写上国别，写明考取年份。

7. 特长及自我评价

需要注意的是，爱好是爱好，特长是特长。个人特长是指个人所拥有的技能专长，具有广泛的个人爱好和特长的求职者会更受用人单位的欢迎和青睐，因此毕业生在求职简历中应充分填写自己的个人爱好和特长。一些业余爱好也能显示出毕业生一定的素养，如音乐、美术、体育等，将这些方面的内容写入求职简历，也许会给毕业生带来意料之外的收获。

自我评价一些常用词语：善解人意、细心、勇敢、随和、乐于助人、上进、体贴、诚实、淳朴、热心、有爱心、孝顺、执着、有责任感、认真、大方、健谈、有想象力、有气质、活泼、温柔、幽默、能干、聪明、思想成熟、精明能干、为人诚实，有较强的系统管理能力、能够独立工作、思想成熟、应变能力强、个性稳重、具高度责任感、反应快等。求职者可以用几个符合自己特性的词，彰显自己的特殊能力和才华，其他的中性词不可以用得过多。

8. 支撑材料

证书及相关资料：证明自己的专业能力，包括毕业证、专业资格证、获奖证书等。有些资格证书具有很高的含金量，如教师资格证，大学英语四、六级证书，法学类专业的律师资格证，还有就是建筑类专业的监理工程师、造价工程师等证书，因为建筑类工程师比较稀缺，所以用人单位对于拥有这一类证书的人才也比较重视。相关支撑材料可以在求职简历之外作为附件，有条件的可以带上原件。

9. 撰写求职简历的注意事项

(1) 重点突出，切忌冗长啰唆。求职者要根据企业和职位的要求，巧妙地突出自己的优势，给招聘者留下鲜明深刻的印象，但注意不能简单重复。重点突出是整份求职简历的亮点，也是最能表现求职者专长和个性的地方。例如，应聘科研岗位，如果你在求职简历中大段描述自己的销售经历就显得不合时宜，你应该重点写自己的科研经历，如发表了多少科研论文，申请了多少专利，以及参加学术会议等情况。

对于不同的企业、不同的工作岗位、不同的职场要求，求职者应事先进行必要的分析，有针对性地设计、准备求职简历。例如，英语专业的大学生，投翻译类职位和投教师职业在求职简历制作上就应该有所区别。

一般的求职简历普遍太长。其实，求职简历内容过多反而会淹没一些有价值的内容。冗长啰唆的求职简历不但浪费招聘者的时间，还可能让其得出求职者做事不干练的结论。因此，我们的求职简历应该言简意赅、流畅简练，令人一目了然。现今，大企业每天都会收到很多份求职简历，企业招聘者不可能都仔细研读，一份求职简历一般只用两分钟就看完了，再长的求职简历也不超过三分钟。所以，求职简历要做到精简。曾经有学者做过统计，一份中文求职简历压缩在两页 A4 纸上就能充分表达求职者所要表达的内容了。

很多大学生的求职简历附有厚厚一摞成绩单、荣誉证书的复印件，其实求职简历上可以不要这些东西，只需要在求职简历上列出所获得的比较重要的荣誉即可。如果企业对此感兴趣，会要求求职者在面试时把这些带去。

(2) 求职简历必须客观真实。求职简历一定要按照实际情况填写，任何虚假的内容都不要写。即使靠含有水分的求职简历得到面试机会，面试时也会露出马脚。千万不要为了得到一次面试机会就编写虚假求职简历。一旦被招聘者发现，你几乎就再也没有机会进入这家公司了。例如，在一档综艺节目中，某高校一位法硕毕业的男孩，存在求职简历造假行为，用人单位毫不犹豫地把他拒之门外，实习成绩清零，还在节目中表示其在该事务所的实习的经历不予认可。再加上这是一档综艺节目，受众范围很广，这件事也引发了人们激烈的讨论。因此，该男孩在今后的面试中也会碰壁。这种编造虚假求职简历的做法不可取。作为招聘者来说，首先希望求职者是一个诚实的人。

(3) 不要过分自谦。注明自己某项能力不强，这就是过分谦虚了，实际上不写这些并不代表说假话。有的大学生在求职简历中写道：我刚刚走入社会，没有工作经验，愿意从事贵公司任何基层工作。其实，这就是过分自谦的表现，这会让招聘者认为你什么职位都适合，其实也就是什么职位都不适合。公司和企业都需要有能力为他们创造价值的人才，因为他们对你不熟，只能通过求职简历来判断你的能力，所以有突出能力不要谦虚，当然也不要夸大。

(4) 不要有任何文字、排版、格式、拼写、打印错误。用人单位最不能容忍的是求职简历上出现错别字，或者在格式、排版上有技术性错误，以及求职简历被折得皱皱巴巴，有污点。这会让用人单位认为你连自己求职这样的事都不用心，那工作也不会用心。所以，写好求职简历以后一定要仔细检查。求职简历的段落不要过长，字体大小适中，排版端庄美观、疏密得当。制作求职简历既不要为了节省纸张，密集而局促，令阅读者感到吃力，也不要出现某一页纸只有几行字，留下大片的空白。

(5) 求职简历不必做得太花哨。一般来说，求职简历不必做得太花哨，用质量好一些的白纸就可以了，尽量用 A4 规格的纸。

(6) 要"冷冷的"数字与细节，不要"火热的"描述与抒情。例如，求职简历中描述工作得到领导肯定，受到同事的好评，不如修改为：2019 年工作业绩突出，年终评估为 20 名销售中的第 2 名；描述英语能力通过大学英语六级，口语良好，就不如修改为：英语 6 级，可听懂 80% 的日常英语对话与 70% 的西方电影，曾为外教义务担任生活翻译。

(7) 求职简历要"秀"出自己与众不同的亮点。好的求职简历一定是与众不同的，如无偿献血 5 次，连续 4 次担任学校 BBS "求职版"版主，大学四年级时在全国级刊物《××》发表论文《×××××××××》，担任过学校艺术团主持人，主持过大型的歌舞晚会 10 场。这种与众不同的亮点最能吸引招聘者的注意，这些经历往往体现了求职者与众不同的特殊才能。

5.1.2　求职信

求职信是求职者向自己欲谋求职业的用人单位介绍自己的基本情况，提出供职请求的书信。大学生学会写好求职信和填好个人履历表，是走向成功的第一步。因为求职信写得清楚、准确又有条理，会给用人单位留下良好的第一印象，也是吸引用人单位的重要条件之一。写求职信的目的是要引起"顾客(雇主)"的兴趣，达到成功推销自己的效果。

很多求职者没有写求职信的习惯或根本不知道求职信的重要性。求职信是求职文书的一个重要组成部分。求职信主要用来表述求职者的愿望和专长，是对求职简历的概述与补充，要突出自己的个性。求职信作为新的日常应用类文体，使用频率极高，其作用越来越重要。

1. 如何撰写求职信

求职信一般由标题、称谓、正文、祝颂语、落款和附件等部分组成。

(1) 标题。

第一种：直接在第一行正中间写"求职信"三个字。

第二种：由事由和文种构成。

如果是以邮件形式发送的求职信，就应该在邮件主题中注明"××应聘××岗位的求职信"。

(2) 称谓。

顶格写上用人单位的领导或招聘者的姓名和称呼，不知道对方姓名时，可直接称呼其职务，如"尊敬的人力资源部部长"。

如果用人单位在招聘简章上写明了联系人，则可以将求职信直接发送给指定联系人。

(3) 正文。

正文是求职信的核心内容，一般包括开头、主体和结尾三个部分，内容应包括个人信息、求职目标、求职原因、自身条件、求职意愿等。

① 开头部分。

a. 表示感谢。

b. 简要自我介绍。

② 主体部分。

a. 说明求职目标。

b. 交代求职原因。

c. 展示自身条件。

③ 求职原因。

a. 说明求职动机。

b. 表现熟悉程度。

c. 表现钟爱程度。

d. 表明意愿决心。

④ 自身条件。

a. 专业背景。

b. 专业技能。

c. 综合能力。

⑤ 结尾部分。

a. 表达应聘希望。

b. 表达态度决心。

c. 请求获得答复。

(4) 祝颂语。

祝颂语是书信类文书的一个重要组成部分，需要另起一段，空两格写"此致"，转行顶格写"敬礼"；也可用其他祝颂语来代替，如"祝贵单位事业蒸蒸日上！"等。

(5) 落款。

书面形式的求职信一定要亲笔签名。电子邮件形式的求职信应该写上姓名和求职日期。在落款后面注明自己的详细通信地址、联系方式。

如果是电子邮件形式的求职信，邮件中有附件材料，还应该说明附件中材料的性质以及数量，以便招聘者查阅、下载。

2. 撰写求职信注意事项

撰写求职信的主要注意事项有以下几方面。

(1) 要有一个新颖、出其不意的开头，这样容易引起招聘者的注意和兴趣，达到先入为主的良好效果。开头一定要开门见山地写明你对公司感兴趣并想担任他们空缺的职位，以及你是如何得知该职位的招聘信息的。

(2) 求职信的内容应特色鲜明、内容精练、直奔主题，切忌太短或太长，600～800字为宜。

(3) 措辞要有分寸，做到不卑不亢。过于谦卑，会给人庸碌无为的不良感觉；过于高傲，会给人轻佻浮夸的恶劣印象。

(4) 求职信最好自己手写，字迹工整，杜绝错别字，给人一种亲切、实在的感觉。

(5) 求职信一定要写清联系方式，包括邮编、通信地址、电话、邮箱、QQ、微信等。

3. 求职信经典范文

尊敬的领导：

您好！

首先，非常感谢您在百忙之中抽空审阅我的求职信，给予我毛遂自荐的机会。我叫××，毕业于××大学××专业。普通的院校，普通的我，却拥有一颗不甘于平凡的心。

我，自信乐观，敢于迎接一切挑战。虽然只是一名普通的本科毕业生，但是，年轻是我的本钱，拼搏是我的天性，努力是我的责任，我坚信，成功会成为必然。

经过大学四年的锤炼，在面对未来事业的选择时，我对自己有了更清醒的认识，由于我在大学中锻炼了较好的学习能力，加上"努力做到最好"的天性使然，四年中，我在班级的考试中均名列前茅，与学校三等奖学金有着不解之缘。

在大学四年中，我也练就了较好的实验操作技能，能够独立操作各种仪器。但我并没有满足，因为我知道，大学是学习与积累的过程，为了更好地适应日后的工作，我还不断地充实自己，参加了大学英语四级考试，并顺利通过。

此外，我还积极地参加各种社会活动，抓住每一个机会，锻炼自己。我深深地感受到，与优秀同学共事，使我在竞争中获益；向实际困难发起挑战，让我在挫折中成长。这些，让我养成了实事求是、开拓进取的作风。

听闻贵校招聘本专业的教师，我冒昧地投出自己的求职信，我热爱贵校所从事的事业，殷切地期望能够在您的领导下，为这一光荣的事业添砖加瓦，并且在实践中不断学习、进步。

四年的寒窗苦读给了我扎实的理论知识、实验操作技能及表达能力，大学四年教会了我什么是"学无止境"。我相信，在不断努力和刻苦的学习中，我一定能够胜任这份高尚的职业，通过我的言传身教，为祖国培养城市建设和环保方面的专业人才。

我的人生信条是"人生在勤，不索何获"。给我一次机会，我会尽职尽责。一个人唯有把所能投入社会中才能使自我价值得以实现。别人不愿做的，我会义不容辞地做好；别人能做到的，我会尽最大努力做到更好！发挥自身优势，我愿与贵校同事携手共进，共创辉煌！

诚祝事业蒸蒸日上！

此致

敬礼！

姓名：×××

××××年××年××月

5.1.3 毕业生就业推荐表及其撰写

毕业生就业推荐表是高校为帮助毕业生就业专门向用人单位出具的一份正式书面函。它能证明该生的毕业身份、专业、培养方式等，并向用人单位简要介绍该生在学校的表现。其内容一般包括姓名、性别、学历、专业、曾任职务、获奖情况、个人兴趣特长、所修主要课程、院系推荐意见等。"院系推荐意见"一栏主要由辅导员或院系学生工作组负责人填写，由于制作材料的需要，推荐表可以复印，但原件只能有一份。

毕业生就业推荐表是高校以组织的形式向用人单位推荐毕业生，对用人单位来说具有较大的权威性和可靠性，因此大部分用人单位非常看中毕业生就业推荐表，把该表当作录用毕业生必备的书面材料。

对毕业生来说毕业生就业推荐表也是不可或缺的求职工具，它能向用人单位证明毕业生的背景、毕业资格和在校表现，因此它对毕业生和单位都很重要，毕业生应该认真填写相关内容，任何错别字或文法错误都会让用人单位怀疑你的能力。

注意：

(1) 高校为每个毕业生提供一份就业推荐表，供毕业生联系用人单位时使用，涂改无效。建议毕业生领到新表后，先自己复印一份填写，检查所有内容无误后再正式誊写到正式表上。

(2) 所有内容必须用黑色签字笔或钢笔填写，字迹工整，不得涂改。

(3) 毕业生就业推荐表用于毕业生找工作时，与用人单位签约时才交给用人单位，其他情况只给复印件。

5.1.4 求职文书的基本要点

(1) 基本信息的记录。这是最基本的要求，具体来说就是姓名、学识、家庭信息等，这对很多人来说都不是难事，但要注意格式。如果用人单位有表格，你只需要按照要求填写就可以了，不过一定要注意字迹，不要太潦草，毕竟"字如其人"。

(2) 就职经验的说明。现在的企业招聘员工，除了看重文化水平，还看重相关的经验，所以自己有一定要填写上去，不过最好给出相关证明，有一些企业是会考核的，其次，一定要是与职业相关的，不相关的就不用写。

(3) 求职的目的。你为什么需要这份工作，你能为这个岗位提供些什么？这都是需要求职者写的，尤其是一些大型的外企，因为企业毕竟是以盈利为目的的，你一定要说出让对方聘用你的理由。

(4) 如何提供效益。对于职位的了解是制胜的关键，你需要说出这个职位的利弊，以及如何去做、做出怎样的效果，说说你自己的看法。企业高层要的不仅是会执行的员工，而且需要拥有良好思考能力的人，如何在这个职位上创造效益很重要。

(5) 对职业的规划。如果企业决定聘用你，你会怎样去做，接不接受对你进行相应的培训，这些一般都会放在最后一栏，所以，在求职之前你要对自己的职业拥有一个清晰的规划，企业并不怕你没有经验，而是怕你没经验还不努力。所以，职业规划是表明自己能力的机会，千万不要忘了这一点。

5.2　简历投递

求职者投递简历应该明确自己的就业方向，选专业对口的企业投递，成功的概率将会大大提高。求职者通过邮箱投递简历时，最好能够将简历内容复制到邮件的正文中，然后投递。

5.2.1　简历投递渠道

对于招聘方来说，接收简历的渠道是多样的，包括网申、E-mail 邮箱接收简历、邮寄简历、宣讲会或招聘会现场接收简历等。以 2021 年的校园招聘信息为例，据某网站相关数据统计，在各类全职校园招聘信息的简历接收方式中，E-mail 及邮寄方式占最大比例，达到 82.23%，其次是网申(9.43%)、宣讲会(1.5%)、其他方式(6.84%)。其他方式主要指用人单位要求求职者现场递交简历并报名参加考核的方式，发布此类招聘信息的企业多为事业单位、医疗机构、国家机关等。

虽然近年来网申等新兴的简历接收方式正被越来越多的知名企业采用，但是仍不能替代 E-mail、邮寄及现场接收简历的方式。每种方式各有利弊，E-mail、邮寄简历虽然不能自动筛选简历，招聘者在浏览简历时会增加工作量，但是无须构建复杂的网申系统，成本低，在招聘人数和招聘规模不是很大的情况下，采用这样的简历接收方式比较"经济实惠"；网申系统在简历筛选、给求职者发通知、安排笔试面试等方面比较方便，在处理有大量求职者简历的情况下(通常为上千份简历)，网申系统的优势会更加明显，但是构建网申系统需要额外支出费用，增加招聘成本，而且在网络访问高峰时，对求职者来说，可能会出现填写的简历数据丢失或者登录不上网申系统的情况。同时，应注意到，有些企业仍然采用现场接收简历的方式，包括在宣讲会、招聘会现场直接接收简历。

5.2.2 E-mail投递简历

E-mail 是目前绝大多数企业采用的简历接收方式。求职者采用 E-mail 投递简历时，应注意以下几点事项。

1. E-mail邮箱的选择

求职者在给用人单位的 E-mail 发送简历时，要用自己的私人邮箱，切勿用学校教育网的邮箱，以免邮箱的不稳定造成不能及时投递简历以及错过笔试、面试通知等情况。邮箱的 ID 要显得专业、成熟且职业化。在邮箱 ID 的设置上，一般可以采用英文名+中文姓氏，中文拼音+数字(注册日期、生日等数字)等各种形式，其原则是看上去不要太随意，如 superman、little girl 等，最好是让对方看到邮箱就能马上知道是你是谁。设置签名档，建议包含个人姓名、学校及联系方式，格式统一。

2. 邮件客户端软件Foxmail的使用

求职者应尽量使用邮件客户端收发邮件，这样的好处是，可以非常方便地查阅已发邮件情况，而且所有邮件都保存在本地计算机上，当出现网络故障不能登录邮箱服务器端时依然可查阅历史邮件，可以非常方便地统计已申请记录等情况。此外，使用邮件客户端软件来发送简历，可以非常方便地编辑正文简历的内容及格式，使正文发送的简历内容格式工整、不错乱。

3. Foxmail投递简历的语言选择

简历及求职信的语言选择在于中英文简历显示的先后顺序，即中英文简历都要有，但是先后显示顺序视具体情况而定，建议参考以下原则：

(1) 如果招聘信息中明确注明接收简历的语言，则严格按照招聘信息中的要求来选择投递简历的语言。

(2) 如果招聘信息中没有注明接收简历的语言，则在简历正文中附上中文的求职信，然后是中文简历在前、英文简历在后。

(3) 如果是附件投递简历，则将中英文简历合并到一个文档中，第一页为中文简历，第二页为英文简历，不需要做成两个附件文档，否则招聘者需要分两次下载。

4. 邮件标题的设置

关于邮件的标题问题，如果用人单位在招聘信息中已经声明了标题模板，应依照模板设置，因为这是初步筛选的标准。招聘者一天收到的简历可能有几百份甚至几千份，如果你的标题只写了"应聘""求职"或"简历"等，会很不利于简历被关注。所以至少要写上应聘的职位，而且最好在标题中写上自己的名字，便于招聘者审阅你的简历。

需要注意的是，标题要用中文写，除非应聘时要求用英文。招聘者每天不仅会收到大量的简历，还会收到大量的垃圾邮件，所以如果你用英文做标题，很可能会当成垃圾邮件删除。如果想证明自己的英文水平可在简历中展示，不用在题目上做文章。不要用一些奇怪的符号，如"～～～""＆""＃""＊＊＊＊"等，容易被看成垃圾邮件而遭遇删除的厄运。

5. 邮件正文内容——求职信

无论用正文发送简历还是用附件发送简历，都建议在正文中贴上简短的求职信，一定不能在邮件正文中留空或者只是注明"附件是我的简历"等。尤其是用附件发送简历时，这样做的目的是在招聘者下载附件简历前将自己的最大优势呈现出来。

6. 正文发送简历或附件发送简历的选择

关于 E-mail 发送简历时是采用正文发送还是附件发送的问题，建议大家视具体情况灵活处理。很多公司的 E-mail 邮箱容量比较小，且为了防止计算机病毒传播，很多公司的邮件系统是不允许邮件中带附件的。如果是这种情况，带附件的邮件要么被直接删除，要么附件被删除。那么，在 E-mail 投递简历的时候，如何选择简历投递的方式呢？建议参照以下原则。

(1) 查看招聘信息中对简历投递的要求，是否注明是采用正文发送简历还是附件发送简历，严格按照招聘信息中的要求来投递简历。

(2) 如果招聘信息中没有注明是采用正文发送简历还是采用附件发送简历，那么首先应查看接收简历的 E-mail 邮箱类型，是公司系统邮箱，还是 163 等公共邮箱。如果是公司系统邮箱，则采用邮件正文发送简历；如果是 163 等公共邮箱，建议采用附件发送简历。

5.2.3 网申

对于求职者来说，通过网申的方式来申请职位，淘汰率是比较高的。即使是这样，事先了解网申系统的原理以及网申时的注意事项，也有助于提高自己的网申通过率。网申，即求职者通过招聘方指定的招聘网站或者官方网站来投递简历，招聘方通过设定特定的在线问题、筛选标准进行简历筛选。网申系统一般采用互联网媒介，其优势在于通过互联网的信息共享便捷性，可接受来自世界各地成千上万的求职者同时在线应聘；其标准化的在线问题、灵活设置的筛选条件，最大限度地消除了人为因素等造成的简历筛选误差；自动统计在线应聘简历的相关数据，包括地域、高校、专业、年龄、性别等，使得招聘方更方便地追踪招聘效果及建立公司人才信息库。

目前网申系统也有很多缺陷。例如，当在线提交简历人数过多时，系统无法快速响应；系统自动筛选简历机制不能完全准确地判断有效简历；等等。即使存在如此多的问题，也无法阻挡招聘行业采用网申系统作为简历收集、筛选的方式，尤其是在校园招聘领域。由于校园招聘不同于社会招聘，招聘周期比较集中、求职人数多、企业的校园招聘个性化需求多，这都使得网申系统在初期的招聘环节中扮演着重要的角色。

如今的网申内容名目繁多，过程烦琐，往往让求职者叫苦不迭。网申最初的形式其实只是填写简历，包括个人联系方式、教育经历、工作经历等，根据目标职位或者公司投递简历。随后又出现了填写开放式问题作为网申的一个内容，现在有些公司的网申还包含了在线测评等内容。网申内容的演变是围绕招聘方而开始的，当简历数量远远超过招聘方人工挑选的能力范围时，借助设计合理的网申明细及标准，以及各种各样的测评体系筛选简历，就成了网申内容演变的一个必然趋势。

思考题

1. 求职简历常见模块有哪几部分？
2. 求职简历制作的注意事项有哪些？
3. 制作自己的求职简历，并请周围的 3～5 名同学帮助自己修改，找出可能存在的不足之处。

第 6 章
面试制胜：打造自己的首张名片

　　面试是用人单位挑选人才的一种重要方法，是用人单位和求职者进行双向交流的机会，能使双方相互了解，从而更为准确地做出聘用与否、受聘与否的决定。随着网络的发展，面试的形式也在发生改变。用人单位可以通过书面、面谈或线上交流(视频、电话)的形式由表及里地测评求职者的知识、能力、经验和综合素质等，以此判断求职者是否可以加入自己的团队。

　　对于高校毕业生来说，只有了解和掌握必要的面试知识，才能在面试过程中展现自己的才华，以获得用人单位的聘用。

知识要点

1. 了解面试的主要类型。
2. 了解面试的考查内容。
3. 了解面试的应对策略。
4. 了解笔试的应对策略。
5. 掌握笔试的应对技巧。

导航阅读

教育部 2022 年度考试录用公务员面试考生材料审核通知(节选)

　　按照中央机关及其直属机构 2022 年度考试录用公务员工作要求，现将入围教育部面试考生材料审核有关事项通知如下：

　　提交材料

　　请考生于 1 月 19 日 17:00 前(以寄出邮戳为准)通过邮政特快专递(EMS)将以下材料邮寄到我部，同时将所有材料扫描件(图片格式，非 PDF，并按以下顺序命名)发送到×××

@moe.edu.cn。不接待考生本人或其他快递公司送达，所收材料不退回。非报考教育部的考生请勿邮寄材料。

1. 公共科目笔试准考证、工作证(或学生证)复印件。

2. 面试考生情况表(附件2)，贴好照片(近一年内一寸免冠彩照)，准确、详细填写个人学习经历(从小学学历填起，详细到月)、工作经历，时间必须连续，并注明各学习阶段是否在职学习，取得何种学历和学位。

3. 本(专)科、研究生各阶段学历、学位证书复印件。

4. 身份证复印件。需要在该复印件上注明本人户口所在地(省、市、县)，户口为单位集体户、人才或家庭户等；注明个人档案所在地(省、市、县)，具体存放单位或者人才、居委会等详细名称，并注明"本人所提供所有资料和填写内容完整无误，全部属实"字样，个人签名确认，落款日期。

5. 报考职位所要求的基层工作经历有关证明材料原件。在党政机关、事业单位、国有企业工作过的考生，须提供单位人事部门出具的基层工作经历证明，并注明工作具体部门、岗位、起止时间、工作地点，简要说明工作内容，在机关事业单位工作的注明用人类型(编内、编外)，编外人员和在其他经济组织、社会组织等单位工作过的考生，须提供相应劳动合同和缴纳社保证明的复印件。

6. 其他材料：

(1) 考生身份为应届毕业生的(含2020年、2021年未落实工作单位，户口、档案、组织关系保留在原学校或各级毕业生就业主管部门的普通高校毕业生)，需提供报名推荐表原件(从考录专题网站下载，加盖院系党委公章)。

(2) 考生身份为留学回国人员的，需提供我驻外使领馆出具的留学回国证明和教育部留学服务中心认证的国外学历学位认证书复印件。

(3) 考生身份为待业人员、自由职业或其他的，需本人提供情况说明，注明本人考生身份及政治面貌，最近一次全日制学习或就业至今的详细经历，待业人员还需注明待业原因及待业时间，个人签名确认，落款日期。

(4) 报考校外教育培训监管司业务处室一级主任科员以下职位(职位代码200110004004)的，"大学生村官"项目人员提供由县级及以上组织人事部门出具的服务期满、考核合格的证明复印件；"农村义务教育阶段学校教师特设岗位计划"项目人员提供省级教育部门统一制作，教育部监制的"特岗教师"证书和服务"农村义务教育阶段学校教师特设岗位计划"鉴定表复印件；"三支一扶"计划项目人员提供各省"三支一扶"工作协调管理办公室出具的高校毕业生"三支一扶"服务证书复印件；"大学生志愿服务西部计划"项目人员提供由共青团中央统一制作的服务证和大学生志愿服务西部计划鉴定表复印件。

(5) 报考政策法规司行政协调处一级主任科员以下职位(职位代码200110002002)、校外教育培训监管司业务处室一级主任科员以下职位(职位代码200110004002)的，请提供法律职业资格证书复印件。报考机关司局驻外储备人员职位(职位代码200110009001)

的，请提供外语等级证书复印件。

邮寄地址：北京市西单大木仓胡同 37 号，教育部人事司人事劳资处，邮编 100816。请在信封上注明"公务员面试材料"。材料不予退还，请做好备份。

（资料来源：http://www.moe.gov.cn/s78/A04/tongzhi/202201/t20220111_593734.html）

6.1　面试相关知识和技巧

通过面试，用人单位可以了解和掌握求职者的知识水平、心理素质、应变能力、语言表达能力、形象气质、处世态度和敬业精神等，是求职者将自己全方位展现给用人单位，走向职业之路的第一关。因此，求职者掌握面试相关的知识和技能技巧，是获得就业成功的关键环节。

6.1.1　五种面试类型

在校园招聘中，企业采用的面试形式越来越丰富，面试流程也越来越复杂，其目的是提高面试筛选的准确度和效率、降低招聘成本等。对于应届毕业生来说，有必要先了解企业招聘的面试形式和面试流程，再结合自身的实际情况做好面试准备，以便在面试中灵活应对，呈现良好的状态，获得面试人员的青睐。

按照面试的开展形式及手段、面试的内容、面试考核的重点等，企业在校园招聘中的常见面试类型及其主要特征如表 6-1 所示。

表 6-1　面试类型及其主要特征

面试类型	主要特征
电话面试	电话面试是面试人员通过电话对求职者进行提问的面试，一般发生在笔试之后，是在面对面的面试之前经常采用的面试类型，针对某些特殊问题进一步了解
视频面试	视频面试是面试人员与求职者利用连通互联网的电脑，通过视频摄像头和耳以进语音、视频、文字的方式进行即时沟通交流的面试类型。
结构化面试	结构化面试是面试人员通过设计面试所涉及的内容、试题、评分标准、评分方法、分数等对求职者进行系统的、结构化的面试，其主要目的是评估求职者工作能力的高低及其是否能胜任该职位的工作
无领导小组面试	无领导小组面试是一种测评技术，其采用情景模拟的方式对求职者进行集体面试。它通过给一组求职者一个与工作相关的问题，让他们进行一定时间的讨论。在这个过程中，多个求职者需要合作完成某个项目——可能是实际商业环境下有见地的案例讨论，也可能是集体游戏

（续表）

面试类型	主要特征
情景模拟面试	面试人员设置一定的模拟场景，要求被求职者扮演某一角色进入角色情境，处理各种事务、问题和矛盾

6.1.2　面试主要的考查内容

了解面试官在面试中到底要考查什么，可以有意识地提前做好相关准备。面试主要的考查内容一般有以下几项。

1. 所具备的基本素质

(1) 仪表举止。这是指求职者的衣着举止、精神状态、风度气质等。研究表明，仪表端庄、衣着整洁、举止文明的人，一般做事有规律，注意自我约束，责任心强。因此，求职者应该注意着装得体，举止文雅、大方，表情丰富，回答问题时认真、诚实。

(2) 道德品行。这主要在于考查求职者能否令人信任地完成工作，考查问题是否偏激，情绪是否稳定，对于要求较高深的业务能否适应。求职者回答时应该突出自己的自信心、坚强的意志、强烈的责任感。责任心强的人，一般都会确立与事业有关的奋斗目标，并为之积极努力，且不安于现状，在工作中常有创新。上进心不强的人，一般都是安于现状，无所事事，不求有功，但求无过，对什么事都不上心。

(3) 求职动机。了解求职者为何希望来用人单位工作，对哪类工作最感兴趣，在工作中追求什么，判断用人单位所能提供的职位、工作条件等能否满足其工作要求和期望。

(4) 自我控制能力与情绪稳定性。自我控制能力在工作中显得尤为重要。一方面，在遇到上级批评指正、工作有压力或是个人利益受到冲击时，能够克制、容忍，理智地对待，不会因情绪波动而影响工作；另一方面工作要有耐心和韧劲。

(5) 工作态度。工作态度一是了解求职者过去学习、工作的态度，二是了解其对应征职位的态度。在过去学习或工作中态度不认真，做什么、做好做坏无所谓的人，在新的工作岗位上也很难做到勤勤恳恳、认真负责。

面试时主考官还会向求职者介绍本单位及拟聘职位的情况与要求，还会与其讨论有关工薪、福利等问题，以及回答求职者可能问到的其他问题等。

2. 具备的相关能力

(1) 口头表达能力。用人单位一般会考查求职者能否将自己想要表达的内容有条理、完整地、准确地传达给对方，引例、用语是否确切，发音是否准确，语气是否柔和，说话时的姿势、表情如何。面试中求职者能否将自己的思想、观点、意见或建议顺畅地用语言表达出来是其口语表达能力的重要体现。

(2) 综合分析能力。面试中，求职者能否对主考官所提出的问题，通过分析抓住本质，并且说理透彻、分析全面、条理清晰。

(3) 思考判断能力。用人单位一般会考查求职者能否准确、迅速地判断面临的状况；能否恰当地处理突发事件；能否迅速地回答对方的问题，且答案简练、贴切。

(4) 反应能力与应变能力。用人单位主要考查求职者对主考官所提的问题理解是否准确，回答是否迅速、准确；对于突发问题的反应是否机智、敏捷，回答是否恰当；对于意外事情的处理是否妥当；等等。

(5) 学习能力。所谓学习能力是指人理解并接受新事情、新观念的能力。担任任何职位都必须具有良好的学习能力。世界每时每刻都在发生变化，不断有大量的新事物、新观念涌现出来，而要使自己跟上时代发展的步伐，必须及时地接受并理解与自己所任职位有关的新事物和新观念，只有这样才能不断提高自己的工作水平，创造性地完成领导安排的各项任务。

用人单位首先考查求职者是否具有掌握和学习新知识、新技能的强烈愿望和兴趣，只有这样的人才能在学习新知识、技巧和方法的过程中，掌握良好的学习方法，才能在尽可能短的时间内掌握尽可能多的新知识、新技能。

(6) 人际沟通能力。在面试中，面试官通过询问求职者经常参与哪些社团活动，喜欢同哪种类型的人打交道，在各种社交场合所扮演的角色，可以了解其人际交往倾向和与人相处的能力。

(7) 实际操作能力。很多企业在面试时，除了看重求职者的一些学习能力外，也非常重视他们工作的实践经验。特别是招聘技术型和技能型人才时，用人单位主要考查特定岗位求职者的专业技能和实践操作能力。大学生在校时，除了重视专业实习外，还要多利用课余时间通过兼职、假期实习等方式培养一些实践操作的能力，丰富社会阅历的同时积累一些工作经历，提高面试成功率。

(8) 职位需要的特殊能力。不同的行业、职位对求职者有不同的特殊能力要求。例如，对新闻记者的考查，会看求职者是否具备这几个方面的特殊能力：下笔迅速而清楚，能记述问答式的文字，有推定力，能迅速推定事件的真相。

3. 与应聘职位的匹配度

(1) 个性特征。通过了解求职者的兴趣、爱好等了解其个性特征。这对录用后的工作安排有好处。

(2) 专业知识。了解求职者掌握的专业知识的深度和广度，其专业知识更新是否符合所要招聘岗位的要求，作为对专业知识笔试的补充，面试对专业知识的考查更具灵活性和深度，所提问题也更接近招聘岗位对专业知识的需求。

(3) 工作实践经验。一般根据查阅求职者的个人简历或求职登记表，做一些相关的提问；查询求职者有关背景及过去工作的情况，以补充、证实其所具有的实践经验，通过对求职者工作经历与实践经验的了解，还可以考查其责任感、主动性、思维力、口头表达能力及遇事处理能力等。

6.1.3　面试的基本程序

1. 寒暄、问候

寒暄，问候是十分必要的开场白。所谓"前三分钟定终身"。这是面试官从来都不愿承认的公开秘密，即求职者给面试官的第一印象。从言谈举止到穿着打扮将直接影响求职者被录用的概率。既然已被通知去面试，就说明求职者的背景已基本合格，那么面试官主要看什么呢？志趣相投。求职者必须能够和这个企业，和企业中的员工志趣相投。寒暄问候的主要话题有天气、道路的交通、办公室附近的建筑物、时事以及近日的热门话题等。

2. 公司简介

面试官会简明扼要地介绍一下公司的情况。

3. 告知程序

这时已开始进入正题，面试官或许会把面谈的整体程序和安排预先告诉求职者，以缓解求职者的紧张情绪。

4. 阅读简历

简历分为两种：一种是粗线条整体快速串，另一种是摘录重点串。这两种方式的目的是一致的。

(1) 确认大环节。千万不要在简历里做假或夸大其词，否则很容易被当场戳穿。

(2) 对简历中的可疑部分提问。面试官会避免直接提问，而是把具体的疑问藏于貌似不经意的小问题中。

(3) 套情报。面试官会从求职者的学校生活谈起，寻找轻松的话题，勾起求职者对往昔的美好回忆。在这一过程中，也会透露情报出来，但是到底应该透露给面试官多少自己的信息呢？这个问题要靠自己拿捏。

5. 向面试官提问

求职者向面试官提问是出于礼貌，起码应该问一个问题，若一言不发，会让对方产生两种想法：一种是求职者对该企业没有多大兴趣，因此实在没有什么可问的，这样当然会惹恼面试官。另一种是求职者没有能力提出好的问题，面试官会认为求职者反应迟钝，不会应酬。所以求职者不要犹豫，放心大胆地问。

6.1.4　求职者的语言技巧

面试场上求职者的语言表达艺术标志着其成熟程度和综合素质，对于求职者来说，掌握语言表达的技巧无疑是重要的。

(1) 认真聆听，流利回答。面试官介绍情况时，要专注，对问题要逐一回答，口齿清晰，发音准确，语言流利，表现得文雅大方。交谈时还要注意控制说话的速度，以免磕磕绊绊，影响语言的流畅；答话要简练、完整，尽量不要用简称、方言、土语和口头语，以免对方难以听懂。面试官在谈话时可以在适当的时候点头或提问。

(2) 语气平和，语调恰当，音量适中。面试时要注意语言、语气、语调的正确运用。语气是指说话的口气，语调则是指语音的高低。打招呼问候时用上语调，加强语气并带拖音，以引起对方的注意。自我介绍时，最好多用平缓的陈述语气，音量的大小要根据面试现场的情况而定，以每位面试官都能听清为原则。

(3) 注意面试官的反应，及时调整。求职者面试不同于演讲，而是更接近一般的交谈。交谈中，应随时注意面试官的反应。例如，面试官心不在焉，可能表示他对这段话没有兴趣，你得设法转移话题；侧耳倾听，可能说明你的音量过小使他难以听清；皱眉、摆头可能表示你的语言有不当之处，根据对方的这些反应，就要适时调整自己的语言、语调、语气、音量和措辞，包括陈述内容，这样才能取得良好的面试效果。

(4) 回答问题要结构化，抓要点。面试前把自己的经验系统总结一下，并有逻辑地用语言表述出来，这会大大提高面试官对你专业能力的评价。在专业经验结构化概括的基础上，做一些简单的理论性的提升，提炼问题回答的要点和重点，而不是一句话就能说明白的事，举了十分钟的例子，时间都浪费在举例子上了。这样不仅会节省面试官宝贵的面试时间，也会给面试官带来你的语言表达能力良好的印象。

(5) 学会用数字和案例说话。向面试官展示自身的专业能力是一个很重要的环节，所以回答问题要有理有据，要言之有物。最能体现言之有据的有两方面内容：一是数据，二是经典案例。尽可能拿实际数据说话，千万不要吹牛。数据是最吹不得的，如果吹牛，一刺就破。另外，为了展示自己的综合实力，如管理岗位的应聘者，其专业能力主要体现在管理方面。所以除了数据外，最好有经典案例。一个案例的处理过程，能够展示一个人处理复杂问题的方方面面。如果不说数据和案例，面试官会质疑你所讲内容的真实性。

6.1.5　求职者的行为技巧

面试，从求职者进入面试官视线那一刻就已经开始了。被面试的不仅是求职者的语言，还有求职者的个人行为表现，而后者往往被求职者忽视。一项研究表明，个人行为表现给人的印象 7%取决于用词、38%取决于音质、55%取决于非语言交流。所以，面试时一定要特别注意你与面试官的非语言交流，自始至终保持斯文有礼、不卑不亢、大方得体。

1. 眼观六路：眼神的交流

忌：目光呆滞地盯着别人看，这样会让面试官感到很不舒服。

宜：与对方保持目光交流，但目光要稍微有些移动；如果有不止一个人在场，说话的时候要经常用目光扫视一下其他人，以示尊重和平等。

2. 耳听八方：主动的积极聆听者

忌：像木头柱一样故作深沉、面无表情。

宜：在听对方说话时，要不时做出点头同意状，表示自己听明白了，或正在注意听。

6.1.6 无领导小组讨论应对策略

1. 无领导小组讨论概述

无领导小组讨论是指让求职者共同完成面试的过程。面试的流程大致分为介绍、陈述和讨论(辩论)。与"一对一""多对一"的传统面试形式相比，小组面试更能全方位地考查求职者的领导能力、团队协作能力、语言逻辑能力、个性品质等，从中评估求职者的综合素质及技能。

小组面试的类型有自由讨论式和团队协作式。自由讨论式往往是五六位求职者一起参加，分为自由发言和讨论两部分，自由发言中求职者在规定时间内对面试官所给定的题目发表自己的见解，面试官则在一旁观察每个人的仪表、举止和见解。在讨论中，发言人要和其他人进行交流，很像自由辩论。团队协作式是几位求职者就面试官给出的特定的角色和背景资料进行协作，完成某项任务，这个任务可能跟竞聘的职位有关，也可能跟近期发生的某一件事有关。

无领导小组讨论中，面试官的评价标准主要包括：发言次数多少；发言的主动性如何；是否提出新的见解和方案；是否敢于发表不同的意见、支持或肯定别人的意见、坚持自己正确的意见；是否善于缓解紧张气氛、说服别人、调解争议，把众人意见引向一致，调动发言的积极性；能否倾听和尊重别人的意见；语言表达、分析、概况和归纳能力如何；反应、应变能力怎么样等。

2. 无领导小组面试的应对技巧

(1) 发言积极、主动。面试开始后，积极亮出自己的观点，不仅可以给面试官留下较深的印象，还有可能引导和左右其他求职者的思想和见解，将他们的注意力吸引到自己的思想观点上来，从而争取充当小组中的领导角色。自己的观点表述完以后，还应认真听取别人的意见和看法，以弥补自己发言的不足，从而使自己的应答内容更趋完善。

(2) 把握说服对方的机会。不要在对方情绪激动的时候力图使其改变观点。因为在情绪激动时，情感多于理智，过于逼迫反而可能使其更加坚持原有的观点，做出过分的行为。

(3) 言辞要真诚可信。能够设身处地站在对方的立场上考虑问题，理解对方的观点，在此基础上，找出彼此的共同点，引导对方接受自己的观点。整个过程中要态度诚挚，以便对问题进行更深入的分析，用更充分的证据来说服对方。要抓住问题的实质，言简意赅，辩论中要多摆事实、讲道理。

(4) 可以运用先肯定后转折的技巧，拒绝接受对方的提议。当对方提出一种观点，而你不赞成时，可先肯定对方的观点，再转折一下，然后予以否定。肯定是手段，转折一下再否定是目的。予以肯定，可使对方在轻松的心理感受中，继续接收信息。尽管最终转折了，但这样平和地叙述反对意见，反而能让对方容易接受。

(5) "后发制人"。在面试开始后，不急于表达自己的看法，而要仔细倾听别人的发言，从中捕捉某些对于自己有用的信息，通过取人之长来补己之短。待自己的应答思路及内容都成熟以后，再精心地予以阐述，最终达到基于他人而又高于他人的目的。

📖 **案例6-1**

评估你的面试技能水平

回忆自己的面试经历，按照下表，评估自己的面试技能水平。

评价分数：1——5——7——9——10				
评价等级：　差　一般　良好　优秀				
应聘单位：			应聘职位：	
面试日期：			面试时间：	
	第一次面试		第二次面试	
评估项目	分数	自我评估	分数	自我评估
仪容仪表				
态度/礼貌				
表达能力				
反应能力				
沟通效果				
情绪稳定性				
自信心				
面试官评价				
自我综合评价				
面试结果	□推荐二面　□不录用　□候选		□录用　□不录用　□候选	
改进方向				

案例6-2

无领导小组讨论面试方式

无领导小组讨论是常用的面试方式，大体分为四个阶段：

(1) 考生思考，列出自己的发言提纲，有一个初步的认识。

(2) 大家轮流阐述自己的观点，一般时间是 3~5 分钟。在发言过程中，其他考生不允许打断正在发言的考生。

(3) 在自由发言完毕之后，大家开始交叉讨论，一方面是对自己的观点进行进一步论述，另一方面是对其他考生的观点进行反驳。

(4) 最后展示一个小组的意见，由小组的成员对整个小组讨论进行总结和补充。

【活动说明】

准备阶段

时间控制在 3~5 分钟，考生准备进入角色，考官会向考生宣读指导和语文试题。

指导语

大家好！欢迎大家参加面试，本次面试采取开座谈会的方法，就一个主题展开讨论。希望大家在讨论中就自己的看法积极发言。考官将根据你们在讨论中的表现，对你们进行评价。在讨论过程中，考官只作为旁观者，不参与讨论，不发表任何意见，完全由你们自主进行。注意在讨论开始后，请不要再向考官询问任何问题。讨论时间为 40 分钟。

参考问题

(1) 开放式问题

考查：考生思考问题是否全面、有针对性，思路是否清晰，是否有新的观点和见解。

举例：你认为什么样的领导是好的领导？

回答：可以有很多方向，如领导的魅力、才能、亲和力、管理取向等。既要有一定的全面性，又要突出重点。

(2) 两难问题

考查：考生分析能力、语言表达能力以及说服能力。

举例：你认为是工作取向的领导好，还是关系取向的领导好？

回答：有说服力地证明自己的观点。

(3) 多项选择问题

考查：考生分析问题的实质，抓住问题本质的能力。

举例：某个市场研究部门收集到 15 条关于市场动态的信息，只能向主管经理上报 5 条，请讨论并总结。

回答：分析是否透彻有理(容易引发争论)。

(4) 资源争夺问题

考查：考生的语言表达能力、分析问题能力、概括与总结能力、发言的积极性和反应的灵敏性。

举例：让考生扮演各个分部门的经理，并就有限的资源进行分配。

回答：要想获得更多的资源，必须说服别人，要有理有据。

自由发言阶段

时间控制在 10 分钟以内，考生轮流发言，阐明各自的观点。发言的顺序可以是随机的，以保证每个人都有机会发言。考官会根据考生的发言评分，记录考生的观点。

讨论辩驳阶段

时间控制在 30 分钟以内，考生发言结束后，小组成员的讨论开始。这个阶段是最重要的阶段，考生必须充分展示自己的聪明和才智。表现优秀的人往往在这个阶段脱颖而出，成为小组的核心人物。同时，考生的优点和缺点也展露得一清二楚，尤其是人际沟通能力、决策能力、应变能力和组织领导能力。

总结阶段

时间控制在 3～5 分钟，讨论结束后，小组成员推荐一名小组长，对所讨论的问题进行总结性发言。这时候考官会写一份评定报告，内容包括此次讨论的整体情况，所问的问题以及每个人的表现和录用建议等。

6.2　面试及其注意事项

面试实质上是一个企业与求职者"双向沟通"的过程，企业通过面试可以了解求职者的经历、知识、技能和能力，寻找与企业价值观相符的人。面试看似是一个被动的过程，作为求职者，必须接受来自面试官的询问和考查。事实上，面试有其规律和技巧，求职者在掌握面试规律和技巧后，能以更有效的方式来应对面试，掌握求职的主动权。

6.2.1　面试前

1. 调整好心态

面试前，求职者往往会感到恐惧和紧张，尤其是没有任何面试经历的大学生。其实，面试是建立在面试者与被面试者平等对话的基础上的，面试过程也是一个"双向选择"的过程。用人单位选择你的同时，你也可以通过面试考查用人单位。因此，求职者一定要放松自己，以一种平常的心态去面对面试。

2. 注意个人形象

个人形象是一个人仪容、表情、举止、服饰、谈吐、修养的综合体现。如果想给面试官留下好的第一印象，求职者就一定要兼顾个人的外表修饰。整体形象要符合大众审美，如果不是有特殊要求的职位，如模特、艺术设计等，不要将自己打扮得过于浮夸。

(1) 衣着。首先，着装必须符合所应聘职业的特征；其次，着装应该遵从"三一律"和三色原则。

(2) 饰品。佩戴饰品应有所选择，数量不要过多。

(3) 化妆。女求职者化淡妆，可以显出青春与活力，男求职者要外表清爽、整洁。

3. 尽量搜集资料

求职者在面试准备时通过各种途径，搜集用人单位和面试官的资料是非常重要的。这样可以做到心中有底，有备而来。

4. 做到守时赴约

守时是职业道德的一个基本要求，如果面试迟到，那么不管你有什么理由，也会被视为缺乏自我管理和约束能力，即缺乏职业能力，会给面试官留下非常不好的印象。求职者提前 15 分钟到达，可熟悉一下环境，稳定一下心神。

案例6-3

面试准备

了解自我介绍在面试中的重要性，做好充分准备。通过模拟训练，掌握自我介绍的技巧，提升面试的自信心。

活动程序：

1. 请学生结合给出的招聘背景，分析自身的优势。

2. 给出 5 分钟的时间，让学生整理发言思路。

3. 请学生上台做自我介绍(有条件的话，可录像)。

4. 让其他学生打分评价。

5. 教师点评总结。

6. 学生反思与改进练习。

(1) 我的"故事"是否有趣？

(2) 它令人信服吗？

(3) 还有哪些需要补充？

(4) 如何使我的回答变得更好？

7. 自我介绍建议思路。

面试的自我介绍重点是要告诉面试官，你为什么适合这个工作岗位，你具备什么个人特点，你的学历、培训经历、工作经历而能否满足企业的需要。

首先报出自己的姓名和身份，让对方认识你。可以简单地介绍学历、工作经历等基本个人情况，让对方了解。接下来由个人基本情况自然地过渡到一两件自己学习或学习期间圆满完成的事，以这一两个例子形象、明晰地说明自己的经验与能力，突出自己的优点。例如，在学校担任学生干部时成功组织的活动；或者如何投入到社会实践中，利用自己的专长为社会公众服务；或者自己在专业上取得的成绩以及出色的学术成就。

其次，要着重结合职业理想说明应聘这个岗位的原因，让面试官接受你。可以谈对用人单位或职位的认识、了解，表达自己选择这个用人单位或职位的强烈愿望；还可以谈如果被录取，将怎样尽职尽责地工作，并不断根据需要完善和发展自己。

8. 自我介绍注意事项。

(1) 眼神。眼神要坚定，要敢于与人直视，不要飘忽不定，不要翻白眼。

(2) 笑容。微笑让人感觉愉悦、放松，会让人认为你很自信。

(3) 声音。声音大而稳，语速中等。普通话要标准，吐字要清晰，忌用方言。

(4) 情绪。避免情绪起伏波动，以免产生负面影响。

开始与结束注意个人礼貌和修养，时间控制在 2～3 分钟为宜。

6.2.2　面试中

1. 进门

进门前手上可拿一份资料，进面试室前应先敲门，敲 2～3 下即可，动作要干脆；然后响亮地问声"我可以进来吗？"得到肯定答复后再推门进去。如果是几个人一起进去，第一个开门的人应将门把住，让别人先进；见到面试官后要面带微笑，与之握手并问好。

2. 就座

不要随便入座，更不能争先恐后地抢座。听见面试官说"请坐"之后，应先道谢，然后就座并将公文包放在腿上。面试前的闲聊很重要，一来可以打破僵局，二来可以使双方建立某种亲近感。要与室内的每个人进行目光交流，并保持微笑，目光停留时间在两秒以上，在目光停留期间，切勿移动目光、上下打量。记清楚面试官的介绍，注意一定要记准对应聘有决定权的人的姓名、职务和部门，这样才能在面试后写感谢信时目标明确。

3. 答题

面试前和面试中，多想想自己的长处和优势，可以在心里暗示自己："我充满信心，从容、积极，一定能成功"，增强自己的自信心。回答问题以老老实实为上，表现才能为下。回答问题一定要抓住要点，尽可能用一、二、三来说明。这样能给人留下头脑清晰、反应快、思维能力强、办事精明可靠的印象。

关于行业的专门知识，面试官提问题的方式与内容虽然无法预料，也无法事先进行周到的准备，但是有几个方法可以运用：一是表现出讨论专业问题的兴趣。当面试官的谈兴起来时，求职者也应表现得精神振奋、兴趣盎然，从而使面试考官认为与他有共同的语言。二是适当地提问。把说话的机会多让给面试官，让他去发表见解，求职者只需跟着他的思路走。三是适当地评论。如果求职者无法引导谈话，也并不是完全被动的，至少可以做些鼓励性的评论。四是尽量将话题引到自己熟悉的领域。求职者应及时把握话题，有意识地引到自己熟悉的领域，千万别在自己不懂的地方装懂。

6.2.3　面试策略

面试时，求职者还必须随机应变，活答巧答，并注意以下策略的应用。

(1) 积极主动。千万不可沉默不言，既不作答又不提问。这样不仅有损自己在面试官心目中的形象，而且会使面试官对自己失去信心。当对某个问题发表见解之后，求职者可以附带加上一句"我很想听听您对此有什么看法"。这句话可以清晰地表达出求职者对面试官的尊敬，很容易使其产生亲切感。事实上，一个好的提问胜过简历中任何对自身优点的辩说，能让面试官刮目相看。

(2) 简洁明确。简洁并不等于简单。一般情况下，面试官不希望求职者只用"是""不是"或仅仅一句话来回答问题，如面试官问及做过什么社会工作，求职者不仅要举例，而且要简单地介绍一下工作的主要内容，以及自己选择它的原因。成功的求职者对于每一个回答都会提供有力的支持。当然，如果是只问些诸如"你是哪个大学毕业的""学的是什么专业"类的简单问题，则直接作答，不必啰唆。

(3) 留有余地。面试中，对那些需要从几个方面来加以阐述的问题，求职者要注意运用灵活的语言表达技巧，留有回旋余地。否则，很容易将自己置于尴尬境地或使自己陷入"圈套"之中。

(4) 不失自信。无论在什么情况下，求职者都不能在面试时失去对自己的信心。如果自己都不自信，别人如何信你？尤其是在有压力的情形下，或者是面试官故意设置"圈套"的时候，更要充满自信。

(5) 沉着冷静。有时面试官会提出一个求职者意想不到的问题，目的是想测试求职者的应变能力和压力下的处事能力。这时，求职者最需要的是稳定情绪，千万不能乱了方寸。

(6) 开拓思维。面试中，偶尔也会出现一些近乎怪异的非常规问题，这类题目一般都具有不确定性和随意性，这也使求职者在回答时有了发挥想象的空间和进行创造性思维的领域，只要充分利用自己积累的知识，以非常规回答应对非常规问题，就能够争得主动权。

(7) 投其所好。面试官也是普通人，也有其弱点。聪明的求职者可以举出一两个事例来赞扬面试官或者用人单位。这样在表现自己对单位有极大兴趣的同时，能获得面试官的好感。

(8) 避其锋芒。面试场上，面试官往往会针对求职者的薄弱点提出一些带有挑战性的问题。面对一些带有挑战性的考题时，求职者要心平气和，避开面试官的锋芒，较为委婉地加以反驳和申诉，绝不可情绪激动，更不能气急败坏，以免引起面试官的反感而使面试失败。

(9) 有理有据。当有些求职者大谈个人成就、特长、技能时，面试官往往会反问："能举一两个例子吗？"这些求职者多数无言应对。面试官往往认为事实胜于雄辩。在面试中求职者要想以沟通能力、解决问题的能力、团队合作能力、领导能力等取信于人，最好运用举例的方法。

(10) 明确目标。适时地在面试时托出自己的职业生涯规划的目标和粗略方案，而且如果目标与应聘职位恰好有衔接，能取得出人意料的面试效果。

6.2.4　面试后

面试结束前，求职者要把握好适时离场的时间。一般来说，在高潮话题结束之后或者是在面试官暗示之后就应该主动告辞。面试官把工作性质、内容、职责交代后，会让求职者谈谈对今后工作的打算和设想，而后，双方可能会谈及福利待遇问题。这些都属于高潮话题，谈完之后，求职者应该主动告辞，不要盲目拖延时间。离开时，求职者应该主动站起身来，露出微笑，向面试官握手告辞并表示感谢，然后有礼貌地退出面试室。

6.2.5　面试时的注意事项

(1) 实事求是，不搞虚假。对面试官提出的问题，不知道就坦率承认，对方一定会喜欢你的诚实。

(2) 言之有物，避免抽象。对面试官提出的问题要给予肯定的回答，切不可模棱两可，对于社会问题、国际问题这类比较大的题目，不要照搬报纸、电视上的说法，只要侧重发表一两点自己的真实看法即可。

(3) 慎重考虑，切忌信口开河。面试中，面试官出于对某些特殊工作的要求或因其他需要可能会提出同求职者能力完全无关的私人问题。遇到这类问题时，要根据不同的单位区别对待。对一般的单位可以婉言拒绝，但对于某些特殊单位提出的这些问题却要回答清楚。

(4) 明确问题，切忌答非所问。面试中，如果对面试官提出的问题一时摸不着边际，以致不知从何答起或难以理解对方问题的含义，可将问题复述一遍并先谈谈自己对这一问题的理解。对不太明确的问题，一定要搞清楚。

(5) 要有个人见解和个人特色。面试官接待的求职者有若干名，相同的问题问了若干遍，类似的回答也要听若干遍。因此，面试官会有乏味、枯燥之感。只有具有独到的个人见地和个人特点的回答，才会引起对方的兴趣和注意。

(6) 正确处理面试求职失败。面试求职失败是指在面试时或结束后，求职者被告知用人单位认为你不适合这份工作。这时作为求职者应马上改变策略，不再纠缠，认为珍惜面试的机会，坦然承认失败并请面试官给些建议指导你今后求职。不管你当时是否承认他的观点，你都应虚心接受，好好反思，或许会对下一次的面试有很大的启发，得到意想不到的收获。总之，在面试过程中，求职者需要集中全部的精力，灵活机动。

6.3 笔试及其技巧

从招聘方的角度来看，笔试是一种人力、物力投入少而又容易区分求职者层次的考查方法，主要适用于应试人数较多、需要考核的知识面较广或需要考核文字能力的情况，它采用书面形式对求职者所掌握的基础知识、专业知识和文化素养等进行综合考查与评估。

6.3.1 笔试种类

笔试通常分为技术性笔试和非技术性笔试两种。技术性笔试是如教育行业的高考题测试、计算机行业的编程设计测试等涉及工作需要的技术性问题，专业性较强。笔试结果与毕业生在校学习的成绩是分不开的，要想笔试成功，就要有坚实的专业基础。而非技术性笔试的考查内容相当广泛，如阅读、写作、逻辑思维、数理分析等，有时也有时事政治、生活常识、情境演绎、心理和智商的测试等。

6.3.2 常见的笔试内容

(1) 专业知识技能。这种考核主要是为了测验求职者的专业知识水平和相关实际能力。一名合格的毕业生，经过 4 年的学习，各门功课都取得了一定的成绩，因此一般都免于笔试，只看成绩就可大致知道其知识能力水平，但一些特殊的用人单位需要通过笔试的方式，对求职者进行专业知识再考核。需要注意的是，外资、外贸企业招聘员工要考外语(不注重语法，而是注重语言的实际运用能力，重点考查词汇量、阅读速度和写作水平)，公检法机关录用干部要考法律知识，等等。

(2) 心理测试。心理测试是面试官用事先编好的标准衡量表或问题要求求职者完成，根据完成数量和质量来判断其心理水平或个性差异的方法，一些特殊的用人单位常常以此来测求职者的态度、兴趣、动机、智力、个性等心理因素。求职者在做这类测试题时，可以根据自己的内心去做选择，这样有利于自己找到一份合适的工作，也有助于用人单位找到需要的员工。

(3) 命题写作。这种笔试的目的在于考查求职者的文字表达能力、逻辑思维能力及分析问题的能力。这类笔试主要侧重一些公共文体的写作。例如,在规定时间内,写一份会议通知、请示报告或某项工作总结,当然也可以提出一个论点让求职者进行分析论证。

6.3.3 笔试的基本要点

(1) 笔试前一定要休息好,保持头脑清醒,不要迟到。要询问清楚考试类型及必备的物品,并事前做好准备。笔试开始后一定要先写好个人信息再动笔答题,以免百密一疏。

(2) 服从安排。应当在监考人员的安排下就座,不要选择座位。如果有特殊情况座位实在有限,影响考试需要调整时,一定要有礼貌地向监考人员讲清楚。

(3) 要遵守考试规则,不得有作弊等不良现象。在落笔之前一定要听清楚监考人员对试卷的说明,不要仓促作答,如试题的更正等。不得有不顾考场纪律的行为,如未经允许携带手机等通信工具、擅自携带或翻阅辅助资料、与旁人商量试题答案,等等。

(4) 卷面要整洁。答卷时应注意卷面整洁、字迹清晰、行距有序、段落整齐。因为求职过程中的笔试不同于在校时的考试,很有可能笔试是"醉翁之意不在酒",用人单位并不特别在意求职者的考分,而是在意求职者认真的态度。

📖 案例6-4

文件筐面试

【模拟情境】

华达公司是一家大型民营上市公司,业务涉及水利工程、环保科技和电力自动化等多个领域,其人力资源部下设五个主管岗位,分别是招聘主管、薪酬主管、绩效主管、培训主管和劳动关系与安全主管,每个主管有2~3名下属。今天是2021年7月9日,你(李明)有机会在以后的3个小时里担任该公司人力资源部总监的职务,全面主持公司的人力资源管理工作。现在是上午8点,你提前来到办公室,秘书已经将你需要处理的邮件和电话录音整理完毕,放在了文件夹内。文件的顺序是随机排列的,你必须在3个小时内处理好这些文件,并做出批示。中午11点还有一个重要的会议需要你主持,在这3小时里,你的秘书会为你推掉所有的杂事,没有任何人来打扰。

【文件一】

类别:电话录音。

来电人:刘增,国际事业部总监。

接听人:李明,人力资源部总监。

日期：7月8日。

李总：您好！我是国际事业部的刘增，去年10月中旬，人力资源部曾要求各部门上报2021年的大学生招聘计划，由于我部业务的特殊性，不仅要求员工有较高的英语水平，而且要有一定的专业知识，这类人员在校内招聘的难度很大。此外，由于我们公司薪酬水平较低，即使招聘来也很容易流失，过去几年的流失率高达74%。为此我们国际事业部多次召开会议，并初步达成共识：公司需要制定中长期的人才规划以吸引并留住优秀人才。但是，到底该如何操作，尚无具体方案。我刚和总裁通过电话，他建议我直接与您沟通，不知您有何意见想法，请尽快告知。

【文件二】

类别：电话录音。

来件人：王睿，劳动关系与安全主管。

收件人：李明，人力资源部总监。

日期：7月9日。

李总：您好！我是王睿，有件事情非常紧急，今早7点，我接到郑州交通管理局的电话，6点10分在郑州203国道上发生重大交通事故，我公司销售部的刘向东驾车与一辆大货车相撞，刘向东当场死亡，对方司机重伤，目前正在医院抢救，与刘向东同车的还有公司的销售人员蔡庆华、隋东和王小亮，三人都不同程度受伤，但无生命危险。目前，事故责任还不能确定，我准备立刻前往郑州处理相关事务，希望您能尽快和我联系，商量一下应对措施。

【文件三】

类别：电子邮件。

来件人：张玲，绩效主管。

收件人：李明，人力资源部总监。

日期：7月7日。

李总：您好！公司在今年结束年中的绩效考核后，准备实施基于目标考核的新的绩效考核系统，从上周起要求各部门经理和员工一起制定下半年的工作目标。按原定计划，该项工作应在下周三前完成，绩效监督小组对工作进程进行了检查，发现全公司32名部门经理仅有4个完成了工作，大部分经理尚未开始进行目标制定。当我们希望他们加快进度时，很多部门经理抱怨根本没有时间，觉得和员工共同制定工作目标是表面文章；还有部分部门经理认为这是部门内部的事，监督小组是在干涉他们的工作。目前工作进展很不顺利，请您给我们一些支持。

【文件四】

类别：便函。

来件人：章亮，总裁。

收件人：李明，人力资源部总监。

日期：7月8日。

小李：9 日下午你是否有空，我刚刚看过上半年的绩效考评结果，综合过去两年来各部门运行情况，我觉得有必要对公司的中层干部进行调整。另外，公司明年要新上一些项目，需要有针对性地补充一批管理人员，我想听听你的意见，请准备一下相关资料，并与我联系。

【简答题】

完成此案例中的各文件筐测试。

(资料来源：https://wenku.baidu.com/view/5582fd2fa300a6c30d229f1b.html，内容有删改)

思考题

1. 简述面试的基本程序。
2. 在面试过程中应注意哪些事项？
3. 在笔试时应注意哪些事项？
4. 与同学组织一场模拟面试，看看自己能否"成功入职"。

第 7 章
适应职场：实现向职业人的转变

在社会中，政治和经济密不可分；在职场中，职场政治和个人能力同样密不可分。职场中的精英个个有能力、懂政治。个人能力表现为时间掌控能力、知识水平、现场问题解决能力，职场政治能力表现为判断自身所处环境的能力以及创造利于自己条件的能力。真正的职场精英可以做到三件事：我知道该做什么，我知道该怎么做，我有时间去做。但是，对于初入职场的新人来说，做这三件事的步骤是相反的，即我有时间去的事情，我才知道该怎么做，然后才能知道这件事情该不该做。

⏰ 知识要点

1. 了解并学习个人礼仪。
2. 了解学生与职业人之间的区别。
3. 了解职场中的行为规范和规则。
4. 做好从学生到职业人的转变。
5. 以良好的心态面对职场。
6. 如何从实习生转为正式工。

⏰ 引导案例

坚持以美育人、以文化人
——推动青少年全面发展

以美育人非一日之功，需要脚踏实地、久久为功，从开齐开足上好美育课入手，构建以学生发展为中心的教学模式。

美育是审美教育，更是情操教育和心灵教育，对于立德树人具有不可替代的作用。

习近平总书记强调，要全面加强和改进学校美育，坚持以美育人、以文化人，提高学生审美和人文素养。落实这一重要要求，就要下大力气改进美育工作，将其作为推动学校美育高质量发展的基础环节。

中华优秀传统文化中饱含着丰富的美育思想。"兴于诗，立于礼，成于乐"的论断从中华传统美育的角度，阐明了诗歌、礼仪、乐舞之间的关系。朱光潜先生也提出："要求人心净化，先要求人生美化。"如果青少年缺少美育，就不可能全面发展。中办、国办去年10月印发的《关于全面加强和改进新时代学校美育工作的意见》提出，以提高学生审美和人文素养为目标，把美育纳入各级各类学校人才培养全过程，贯穿学校教育各学段。在教育实践中，以美育人非一日之功，需要脚踏实地、久久为功，从开齐开足上好美育课入手，构建以学生发展为中心的教学模式，积极推进美育评价改革，形成充满活力、多方协作、开放高效的学校美育新格局。

移动互联网的发展、智能手机的普及，给美育工作带来了新的契机。新科技的出现，重新激发了经典作品的活力，让生活空间与美育空间联系更加紧密。对今天的青少年来说，打开电脑或手机，就能身临其境般地参观博物馆、艺术馆，欣赏艺术杰作。信息技术的不断升级让藏于深宫大院的艺术珍品走入方寸之间的电子屏，让静止的美术、书法、雕塑流动起来，突破了传统美育的空间隔阂、技术限制。与此同时，新的科技文明也在不断拓展美育的边界，互联网和虚拟化带来的冲击正在改写很多艺术专业的分类和定义。这些都呼唤新时代的美育工作者时刻保持创新意识、开放意识，不断培养学生的审美能力和艺术创造力。

面向未来，应进一步健全面向人人的学校美育育人机制，让所有在校学生都享有接受美育的机会，并以创新意识不断丰富和改进美育工作。对学校美育课而言，既开设好音乐、美术、书法、舞蹈等各类美育艺术课程，又注重充分挖掘不同课程所蕴含的美育价值，才能更广泛、更深层地实现美育的教化作用。比如，一些学校深入探索美育教学规律，打通学科壁垒，通过手工技艺等课程设计，将劳动教育和美育融为一体；有些学校将美育和传统文化、非物质文化遗产相结合，让中小学生体验我国非遗技艺的巧夺天工，熏染优秀传统文化和工匠精神；还有些学校着力发展艺术与教育专业，在教育学与艺术学的基础上，进一步增加设计学、心理学、工学等学科的综合学习，培养未来美育所需的新型人才，探讨美育的未来发展方向，等等。各级各类学校创新推动美育工作，正在形成"一校一品""一校多品"的学校美育发展新局面。

美育工作者要以"十年树木、百年树人"的耐心，为学生引路，把美的种子播撒在学生心中，才能不断提高学生审美和人文素养，从而强化美育育人实效，用美育助力学生追求未来美好生活。

（作者为北京师范大学未来设计学院院长）

（资料来源：http://opinion.people.com.cn/n1/2021/1213/c1003-32305905.html，内容有删改）

7.1　个人礼仪

礼仪是指人们在人际交往中，自始至终地以一定的、约定俗成的程序和方式来表现的律己敬人的完整行为，包括人的仪表、仪态、礼节、礼貌等，用以规范人的行为、举止，调整人与人之间的关系。

7.1.1　礼仪的基本概念

"礼仪"一词由"礼"和"仪"两字组合而成，既包含礼貌、礼节的表达，又包含程序、规范的遵守。礼仪是伴随人类文明而产生和发展的，具有很深的文化内涵，并且对一定文化群体中的人们有着相当强的约束力。

礼仪的最基本原则就是尊重自己和他人，因此，尊重即礼仪的核心。尊重他人，就会表现出一种发自内心的关心，重视他人的自尊和感受。在人际交往中，不尊重他人，轻则可能发生不愉快或者争吵，重则可能带来积怨和仇恨。

在社交礼仪中，要做到尊重他人，需要遵循如下"3A 原则"。

(1) 接受(acceptance)。对他人的价值观、宗教信仰，甚至是性别取向，要有一种尊重和接受的态度。在社交场合不去挑战这些私人的观点和信念，因为每个人都有自己的自由。当我们与他人在某些方面产生分歧时，要允许他人表达思想、表现自己。孟子云："爱人者，人恒爱之；敬人者，人恒敬之。"在人际交往中，你对他人尊重，那么你也能赢得他人对你的尊重。商务礼仪中有这样一句话："你希望他人怎样对待你，那你就应该首先那样对待他人。"

(2) 重视(attention)。在和他人的交往中，要把对方放在更为重要的位置上，要表现出真诚和热情的态度，因为这样的态度会给人受尊重、受重视的感觉。再完美的礼节，如果用一种冷若冰霜的态度表达出来，对方也会感觉你只是在敷衍。

(3) 赞美(admiration)。每个人都希望自己被他人喜欢，每个人也都有自己的闪光点，因此在交往中肯定对方的优点、赞美对方，能够使人际关系融洽。"尊重他人就是尊重自己，发现他人的优点，实际上就等于肯定自我，那说明你宽容，说明你谦虚，说明你好学。"当然，赞美要恰当，虚假、夸张、言不由衷的赞美反而会起反作用。

7.1.2　职业礼仪

职业礼仪是人们在职业生活和商务活动中要遵守的礼节，是职业生活中对人的仪容仪表和言谈举止的普遍要求。职业礼仪可以看作一般礼仪在职业生活和商务活动中的运用和体现。因此，职业礼仪的核心也体现了人与人之间的相互尊重。了解并应用职业礼仪的基本规范能够为人们成功的职业发展和建立成功的商业关系奠定基础。在职场中，熟练掌握各种礼仪规范，能够使自己在面对不同对象、身处不同场合时，举止得体，游刃有余，体现出专业且自信的职业精神。

职业礼仪具有以下基本规则：

(1) 约定俗成。礼仪规范不是法律规范，没有法律的约束力，也不能强制执行。礼仪是人们接受、认可并愿意遵守的礼节和程序。礼仪的产生与其所处环境的文化、习俗、传统等密切相关。礼仪规范一旦形成，就对相应的群体有着较强的约束力。

(2) 有序性。礼仪在时间、空间、等级上都有一定的次序规定，以此来体现礼仪中的尊重，如大家都知道的"女士优先"原则、商务中的"客户优先"原则、介绍和握手的先后顺序等。

(3) 客随主便和主随客意。这一规则在与不同民族、种族、地区、国家及具有不同文化的人进行交流时尤为重要。作为客人，我们应充分尊重当地的礼仪和风俗习惯，这样才会受到主人的欢迎；作为主人接待他人，我们则要考虑客人的文化习俗和禁忌，这样才会让客人满意。这一规则反映了礼仪中互相尊重的精神。

7.1.3　仪容礼仪

仪容指人的外部容貌，由面容、发型以及身体所有未被服饰遮盖的肌肤组成。

几乎所有人都会有意无意地"以貌取人"。在初次见面时，个体的仪容仪表以其鲜明的视觉形象给他人最直观、最深刻的感受。研究表明，人们对他人的第一印象往往在初次见面的几秒之内就建立起来了，而且很深刻，在此基础上形成的看法和评价需要很长时间或重大事件才能扭转或改变。

几乎所有用人单位的面试得分表中都会有仪容仪表一项，也许你整洁的仪容不会令招聘主管当场决定录用你，但是如果你以不修边幅的样子出现在招聘主管面前，你在这家单位的面试道路就已经结束了。很多招聘主管都抱有这样的想法：如果一个人连自己的头发、脸面都不去整理，怎么能相信这样的人会爱惜公司的形象呢？一个蓬头垢面来应聘的人，他真的对这个公司感兴趣，真的重视这份工作吗？

据说，日本著名企业家松下幸之助每次做头发都要去东京最高级的理发店，他认为，自己的形象代表了企业的形象。如果作为领导人的自己给人留下不修边幅的印象，那么人们就会由此联想到企业的产品质量，对企业产生不信任感。

整洁端正的仪容仪表一方面体现了个人良好的修养，另一方面表达了对他人的尊重，在人际交往和商务活动中，也能给他人留下良好的印象，获得他人的信赖。仪容礼仪的总体要求是整洁，但对于不同性别略有差异。

1. 男士仪容礼仪

对于职业男性，仪容礼仪要求比较简单，需要在头发和面部上注意以下几点。

(1) 发型发式。具体要求如下。

① 干净整洁。

② 不宜过长，最低标准不得剃光头。

③ 前部头发不遮住眉毛。

④ 侧部头发不盖住耳朵。

⑤ 不能留过长、过厚的鬓角。

⑥ 后面的头发不超过衬衣领子的上部。

(2) 面部修饰。具体要求如下。

① 剃须修面，保持清洁。男士每天刮胡须是对他人的尊重。

② 商务活动中要保持口气清新。在会面前不要吃味道重的食物，如大蒜等。嘴里有气味时要用漱口水或吃口香糖使口气清新。

2. 女士仪容礼仪

对于职业女性，除了整洁之外，仪容礼仪还需要兼顾美观和恰当，特别是在发型和化妆方面需要注意。

(1) 发型。在发型方面需要注意以下几点。

① 发型与脸形。倒三角脸形的女士适合选择掩饰上部、增宽下部的发型；三角脸形的女士可以选择能增宽上部的波浪形卷发；长方脸形的女士适合选择卷曲的波浪发型；椭圆脸形的女士适合选择任何发型，以中分、左右均衡的发型为最佳；长脸的女士适合选择蓬松的发型，而圆脸的女士适合选择柔顺的长发。

② 发型与体形。体形高瘦的女士适合选择长发、直发，体形较矮小的女士适合选择短发或盘发，体形高大的女士适合选择直发或者大波浪卷发，体形矮胖的女士适合选择运动式发型。

③ 发型与性格、气质。举止端庄稳重的女士，适合选择朴素、自然大方的发型；性格开朗直爽的女士，适合选择线条明快、造型简洁、体现个性的发型；潇洒奔放的女士，适合选择豪爽浪漫的发型。

④ 发型与职业、场合。职业女性的发型应文雅、端庄，参加晚宴或正式约会时，发型应高雅、华丽。

(2) 化妆。对于职业女性，化妆一定要坚持素淡的原则，切不可浓妆艳抹，需要注意以下几点。

① 嘴唇。嘴唇是脸部最富有色彩，也是最吸引人的部分，无论如何都要使嘴唇显得有润泽感。年轻女士适宜用粉色口红，避免用大红大紫的颜色。唇线不可画得太深，那样会使嘴唇显得突出、不自然。

② 眼睛。眼睛是心灵的窗户，为了使眼睛在面试时动人有精神，面试之前应稍加修饰，如女士可以描一描眉毛，使之更加精神。眼睛小的女士可以在眼睛四周轻轻地描上眼影，但不可描得太黑、太深。

③ 香水。选择的香水要与自身的气质相配，香味宜淡，闻上去要给人一种舒畅的

感觉。很多初入职场的年轻女性为追求成熟、干练的感觉，会选择一些比较"有女人味"的香水，然而她们往往无法驾驭如此浓烈的味道，使得整体形象搭配不适宜，反而对印象管理起到了反作用。职场中比较"安全"的香水是一些较为淡雅的香水，这样才不会在相对严肃的工作场合过于出挑。

7.1.4　着装礼仪

一个人的着装可以看作一种无声的语言，它能反映出一个人的文化修养和审美情操。在职业礼仪中，我们可以根据 TPO 原则来选择相应的着装。TPO 是时间(time)、地点(place)和目的(objective)英文单词首字母的缩写，是人们在着装时应该考虑到的具体的时间、地点和目的。

(1) 时间。指穿着要符合一天中的早晚时间、一年中的四季变化和社会时代的潮流。需要注意的是，现代社会的服饰款式千变万化，在着装时可以参照当前的主流趋势，不要超前，也不要过于古板。

(2) 地点。指穿着符合自己所处的地点和环境，"因地制宜"。通常可以把人们所处的环境分为公务、社交和休闲三种，在每种不同的环境中，要选择与该环境相符的服饰。例如，身处办公场所的公务环境，你需要穿西装、制服、套装等，以示正规、庄重；而当你需要出席晚宴等社交场所时，则需要穿礼服、旗袍，并应佩戴时尚饰品；休闲场所对着装要求较少，一般以舒适为佳，如运动装、休闲套装、牛仔服等。

(3) 目的。指穿着要适合自己，并符合自己希望给他人留下的印象。一方面，每个人有不同的社会角色，不同的角色有着各自的社会行为规范和服饰规范，因此需要根据自己的年龄、形象特点、气质以及工作性质等来选择服饰，与自己的身份、个性相协调。另一方面，人们也通过自己的穿着打扮传递一些信息，反映自己希望给他人留下怎样的印象。例如，当你希望更多地融入团队时，你往往会选择与多数团队成员一致的服装款式、颜色，甚至品牌；而当你更想体现个性时，通常会打扮得与众不同。

在职业礼仪中，对着装的基本要求是整洁、得体、端庄、和谐，对于职业男性和女性要遵守的着装礼仪具体要求如下。

1. 男士着装礼仪

(1) 着装原则主要包括以下方面。

① 三色原则。穿西装的时候，全身颜色不能多于三种，包括西装、裤子、衬衫、领带、鞋子、袜子。颜色偏深的整套西装适合多种场合。根据肤色的特点，我国职业男性在选择颜色时应少选黄色、绿色、紫色，宜选深蓝色、深灰、暖性色、中性色等色系。脸色较暗的男士，可选择浅色系和中性色。有明袋的上装只适合在较随意的场合穿着，暗袋上装适合正式场合。在套装与衬衫的搭配上，衬衫的下摆要放入裤子里。整装后，衬衣领和袖口均要比外衣长出 1～2cm。净白色或白色带清爽蓝条纹的长袖衬衫是必不可

少的基本服装搭配。一定要保持衬衫干净，尤其是领口及袖口部分。

② 三一定律。三一定律是指男士的鞋子、腰带、公文包是同一个颜色，并且首选黑色。一般而言，深色西装宜配深色腰带，浅色西装则可搭配深色或浅色的腰带。黑色皮鞋能配任何一种深颜色的西装，浅色皮鞋只可配浅色的西装，而漆皮鞋只适合配礼服。

(2) 着装建议主要包括以下几方面。

① 西服套装。

a. 拆除商标。穿西装前，不要忘记把上衣左袖口处的商标或质地标志一起拆掉。

b. 熨烫平整。除了要定期对西装进行干洗，还要在每次穿之前进行熨烫，避免西服褶皱。

c. 正确系扣。不管穿什么衣服都要注意把扣子扣好，而穿西装时上衣纽扣的系法讲究最多。通常系西装上衣的纽扣时，单排两粒纽扣的，只系上边的那粒，单排三粒纽扣的可以只系中间或是上中两粒扣子，但双排扣西装要求把所有能系的纽扣都系上。

d. 避免卷挽。不可以当众随心所欲地脱下西装上衣，也不能把衣袖挽上去或者卷起西裤的裤脚，这些都是粗俗、失礼的表现。

e. 少装东西。要想让西装在外观上不走样，就要少往口袋里装东西，甚至不装。即使天气再冷，西装里面也不可以穿得鼓鼓的，否则会影响西装的美感。西装和衬衫之间最多可以穿一件薄毛衣，天气冷的时候可以在西装外面套大衣。

f. 慎穿毛衫，如果需要可穿 V 字领的毛衫、绒衫。

② 衬衫。和西装一起穿的衬衫，要求是单一色彩的长袖衬衫，白色衬衫最佳。此外，蓝色、灰色、棕色、黑色也可以考虑，衬衫上最好没有图案。

衬衫和西装搭配的时候需注意以下几点。

a. 系上衣扣。穿西装的时候，衬衫的所有纽扣都要系好。只有在不打领带时，才可以解开衬衫的领扣。

b. 收好下摆。穿长袖衬衫时，要把下摆均匀地收到西裤里面。

c. 大小合身。除了休闲衬衫外，其他衬衫不要太短、太紧身，也不要太宽松，一定要大小合身，衣领和胸围要松紧适度，下摆不能过短。

③ 领带。领带的选择也很重要，要避免选颜色太浅的领带。否则，如果西装和衬衫属于浅色，就不易衬托效果；如果西装和衬衫的颜色较深，又会显得轻浮。深色西装可以配颜色比较亮丽的领带，此时的衬衫应该是纯色的；淡色西装的领带也要相应素雅一些；如果衬衫的色调强、花纹多，领带也可以相对素雅。

领带结要打得端正，并且在外观上呈倒三角形，在收紧领结时，有意在它的下方压出一个窝儿，这样看起来更加美观、自然。领带结的领带结大小要和衬衫衣领的大小形成正比，切忌领带结打得不端正、松松垮垮。一般打好领带结后，下端正好能碰到腰带扣即可，超过就有可能不时地从上衣衣襟处窜出来。但是领带打得过紧，会限制血液循环，呼吸不顺畅。所以，衬衫领口要稍微大些，领带适度即可，不要勒紧。

使用领带夹时，不要让它暴露在外，最好是把它夹在衬衫自上而下的第四粒到第五粒纽扣之间。

④ 袜子。在重要场合，白色袜子和尼龙丝袜是不能和西装搭配的。深色袜子可以配深色的西装，也可以配浅色的西装；浅色袜子只能配浅色的西装，不宜配深色的西装。

⑤ 鞋子。保持鞋面干净。鞋跟要结实。系带的皮鞋一定要检查鞋带是否干净且系紧。此外，切勿把黑鞋与棕色西装搭配，这是一种错误的搭配。

⑥ 上衣。厚重的上衣已经逐渐被轻便的新式上衣代替，因为它几乎适用于所有场合且耐穿。此外，人们在潜意识中往往对穿浅色上装的人投以更深的信任。假如你想穿上衣去面试，请选择浅色调，以示你是一个正直、值得信赖的人。

2. 女士着装礼仪

(1) 着装原则主要包括以下方面。

① 合身因素。应针对自己体形来选择着装，以期达到最理想的效果，如穿西装比穿裙装耐看，不妨多备长裤以供搭配。需要注意的是，这一切都要做得含蓄自然，不要让人觉得你在刻意掩饰或显示什么。

② 环境因素。着装要注意特殊的工作环境的要求。例如，在较艰苦的环境中工作，衣饰以朴素大方为佳，如深色调工装外套配同色系长裤等；办公室里的文职人员应显得素雅干练，如西装套窄裙等；从事特殊的职业应穿统一的制服，如医生、警察等。

③ 个性因素。职业女性的着装讲究严肃、整洁又不失个性，要显示内在的素养和气质。一个人的经历、阅历及处事方式等带来的个人特点不同，应在服饰上有所表现。

④ 流行因素。对时尚不敏感的人，会给人留下古板的印象，所以应考虑流行的服饰，在潮流中选择一些适合自己的服饰，这样你的服饰就会带来时代的气息，令人眼前一亮。

⑤ 材质款式。职业女性衣饰材质要精良，做工精细的服饰会给人一种气质不凡的感觉。款式上不要与自己的性格相差太远，那样只会让自己不自在。工作场合的服饰款式不要过于暴露或复杂。

⑥ 色彩处理。天然系列的米色、咖啡色、灰蓝、沙色、蓝色、灰色、白色等为首选；大红大紫的艳丽色彩除非与自己身份气质相配，否则难以驾驭；浅黄、浅绿看上去太幼稚，显得不成熟。同时，服饰颜色还应与四季的色调相符。

⑦ 注重细节。职业女性除了着装以外，还应注意饰品的搭配，饰品以不妨碍工作为原则，太华丽、太亮眼的饰品均不合适，应配带简约但品质优良的饰品。

⑧ 追求完美。职业女性无论身居何职，都应展示最佳形象，注意把握风格，显得不卑不亢，穿得轻松漂亮，更有助于成功。得体的穿着、保持女人的韵味，加上细致能干，会更富有职业女性的魅力。

(2) 服饰款式和颜色主要包括以下方面。

① 款式质地。女士职业服装一般以西装、套裙为宜。一套正式场合穿着的套裙，

应该用高档面料缝制，上衣和裙子要采用同一质地、同一色彩的素色面料。

② 色彩方面。以冷色调为主，应当清新、雅气而庄重，以体现着装者的典雅、端庄和稳重。藏青、炭黑、茶褐、土黄、紫红等稍冷一些的色彩也可以，最好不选鲜亮抢眼的色彩。有时套裙的上衣和裙子可以是一色，也可以是上浅下深或上深下浅两种不同的色彩，这样形成鲜明的对比，可以给他人留下深刻的印象。

(3) 着装建议主要包括以下方面。

① 套裙。

a. 大小适度。上衣注重平整、贴身，尽量少使用饰物和花边点缀，上衣最短可以齐腰。裙子要以窄裙为主，并且裙长要到膝盖或者超过膝盖，一般认为裙短不雅，裙长无神。

b. 着装认真。上衣的领子要完全翻好，衣扣应系上，以只露出锁骨为宜。总而言之，要穿得端庄。

② 鞋子。女士如何穿鞋也有讲究，总的原则是和整体相协调，颜色和款式与服装相配。

a. 中跟鞋。面试时，不要穿太高的高跟鞋，中跟鞋是最佳选择，既结实又能体现职业女性的尊严。系带式皮鞋、丁字式皮鞋、皮凉鞋等都不适合。

b. 靴子。设计细致的靴子也会显得女士自信而得体。但穿靴子时，应该注意裙子的下摆不长于靴端。

③ 袜子。袜子不能有脱丝，肤色丝袜作为职场着装是最适合的。保险起见，应该在包里放一双备用的袜子，以备脱丝时及时更换。

④ 饰物。

a. 公文包或手提小包。带一个即可，不要两个都带到商务场合。携带公文包比手提小包更能体现职业感，但不要把包塞得满满的。

b. 帽子。如果穿戴帽子与全身装扮很相配，就选择一顶既无饰边也不艳丽，却很雅致的帽子。在商务场合不宜穿戴过于复杂、鲜艳的帽子。

c. 首饰。尽量少戴首饰，耳环应当小巧且不引人注目。如果要佩戴首饰，应该选择小巧并不发出声响的首饰，其原则是小而美。

d. 眼镜。眼镜可能会使外表增色，也可能显得不协调。尽量选择适合自己的镜框，样式宜新。眼镜的镜片最好不带颜色，并保持干净。

e. 围巾。一条漂亮的围巾有画龙点睛之功效。一些女士喜欢蓝灰色的服装，但穿蓝灰色衣服往往会显得人面部发暗，如果配上一条色彩亮丽、风格时尚的围巾，就能使人看起来充满生气。

f. 丝巾。丝巾飘逸清秀的特点能烘托出女性的美，但选择丝巾时一定要注意与衣服协调搭配，如花色丝巾可配素色衣服，而素色丝巾则适合艳丽的衣服。

7.1.5　见面礼仪

见面礼仪是日常及商务社交礼仪中最常用、最基础的礼仪，人与人之间以各种方式进行问候、介绍、交流、沟通都要用到见面礼仪，了解并掌握常用的见面礼仪，可以使你在人际交往中表现得有礼有节、得体大方，给对方留下良好的印象。

1. 称呼

在人际交往中，能否选择正确、适当的称呼，反映了自身的教养、对对方尊敬的程度，甚至还体现着双方关系发展所达到的程度和社会风尚，因此不能随便乱用称呼。在职场中，如果知道对方的职业或职位，可以根据行政职务、技术职称、学位、职业等来称呼，如吴局长、王教授、陈博士、刘工、陈总、林律师、黄医生等。如果不清楚对方的职位和职业，可根据惯例称男性为先生，称未婚女性为小姐，称已婚女性为女士、夫人、太太。

对新结识的人，年长自己的可以尊称为"老师"，在文艺界、教育界这种称呼比较普遍。对于初次见面或相交不深的人，用"您"而不用"你"，以示谦虚与敬重。熟人朋友见面，不可称呼"您"，以免给人以生疏、拘谨之感。

2. 握手

握手是交际的一部分。握手的力量、姿势与时间长短往往能够表达我们对对方的不同礼遇与态度，显露自己的个性，给人留下深刻的印象，也可通过握手了解对方的个性，从而赢得交际的主动权。

握手时，距离对方约一步，不要站得太远或者太近，确保肘部稍微弯曲时可以握到对方的手即可。上身稍向前倾，两足立正，伸出右手，四指并拢，拇指张开下滑，向对方握手。掌心向下握住对方的手，显示着一个人强烈的支配欲，无声地告诉他人，此时这个人正处于高人一等的地位。因此，应尽量避免这种傲慢无礼的握手方式。相反，掌心向里握手显示出一个人的谦卑和毕恭毕敬。平等而自然的握手姿态是两手的手掌都处于垂直状态，这是一种最普通也最稳妥的握手方式。

戴着手套握手是非常失礼的行为。在握手前应脱下手套，摘下帽子。倘若在严寒的室外也可以不脱，但应先说声"对不起"。

握手时要保持目光接触，且面带微笑，同时说一些问候的话，不要看第三者或显得心不在焉。可以握紧对方的手，在加强重要字眼时紧握着对方的手，语气直接且肯定，来加深对方对你的印象。

除了关系亲近的人可以长久地把手握在一起外，一般握两三下即可。不要太用力，但漫不经心地用手指尖"蜻蜓点水"式地点一下也是无礼的。握手时两手一碰就分开，时间过短，好像走过场，也是无礼的。而时间过久，特别是拉住异性或初次见面者的手长久不放，会显得过于热情或有些虚情假意，也不合适。一般要将时间控制在三四秒内。如果要表示自己的真诚和热情，也可较长时间握手，并上下摇晃几下。

长辈和晚辈之间，长辈伸手后，晚辈才能伸手相握；上下级之间，上级伸手后，下级才能接握；男女之间，女方伸手后，男方才能伸手相握，如果男方为长者，则遵照前面说的方法。

如果需要和多人握手，握手时要讲究先后次序，由尊而卑，即先年长者后年幼者，先长辈再晚辈，先老师后学生，先女士后男士，先已婚者后未婚者，先上级后下级。

在公务场合，握手时伸手的先后次序主要取决于双方的职位、身份。而在社交、休闲场合，主要取决于双方的年龄、性别、婚否。

在接待来访者时，握手顺序就特殊一些：当客人抵达时，主人应首先伸出手来与客人相握。而在客人告辞时，客人应首先伸出手来与主人相握。前者表示"欢迎"，后者表示"再见""谢谢"。这一次序很容易混淆。

交际时如果人数较多，可以只和相近的几个人握手，向其他人点头示意，或微微鞠躬。为了避免尴尬，在主动和人握手之前，应想一下自己是否受对方欢迎，如果已经察觉对方没有要握手的意思，点头致意或微微鞠躬即可。

但应强调的是，上述握手时的先后次序不必处处苛求于人。如果自己是尊者、长者或者上级，而位卑者、年轻者或下级抢先伸手时，最得体的就是立即伸出自己的手，进行配合，而不要置之不理，使对方尴尬。

3. 握手的注意事项

(1) 不要用左手相握，尤其是和阿拉伯人、印度人打交道时要牢记，因为在他们看来左手是不洁的。

(2) 在和基督教徒交际时，要避免两人握手时相握手形成交叉状，这种形状类似十字架，在他们眼里是不吉利的。

(3) 在握手时不要戴手套。只有女士在社交场合戴薄纱手套握手是被允许的。

(4) 在握手时不要另外一只手插在衣服的口袋里或者拿东西。

(5) 在握手时不要面无表情、不置一词，或长篇大论、点头哈腰，显得过分客套。

(6) 在握手时不要只是握住对方的手指尖，好像有意与对方保持距离。正确的做法是要握住整个手掌。

(7) 在握手时不要把对方的手拉过来、推过去或者上下左右抖个不停。

(8) 不要拒绝和他人握手。如果是因为你有手疾或手汗，或者手脏了，需要及时告知对方，如"对不起，我的手有点脏，不太方便握手"等，以免造成不必要的误会。

7.1.6　电话礼仪

电话是日常生活、工作中便利的通信工具，在日常生活中，人们通过打电话能粗略地判断对方的人品、性格，在商务活动中，使用电话的语言和方式很关键，直接影响着一个企业的形象。因而，掌握正确、礼貌的打电话方法是非常必要的。随着科学技术的发展和人们生活水平的提高，电话的普及率越来越高，人不仅离不开电话，而且每天要接、打大量电话。打电话看起来很容易，只要对着话筒同对方交谈即可，人们常觉得打电放在和当面交谈一样简单，其实不然，打电话大有讲究。

1. 接听电话

接听电话不可太随便，要讲究必要的礼仪和一定的技巧，以免产生误会。无论是打电话还是接电话，我们都应做到语调热情、大方自然、声量适中、表达清楚、简明扼要、文明礼貌。

(1) 及时接听。一般来说，在电话铃响 3 遍之前就应接听，6 遍后就应道歉："对不起，让你久等了。"如果受话人正在做一件要紧的事情而不能及时接听，代接的人应为其解释。既不及时接电话，又不道歉，甚至极不耐烦，就是极不礼貌的行为。尽快接听电话会给对方留下好印象，让对方觉得自己被重视。

(2) 确认对方。对方打来电话，一般会主动介绍自己。如果对方没有介绍或者你没有听清楚，就应该主动问："请问你是哪位？我能为您做什么？您找哪位？"但是，人们习惯的做法是拿起电话听筒盘问一句："喂！哪位？"这在对方听来陌生而疏远，缺少人情味。接到对方打来的电话，首先应拿起听筒自我介绍："你好！我是某某某。"如果对方找的人在旁边，你应说"请稍等"，然后用手掩住话筒，轻声招呼受话人接电话。如果对方找的人不在，应该告诉对方，并且问："需要留言吗？我一定转告。"

(3) 讲究艺术。接听电话时，应注意嘴和话筒保持 4 厘米左右的距离；要把耳朵贴近话筒，仔细倾听对方的讲话。最后，应让对方结束电话，然后轻轻把话筒放好。不可"啪——"的一下扔回原处，这是极不礼貌的。最好是在对方之后挂电话。

(4) 调整心态。当拿起电话听筒的时候，一定要面带笑容。不要以为笑容只能表现在脸上，它也会藏在声音里。亲切、温情的声音会使对方对我们产生良好的印象。如果绷着脸，声音会变得冷冰冰。接电话的时候不能叼着香烟、嚼着口香糖；说话声音不宜过大或过小，要吐字清晰，保证对方能听清楚。

(5) 左手接听。这样便于用右手随时记录有用的信息。

2. 拨打电话

打电话时，需注意以下几点：

(1) 控制响铃时长。一般情况下响铃时长并无限制，但根据受话人身份的不同，响铃时长有时也应考虑。例如，受话人为老师，当对方在上课时，若非重要事情，响铃 4～6 声即可，久则恼人，事情紧急也不例外。

(2) 选好时间。打电话时，尽量避开受话人休息、用餐的时间，而且最好不在节假日打扰对方。

(3) 掌握通话时间。打电话前，最好先想好内容，以便节省通话时间，不要现想现说，"煲电话粥"。通常一次通话不应长于 3 分钟，即所谓的"3 分钟原则"。

(4) 态度友好。通话时不要大喊大叫，震耳欲聋。

(5) 用语规范。通话之初，应先做自我介绍，不要让对方"猜一猜"。请受话人找人或代转时，应说"劳驾"或"麻烦您"，不要认为这是理所应当的。

3. 接打电话礼貌用语

(1) 您好！这里是×××公司×××部(室)，请问您找谁？

(2) 我就是，请问您是哪一位？……请讲。

(3) 请问您有什么事？(有什么能帮您？)

(4) 您放心，我会尽力办好这件事。

(5) 不用谢，这是我们应该做的。

(6) ×××同志不在，我可以替您转告吗？(请您稍后再来电话好吗？)

(7) 对不起，这类业务请您向×××部(室)咨询，他们的号码是……[×××同志不是这个电话号码，他(她)的电话号码是……]

(8) 您打错号码了，我是×××公司×××部(室)，……没关系。

(9) 再见！(与以下各项通用)

(10) 您好！请问您是×××单位吗？

(11) 我是×××公司×××部(室)×××，请问怎么称呼您？

(12) 请帮我找×××同志。

(13) 对不起，我打错电话了。

(14) 对不起，这个问题……，请留下您的联系电话，我们会尽快给您答复，好吗？

7.2 求职礼仪

求职礼仪是为了顺应市场经济发展对现代职业人员素质和能力的迫切需要，是基于提升相关待业人员的职业形象，促进相关从业人员熟练运用人际交往的能力，增强工作能力，提升工作效率，完善整个行业的综合素质，增强企业在相关领域的竞争能力而产生的。求职礼仪包含穿着、交往、沟通、情商等内容，是职场礼仪在求职这一特殊环境下的体现。

7.2.1 求职礼仪的重要性

作为一种独特的语言，求职礼仪在当代大学生求职时扮演着十分重要的角色，大学生要掌握最基础的礼仪常识，才能让自己的求职过程变得更加规范，凭借这样的优势，开启自己的职场之门。很多时候，求职礼仪能够表现一个人的涵养，合理的求职礼仪是对招聘方的一种尊重，也能让自己在职场中稳中求胜。

(1) 引起他人注意。由于目前就业市场"粥多僧少"的现状，用人单位招聘人数极少，无法满足正常的就业需求。因此，大学生在面对心仪的求职单位时，面临着严峻的竞争。但如果此时，大学生能够在面试的过程出表现中良好的素养，让招聘者对其印象深刻，这样就增加了应聘成功的概率。专业的求职礼仪会让大学生在迈入社会时高人一等，会有更多的机会面对企业，有更多的选择让自己把握，也会让求职变得更加顺畅。

(2) 提高人际吸引度。求职礼仪对当代大学生求职就业的重要性还体现在能够提高人际吸引度上，让求职的大学生变得更加抢手。心理学研究表明，人们更愿意给自己喜欢的人更多的机会，也就是说招聘者愿意给自己喜欢的求职者更多的机会表现自己，那么大学生就有更多的机会展示自己的能力。在有限的时间内，给招聘者留下更加深刻的印象，是求职成功的关键。在当前的模式下，拥有良好的表现能力和人际沟通能力才能胜任一些工作，招聘方在招聘的过程中，对这方面也更加看重，因此求职礼仪会帮助大学生成为热门人选。

7.2.2　求职时的服饰礼仪

参加面试的服饰要求一切为了配合求职者的身份。面试时，合乎自身形象的着装会给人以干净利落、专业的印象，男生应显得干练大方，女生应显得庄重俏丽。着装体现仪表美，应同时兼顾以下原则。

(1) 整洁大方。整洁的着装反映了一个人振奋、积极向上的精神状态；而褴褛、肮脏的着装，则是一个人颓废、消极、精神空虚的表现。因此，衣服要勤换、勤洗、熨平整，裤子要熨出裤线；衣扣和裤扣要扣好，腰带要系好；穿中山装应扣好风纪扣；穿长袖衬衣应将衣襟塞入裤内，袖口不要卷起，短袖衫、港衫衣襟不要塞入裤内。工作人员如果衣冠不整、不洁，不修边幅，不仅显得懒惰、缺乏修养，也有损本单位的形象，在社交中可能会使对方产生不愉快、不信任的感觉，导致关系疏远。

着装必须端庄、大方，要让对方感到可亲、可近、可信，愿意与你交往。在社交公关场合，应事先收拾打扮一下，脸要洗干净，头发要梳理整齐。男士应刮胡子，女士可化一点淡妆。一般来说，女服应色彩丰富，轮廓优美，面料讲究，显出女士秀丽、文雅、贤淑、温和等气质；男服则要求线条简洁有力，色彩沉着，衣料挺括。

(2) 整体和谐。服饰礼仪中所说的服饰不是指我们日常生活中的衣服和装饰物，而是指着装后构成的一种状态。它包括所体现的人的社会地位、民族习惯、风土人情以及个人修养、趣味等因素。所以，不能孤立地以衣服的好与坏来评价人在着装之后的美与丑。整体和谐，要求我们必须从整体综合的角度来考虑和体现服饰中各因素的和谐一致，要做到适体、入时、从俗。

① 适体，就是追求服饰与人体比例的协调和谐。服饰是美化人体的艺术，服饰只有与人体相适合，服饰的色彩、样式、比例等均适合人的"高、矮、胖、瘦"，才能与人融为有机统一的整体。因此，过松或过紧的衣衫、过小或过大的裤腿、过高的高跟鞋以及不得当的颜色搭配等，都会扭曲人的形体、影响人的形象。显然，这都是求职者在着装时要避免的。

② 入时，就是追求服饰和自然界的协调和谐。人与自然相适应，有春夏秋冬、风

雨阴晴的不同服饰；根据四季的变化穿着不同的衣服，不但合时宜，而且可保证人的健康。一般来说，冬天衣服的质地厚实，保暖性强，如毛呢料等，而春秋衣服的质地则应相应薄些。

③ 从俗，就是追求服饰与社会生活环境、民情习俗的协调和谐，应努力使服饰体现出新时代的新风貌和特征、各民族的不同习俗和特色、各种场合的不同气氛和特点。

(3) 展示个性。选择什么样的服饰，能够在很大程度上体现穿着者的个性。在服饰整体统一要求中，追求个性美可以说是现代生活的一大趋势。

个性特征原则要求着装适应自身形体、年龄、职业的特点，扬长避短，并在此基础上创造和保持自己独有的风格，在不违反礼仪规范的前提下，在某些方面可体现与众不同的个性，切勿盲目追时髦。

1. 女生面试时的服饰礼仪

(1) 套装。每个女生应准备一两套较正规的套服，以备去不同单位面试的时候穿。女式套服的花样可谓层出不穷，可根据自己的喜好来选择，但原则是必须与准上班族的身份相符。颜色鲜艳的服饰会使人显得活泼、有朝气，素色稳重的套装会使人显得大方、干练。记住这个原则，针对不同背景的用人单位选择适合的套装。

(2) 化妆。参加面试的女生可以适当地化点淡妆，包括口红，但不能浓妆艳抹，过于妖娆，否则不符合大学生的形象与身份。

(3) 皮鞋。鞋跟不宜过高，鞋子不宜过于前卫，夏天最好不要穿露脚趾的凉鞋，更不宜将脚指甲涂抹成红色或其他颜色，丝袜以肉色为宜。

(4) 皮包。女生的皮包要能背的，与装面试材料的公文包有所区别，可以只拿公文包而不背皮包，但不能把公文包里的文件全部塞在皮包里而不带公文包。

(5) 手表。面试时不宜佩戴过于花哨的手表，那样会给人过于稚气的感觉。面试前应调准时间，以免迟到。

2. 男生面试时的服饰礼仪

(1) 西装。男生应在平时准备好一两套得体的西装，不要面试前才去匆匆购买，那样不容易选购到合身的西装。应注意选购整套的两件式的西装，颜色应当以主流颜色为主，如灰色或深蓝色，如此在各种场合穿着都不会显得失态，在价格、档次上应符合大学生的身份，不要盲目攀比，不要乱花钱买高级名牌西服，因为用人单位看到求职者的衣着太过讲究，不符合大学生的身份，会对求职者的第一印象打折扣。

(2) 衬衫。以白色或浅色为主，如此才好配领带和西裤。平时也应该注意选购一些较合身的衬衫，面试前应熨平整，不要皱巴巴的。崭新的衬衣穿上去会显得不自然，太抢眼，以至于削弱了人事主管对求职者其他方面的注意。这个地方要提醒一下，面试时你所穿的西服衬衫、裤子、皮鞋、袜子都不宜给人以崭新发亮的感觉，原因是人事主管会认为你的服饰基本上都是匆匆凑齐的，那么你的其他材料是不是也有过多人工雕琢的痕迹呢？而且从没穿过的东西从头到脚包裹着你，一定有某些东西会让你觉得别扭，从而分散你的注意力，影响你的面试表现。

(3) 皮鞋。不要以为越贵越好，而要以舒适为度。皮鞋以黑色为宜，且面试前一天要擦亮。

(4) 领带。男生参加面试一定要在衬衣外打领带，领带以真丝材质为宜，上面不能有油污，不要皱巴巴的，平时应准备好与西服颜色相衬的领带。

(5) 袜子。袜子的颜色也有讲究，穿西服时袜子必须是深灰色、蓝色、黑色等深色的，如此在任何场合才不会失礼。

(6) 头发。尽量避免在面试前一天理发，以免看上去不够自然，最好在三天前理发。男生女生都应在面试前一天洗干净头发，避免头屑留在头发或衣服上，保持仪容整洁是给用人单位留下良好第一印象的前提。此外，男生要将胡须剃干净，同时在剃的时候不要刮伤皮肤，指甲应在面试前一天剪整齐。

禁忌：男女生都在面试时穿 T 恤、牛仔裤、运动鞋，一副随随便便的样子，百分之百不会受人事主管欢迎。女生在服饰上给人错误的信号，如过于花枝招展、性感暴露的打扮会让人产生别的想法，惹来许多不必要的麻烦，对求职本身毫无益处。

7.2.3　面试现场的礼仪

当你迈入应聘公司的那一刻，面试或许就已经开始了。你应始终面带微笑，不要过分紧张，对遇到的每个公司员工都应彬彬有礼。面试官可能已经在某处观察你的举止，或者已经为你设置了应聘的第一道难题。

研究表明，个人对于他人留下的印象，7%取决于用词，38%取决于音质，而55%取决于非语言交流。非语言交流包括很多方面，如诚实的态度、微笑的面庞等。

1. 敲门

你会敲门吗？到达面试公司之后，你通常会受到前台或者行政部门员工的接待，他们将你引导到要进行面试的房间门口。如果门是关上的，敲门便成为成功面试的第一步。

那么，应该敲几下，让人最舒服？最让面试官接受的答案是 3 下。敲门一定要有力度，切忌过快或者过慢。不妨在家里先练习一下，让父母、朋友或同学听听看，以大家都认为很舒服的力度和方式敲门。

敲门的三个要点：

(1) 手指的姿势。右手食指弯曲，其余手指握在手心，温和地敲下去。切忌用多个手指或手背、手掌敲门，那样声音会很杂乱。

(2) 敲门的频率。研究表明，间隔 0.3~0.5 秒敲 3 下是最好的敲门频率。过快的敲门频率会让面试官认为你是个轻佻的人，过慢的敲门频率让面试官感觉你很懒散。没有间隔地连续敲门会让面试官感觉你很匆忙；敲门少于 3 下，有傲慢的嫌疑；敲门 4 下以上，则容易让人厌烦。

(3) 敲门的力度。用手腕控制手指的力度，只用一半的力道就好。太轻的敲门力度，面试官可能会听不到，即使听到也会认为你的胆子太小或者认为你是一个过分谦卑的人；太重的敲门力度则可能让面试官受到惊吓，认为你是一个野蛮的人。

2. 微笑

有动人的微笑的人更容易找到工作。一个人脸上的表情比他身上的穿着更重要。女性出门若是忘了化妆，最好的补救方法就是亮出你的微笑，不只是女性，对于男性来说，微笑同等重要。从一进入面试公司的大门起，脸上就应带着微笑。

就算在面试过程中被面试官问倒，也要保持镇定，报以歉疚的微笑。两个必知的微笑要领：

(1) 适当的时候露出 8 颗牙齿。微笑标准是开启双唇，刚好露出 8 颗牙齿。大幅度、全过程保持 8 颗牙齿的微笑不但会让你感觉很累，也可能让面试官感觉不舒服。在走进面试房间，初次见到面试官时露出 8 颗牙齿的微笑即可。

(2) 掌握微笑的时机。面试中一直保持微笑有可能被当作紧张和缺乏自信的表现。想要让面试官感觉愉悦，表现自然，在该微笑的时候微笑即可。

3. 行走

面试时行走的三个要点：

(1) 身体与行走轨迹都应保持直线。走进面试房间以及在房间中行走时，上身要挺直，收腹挺胸，背部、腰部、膝盖避免弯曲；头部端正，不摇头晃脑、瞻前顾后，目光不斜视；脚尖向前，不要内八字或者外八字，每一步走的距离适中、均匀，行走轨迹应是直线，不要忽左忽右。

(2) 协调的重要性。手臂摆动幅度以 30 度为宜，千万不要因为紧张而出现同手同脚的状况。不要将手插在口袋里，不要把双手背在身后，不要低着头只看脚尖。

(3) 行走要平稳。起步重心前倾，行走时重心落在前脚掌上；不要摇晃肩膀；走路要有节奏感，适度的节奏感可以给人一种稳重的感觉。女生切忌大步流星、风风火火、缺乏稳重感；男生不要迈步过小、步履轻飘、缺乏力度。

4. 站姿

(1) 方向。身体正对面试官站立。

(2) 目光。不摇头晃脑，不东张西望，目光要保持平视或低于水平视线。

(3) 肩部。收腹挺胸，双肩自然放松端平。

(4) 双手。女生双臂自然下垂，处于身体两侧，将双手自然叠放于小腹前或置于身后。男生双臂自然下垂，处于身体两侧，右手轻握左手的腕部，左手握拳，放在小腹前或置于身后。

(5) 双脚。女生两腿并拢，双脚呈"丁"字形站立或并立站立。男生脚跟并拢，脚呈"V"字形且两脚分开，两脚尖间约一个拳头的宽度，或双脚平行分开，与肩同宽。

5. 问候

(1) 主动问候。问候分为语言和非语言两类。求职者进入面试房间后，主动向在座的面试官问候，如早上好(下午好)，我是×××。同时，上半身微微前倾15~20度鞠躬问候，面朝面试官所坐的方向，面带微笑。

(2) 寒暄有度。求职者为了打开话题，有时候会选择寒暄作为面试的开始，寒暄不仅可以拉近你与面试官的距离，还可以帮助你缓解紧张的情绪。但同时要掌握寒暄的分寸。适度地、有技巧地赞美面试官可能会得到额外的加分，不切实际的赞美只会让多数面试官厌烦。

(3) 不要主动握手。不是每位面试官都喜欢求职者主动握手，如果面试官主动和你握手，你应积极地回应，并且握手的力度以对方为准。

6. 递交资料

(1) 双手递出资料。面带微笑、眼睛直视对方，双手将简历等个人资料递出，拇指各执资料两端，其余手指托稳资料。

(2) 确认文字方向正确。确认所有资料文字面向面试官的方向。

7. 坐姿

(1) 头部。头部挺直、双目平视、下颌微收。

(2) 上身。身体端正、双肩放松、挺胸收腹、上身微微前倾、勿倚靠座椅的背部。

(3) 手的姿势。双手自然放在双膝上或椅子扶手上。移动双手时，确保手离开身体的距离不超过肘部的长度。

(4) 腿的姿势。避免交叉双腿，在任何情况下都不要跷二郎腿。女生双腿靠紧并垂直于地面，也可以将右腿稍稍斜侧调整姿势。男生双腿可并拢，也可以分开，但分开的间距应不超过双肩的宽度。

(5) 坐椅子的 2/3。不要坐满椅面，一般以坐椅子的 2/3 为宜，既可以让你轻松应对面试官的提问，也不至于过于轻松。

8. 自我介绍

自我介绍内容与个人简历相一致。表述方式上尽量口语化，切中要害，不谈无关、无用的内容，条理清晰，层次分明。

(1) 第一分钟最重要。自我介绍的第一分钟往往最重要。面对众多求职者千篇一律的自我介绍，面试官可能已经麻木了，没有人规定，面试时的自我介绍要按照顺序从名字、年龄开始，创新式的自我介绍会给面试官留下特殊的印象。例如，首先感谢获得此次面试的机会，然后表达你对于工作的渴望，以及作为刚走出校园的毕业生，这份工作与你自身的切合点，以往学校表现与实习经验对这份工作的帮助等。

(2) 注意节奏的把控。在自我介绍中，音质和节奏的把握也起着重要作用，切忌以背诵的口吻介绍自己。

(3) 不要夸张与粉饰。经验丰富的面试官一听就能识别谎言，凭空夸大简历、粉饰自我成就等做法很有可能会毁了这次面试。即使是轻微的夸张，也会给面试官留下不好的印象。

9. 谈吐

(1) 说普通话，不夹带英文。标准的普通话可以最大限度地减少交流障碍，如果你的普通话并不好，就要试着减缓语速，务必让对方听清楚。中文夹带英文并不能体现你的英语能力好，反而有炫耀的嫌疑，如果面试官想了解你的语言能力，会主动与你用外语交流。

(2) 带有肯定意味的语调。与面试官交谈时，语调要肯定、正面，表现出有信心。尽量少用形容词、修饰词和语气助词。

(3) 回答问题前思考 5 秒钟。回答面试官的问题前先思考 5 秒钟，整理好自己的思路，也能给面试官留下"你善于思考"的印象。当然，不包括姓名、年龄等简单问题。

(4) 谈论与该公司或所属产业相关的话题。在回答面试官的问题时，不要将时间浪费在谈论国家大事或明星小道消息上，尽量用面试前你所做的准备工作，与面试官谈论与该公司或所属产业相关的话题。

10. 离开

面试完后，要礼貌起身。起身动作最重要的是稳重、安静、自然。入座通常由左边进入，起立时可由左边退出。一般我们坐椅子时，有上座的专门规定，进入房间可以由左边开始坐，站立时也要站在椅子的左边，无论是就座还是起身都不要发出声音。

7.2.4 面试时需要注意的礼仪

1. 入座的礼仪

进入面试官的办公室，一定要先敲门再进入，等面试官示意坐下再就座，如果有指定的座位，坐在指定的座位上即可。如果没有指定的座位，可以选择面试官对面的位子坐下，这样方便与面试官面对面交谈。千万不要反客为主，面试还没有开始就先丢一分。

不同性别，对于面试就座时的礼仪要求也不同。男性就座时，双脚踏地，双膝之间至少要有一拳的距离，双手可分别放在膝盖上。若是面试穿着较正式的西装，应解开上衣纽扣。女性就座时，双腿并拢并斜放一侧，双脚可稍有前后之差，如果两腿斜向左侧，则右脚放在左脚之后；如果两腿斜向右侧，则左脚放在右脚之后。这样对方从正面看双脚是交成一点的，腿部线条更显修长，也显得颇为娴雅。若女性穿套裙，入座前应收拢裙边再就座。

2. 自我介绍的分寸

当面试官要求你做自我介绍时，不用像背书似的把简历上的内容再说一遍，那样只会令面试官觉得乏味。用平缓的语气将简历中的重点内容稍加说明即可，如姓名、毕业学校、专业、特长等。面试官想深入了解某一方面时，你再做介绍。用简洁有力的话语回答面试官的提问，效果会很好。

3. 注意身体语言

身体语言在人际交流中占 50%以上，面试时身体语言的表现也是面试成功与否的一个重要因素。身体语言包括说话时的目光接触、身体姿势和习惯动作、讲话时的嗓音等。

(1) 目光接触。面试时，求职者应该与面试官保持目光接触，以表示对面试官的尊重。目光接触的技巧是，盯住面试官的鼻梁处，每次 15 秒左右，然后自然地转向其他地方，如望向面试官的手、办公桌等其他地方，然后隔 30 秒左右，再望向面试官的双眼鼻梁处。切忌目光犹疑、躲避闪烁，这是缺乏自信的表现。

(2) 身体姿势和习惯动作。在进出面试室时，注意进退礼仪，一定要保持抬头挺胸的姿势和饱满的精神，与人交谈时不要频繁地耸肩、手舞足蹈、左顾右盼、坐姿歪斜、晃动双腿等，这都是不好的身体语言。总而言之，手势不宜过多，需要时再适度配合表达。

(3) 讲话时的嗓音。从嗓音可以看出一个人是否紧张、自信等，平时应多练习演讲、交谈的艺术，控制说话的语速，不要尖声尖气、声细无力，应保持音调平缓、音量适中、回答简练，不带"嗯""这个"等无关紧要的习惯语，这些都显示出自我表达的不专业。

4. 注意回答问题

保持积极自信的心态是面试中智慧语言不断迸发的前提。面试时，讲话要充满自信，回答问题时尽量详细，要按面试官的话题进行交谈。面试时，一般情况下，应该有问必答。当面试官提出的问题令你感到冒犯或者与工作无关时，可以有礼貌地问为什么问这样的问题，或者委婉地回答："对不起，我不知道这个问题与我应聘的职位有什么关系，我能不能暂时不回答这个问题呢？"千万不要很生硬地拒绝"我不能回答这样不礼貌的问题"或者"怎么问这么不礼貌的问题"。毕竟对方是面试官，触犯他就有可能失去这份工作，即使被录取了，在日后的工作中也会有所不便。此时此刻，不能意气用事，或者表现得不礼貌、不冷静。拒绝是可以的，但语气和态度一定要委婉、温和。

5. 其他需要注意的地方

一些在平时可以有的动作、行为出现在面试过程中，是不礼貌的，它们会被面试官作为评判的内容，进而影响你被录用。注意站正坐直，不要弯腰低头；双手放在适当的位置，要安稳，不要做些玩弄领带、掏耳朵、挖鼻孔、抚弄头发、掰关节、玩弄招聘者递过来的名片等多余的动作；禁止双腿神经质般地晃动、翘起等；自己随身带着的公文包或皮包不要挂在椅子背上，可以把它放在自己坐的椅子旁边或背后。

7.3　从学校走向职场

每一位即将或刚刚开始工作的高校毕业生都希望自己能够在崭新的工作岗位上很快有优秀的表现，做出自己的一番事业与成就。但是我们所看到的更多现实情况是，很多大学生不能很好地适应与大学生活截然不同的全新环境，不能很好地融入组织，以致工作难以开展。其实，这些问题的出现都与毕业生的角色转换有关，只有真正认识到自己已经不再是一名生活在象牙塔里的大学生，并重新对自己进行正确的定位，了解作为一名职场人应当做什么和怎样做，才能在新的生活中立足与发展。

7.3.1　从学生向职场人转换

当大学生从学校迈进职场时，一切都已发生变化。初涉职场的大学生，还有很多校园"书生意气"和学生式的行为思维习惯，不了解基本的职场规则，出现很多为人处世的不合时宜。大学阶段是专业知识的积累时期，那么当大学生步入社会，走上工作岗位，成为一个真正的社会人时，他们更应该学习的是如何说话和办事、如何树立个人品牌、如何拥有自己的人际支持网络等。大学生要想从学生顺利过渡到职场人，需要处理好以下几个问题。

1. 积极调整工作心态

随着高校教育的普及，大学生就业成为一个大众化的社会问题，由此产生的大学生身份和地位不受重视的现象也随之而来。从学校到社会，不适应、无名的失落和惆怅是很正常的，每个人在这样一个过渡阶段都会有这样的情绪。这个时候，初入职场的人要注意自我调适，有一个平和的心态非常重要。对于那些刚刚参加工作不久就选择辞职的职场新人，一定要理性战胜感性冲动，应先问问自己，自己的失落和惆怅到底来自哪里，同时要学会放低姿态，从基础工作做起，要不断积累工作经验，每一种经历都是很好的学习机会，要不断反思总结，吸取经验教训。

2. 很好地适应人际关系

对于初涉世事的人，一切都是新的开始。在校园里，你可以选择只与自己喜欢的人交往，而在单位，就必须学会与各种各样的人打交道。无论你对他(她)是否喜欢，刚进入新单位，要有第一印象，第一印象良好，即使以后有表现得不够好的地方，别人也会对你宽容一些。倘若第一印象糟糕，即使后来做得再漂亮，别人对你的评价也不会太高。在单位，一定要注意自己是在一个团队中，必须有好的团队精神，要学会与人合作，要大度，要甘于吃亏，不要想着占小便宜。处理好复杂关系的捷径是多看多听、多干、少说，在各种利益冲突中超脱一点，肯让、能让、善让，不要斤斤计较、心机太重。

3. 正确面对工作中的挫折

面对职场的压力，毫无经验的人总会遇到许多困难和挫折。但在面对困难和挫折时，有些人选择放弃，半途而废；有些人选择坚持，勇敢面对。

如何正确面对工作中的挫折？首先，当遇到挫折时，要用冷静的态度，客观地分析失败的原因，进行正确的受挫归因。困难和挫折并不可怕，可怕的是不能理性、勇敢地面对而就此放弃。失败离成功往往只有一步之遥，很多时候成功就是再坚持一下。其次，乐观面对。挫折虽然给人带来不愉快，但同时可以锻炼人的意志。我们往往只想到成功，没有想到失败，一旦遭受挫折，就会一蹶不振，陷入苦闷、焦虑的情绪不能自拔。最后，调整好心态，脚踏实地前进，争取新的机会，争取获得下一次的成功。

4. 努力提高业务能力

有的人认为高校毕业知识已经足够了，胜任工作肯定没有问题。实则不然，学校教育在于专而不在于博，工作中需要的知识往往是多方面的。专业对口还好，若专业不对口，则需要补充的知识就太多了。初入职场的人要特别注意避免眼高手低。小事不愿干，大事干不了是刚参加工作的人常犯的毛病。如果不注意纠正，很可能会使你成为志大才疏之人。所以，我们要谦虚谨慎，善于向身边的同事学习，向领导学习，向前辈学习。

5. 改变学生式思维模式

学生在意个体成就，职场需要合作共赢。几乎每一个职场新人最容易犯的错误就是缺乏和领导沟通。在学校，我们很少因沟通好而加分。可横向的沟通和联系是职业人竞争力的重要侧面。有效沟通不仅关系个人机会得失，更关系人生福祉，因为我们只有在团队中才能贡献价值，只有在联系当中才感觉安全。增加对他人的了解，增加对组织的了解，也是增加对自己的了解，在沟通中建立信任，完善工作，创造成果，才能在职业生涯中乘风破浪。

6. 注重培养职业意识

从校园到职场，有很多方面的意识都需要改变，如在校园里，你可以凭自己的兴趣做事，而在职场中责任远比兴趣重要，必须努力做到干一行、爱一行。兴趣来源于责任，强烈的责任感完全可以让人对工作产生兴趣。一个人也只有从事自己喜欢的工作，才能全身心地投入。在学校里，学生考虑的往往是自己的成长，衡量的标准是成绩，而在职场中，职场人考虑的往往是经营绩效和利润，所以，会读书和会创造利润之间并不是天然的正相关。

7.3.2　学校与职场的差别

(1) 环境不同。学校是一个"熟人型"的小社会，教师、学生在一起就像是一个和谐的大家庭，使得大学生在毕业时还恋恋不舍。而职场如战场，是一个"陌生型"社会，每天都要面对不同的事情，面对陌生的人，让大学生短期内难以适应。

(2) 存在基础不同。职场是个体为了特定目标集合在一起的组织的聚合体，职场以利益往来和利益交换为存在基础。而在学校，学生之间没有直接的利益关系，是一个互助互利的短期结合。

(3) 发展方向不同。在职场中，任何个体和组织都有自己的发展方向和组织章程，成员之间恪守共同的规则，以此推动组织与个人的共同发展。而学校只是一个为职场和社会输送人才的组织，与职场发展方向是不一致的。

(4) 目的不同。学校的目标是培养人，学生在学校是被培养的对象，而职场是用知识的，用人单位的目标首先是生存，是赚钱，然后是培养人。

(5) 方式不同。在学校里，学生基本上都是独立完成作业和毕业设计等的，但在职场上，几乎所有的任务都是团队协作才能完成的，所以在职场上要善于交流、善于沟通、善于团结合作，才能取得良好的工作业绩。

7.3.3　实训一：职业化商数测试

1. 下列说法中，符合办公室环境清洁的是(　　)。
A. 办公台席是私人的，可以带很多私人用品，布置个性化
B. 办公环境的卫生由保洁负责，与我无关
C. 私人用品较多的时候，占用一下公共过道也没关系
D. 上班期间，必须保持个人台席干净整洁
答案：D
2. 下列关于爱岗敬业的说法中，你认为正确的是(　　)。
A. 市场经济鼓励人才流动，再提倡爱岗敬业已不合时宜
B. 即便在市场经济时代，也要提倡"干一行、爱一行、专一行"
C. 现代社会提倡人才流动，爱岗敬业正逐步丧失它的价值
D. 在现实中，"爱岗敬业"的观念阻碍了人们的择业自由
答案：B
3. 某商场有一顾客在买东西时态度非常蛮横，语言也不文明，并提出了许多不合理的要求，你认为营业员应该(　　)。

A. 坚持耐心细致地给顾客解释，并最大限度地满足顾客的要求

B. 因人而异，顾客什么态度，就提供什么服务

C. 对顾客进行批评教育

D. 不理睬顾客

答案：A

4. 职业化素养要求我们上班期间"仪表端庄"，下列符合的选项是(　　)。

A. 着装奢侈华贵

B. 鞋袜搭配合理，穿着得体

C. 爱怎么穿就怎么穿，解放自我

D. 染夸张颜色的发色突出个性

答案：B

5. 当要你写完一份公司年终工作总结时，你应该采取的做法是(　　)。

A. 回顾整理一年的工作事项，反复检查，确认没有错误才上交

B. 相信自己已做得很好，写完总结，不再检查就上交

C. 参考同事们写的内容，然后上交

D. 将去年写的总结拿出来，改下名字，直接上交

答案：A

6. 在工作中当你业绩不如别人时，你通常会采取的做法是(　　)。

A. 顺其自然

B. 找出差距所在，努力想办法改变现状

C. 努力想办法找点关系，走后门

D. 换个工作

答案：B

7. 员工小张一贯准时上班，但在一次上班途中，突遇倾盆大雨而迟到了，你认可的做法是(　　)。

A. 小张虽然违犯了公司规定，但事出有因，情有可原，可以理解

B. 按照公司制度进行处理，制度需要贯彻和执行，否则形同虚设

C. 给予小张口头批评，但不按照公司制度对其进行处理

D. 偶然一次，应该谅解

答案：B

8. 在日常工作中，你比较注重什么？下面说法错误的是(　　)。

A. 注意自己的着装、发型

B. 提高自己的社会能力

C. 拉帮结派，成立小团体

D. 提高自己的业务水平和工作能力

答案：C

9. 某公司没有专门的保洁人员，也没有制定打扫卫生的轮值制度，办公室的卫生由公司职员自己打扫。如果你是该公司职员，你会采取的做法是(   )。

A. 上班后，看有没有人做卫生，如果没人做，就自己做

B. 不管别人做不做，自己都不做

C. 应该让资历浅的新员工去做

D. 等领导检查的时候再做

答案：A

10. 小王是你所在单位的好朋友，如果你发现他利用公司资源干私活，谋取私人利益，你应该采取的处理方法是(   )。

A. 反正与自己的利益无关，就当没看见

B. 提醒他注意，如果他不改正，再向领导反映

C. 这么好的机会，应该同朋友合作，也干私活

D. 提醒他注意，如果他不改正，就当没看见

答案：B

11. 对单位制定的规章制度，你应该采取的做法是(   )。

A. 有人监督时就遵守

B. 如果找得到理由和借口，就不遵守

C. 自己认为合理的就遵守，不合理的就不遵守

D. 自觉遵守，并对不合理的地方提出自己的意见

答案：D

12. 小刘以假文凭应聘到某公司上班，很快就成为技术骨干。假如你是该公司的经理，当发现小刘的真实情况后，你将对小刘采取的做法是(   )。

A. 解聘

B. 通报批评

C. 降职

D. 委婉批评，继续留用

答案：A

13. 你的同事并且是竞争对手在工作中取得突出成绩时，你会(   )。

A. 认为他运气好而已

B. 继续做好自己的工作

C. 认为他太聪明了，自己可望而不可即

D. 学习其成功的经验，提升自己

答案：D

14. 关于职业形象与个人职业发展的关系，错误的是(   )。

A. 第一印象在个人求职、社交活动中起着关键作用

B. 职业形象决定个人在职场发展得好坏

C. 职业形象影响个人晋升的概率

D. 职业形象强烈地影响个人业绩

答案：B

15. 当你知道你的一个同事背后诋毁你时，你会选择( )。

A. 以牙还牙

B. 断绝与他的来往，再也不和他做小伙伴了

C. 向领导打小报告

D. 就当这件事没发生，与他保持和过去一样的关系

答案：D

16. 宾馆服务员小李在整理房间时无意中将一位客人的手表掉在了地板上，小李立即捡起，并连声向客人道歉，但客人却责骂小李，小李忍无可忍与客人争吵起来。对于小李的做法，你持的态度是( )。

A. 是合适的

B. 忍无可忍无须再忍

C. 都是顾客的错

D. 应该受到批评

答案：D

17. 假设你所在公司正在进行"公司发展合理化建议"的征集活动，对这项关系到企业未来发展和自己切身利益的事情，你认为( )。

A. 为了使自己的建议更具合理性，应花费时间来思考和论证并提出合理意见

B. 这个与自己的工作无关，不参与

C. 提了也不一定改，不如不提

D. 这个是领导应该考虑的事情，我们小职员的意见不重要

答案：A

18. 假设你在工作中出现了一次小的失误，领导也没有发现。在这种情况下，你认为最好的一种处理办法是( )。

A. 不向任何人提起这件事

B. 不告诉任何人，自己在以后的工作中弥补过失

C. 告诉领导，承认自己的过失并承担相应的责任

D. 反正领导没发现，就这样算了

答案：C

19. 在企业生产经营活动中，员工之间的团结互助包括( )。

A. 要讲究合作，避免竞争

B. 平等交流，平等对话，互相尊重

C. 既合作又竞争，竞争与合作相统一

D. 互相学习，共同提高

答案：BCD

20. 对待领导，你持(　　)态度。

A. 愿意与之接触

B. 能不接触就不要接触

C. 尊重

D. 看是什么样的人，再决定是否与之接触

答案：AC

7.3.4 实训二：化茧成蝶

【活动目标】

让学生了解跨出学校校门后，要尽快适应从学生到职场人的转变。

【活动说明】

步骤 1：使用角色模型，将自己的名字写在中央，然后填上自己希望的角色，并记下自己对每一个角色的渴望和感受。

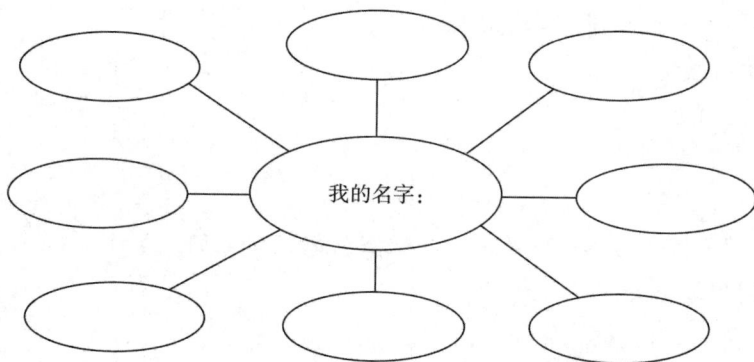

步骤 2：请列出一份备忘录，以便随时提醒自己在未来的职业生涯中可能会面临的艰难险阻，以及要如何克服。

可能面临的困难	如何克服困难

7.3.5 实训三：职场情景模拟(一)

一、剧情概要

某五星级涉外宾馆，一批实习生刚刚通过面试进入实习阶段。在校期间担任班干部的小丽被分配到前台做接待工作，其实习表现受到公司的赞赏。之后公司对实习岗位进行轮换调整，小丽被轮换到客房服务岗位。小丽不满意此岗位，向公司提建议，无果后情绪低落，实习表现不佳，最终未被公司录用。

二、情景模拟

第一幕 分配实习岗位

场景：会议室。

道具：会议桌、椅子、纸、笔等。

人物：小丽、宾馆人事专员、其他实习生3人。

内容：人事部门主管根据实习生面试表现分配实习岗位，包括前台接待、客房服务、办公室文员等。小丽被分到前台接待岗位。

第二幕 实习表现

场景：宾馆前后。

道具：桌子、电话等。

人物：小丽、宾馆客人2人(1中、1外)。

内容：小丽英语口语水平较高，表现出较好的接待礼仪。

第三幕 岗位调整会议

场景：会议室。

道具：会议桌、椅子、笔记本、笔等。

人物：人事部经理、人事部其他成员2人。

内容：人事部就实习情况开会。首先进行阶段总结，特别表扬小丽同学，并准备实习结束后正式录用，计划将其送往国外某国际著名酒店管理大学深造。随后，为了全面锻炼人才，人事部对下一阶段实习岗位进行调整，部分人员岗位轮换。小丽被轮换到客房服务岗位，主要负责整理房间、打扫卫生等工作。

第四幕 冲突

场景：会议室、人事部经理办公室。

道具：会议桌、椅子、纸、笔、桌子等。

人物：人员专员、小丽、其他实习生3人、人事经理。

内容：人事专员召集所有实习生开会，宣布岗位调整。小丽当场对客房服务岗位表示不满意，认为这个岗位不适合自己，不愿意去。会后，她马上找到人事经理，要求重新调整岗位，反应较强烈。经过种种努力无效后，小丽无奈地接受现实，但从此情绪一落千丈，严重影响了实习工作。

第五幕　实习结果

场景：会议室。

道具：会议桌、椅子、纸、笔等。

人物：小丽、宾馆人事专员、其他实习生3人。

内容：实习结束，人事专员宣布留用名单及岗位安排，小丽最终没有被留用。

三、学员讨论

学员首先按小组讨论，然后各小组派代表讨论。

四、点评分析

据调查，用人单位招聘应届毕业生有一定的规律：一是处于快速发展期的企业招聘应届毕业生的数量较大，二是规模较大的企业比较喜欢招聘应届毕业生，三是IT及先进制造业和金融、旅游宾馆等现代服务业更欢迎应届毕业生加入。所有这些企业聘用应届毕业生都有一个共同的特点，那就是他们为应届毕业生所提供的几乎都是基层岗位。由此可见，基层是最需要人才的地方。基层岗位数量多、发展空间大，是锻炼人才的大熔炉。许多大型企业表示，他们招聘大学生，最终是希望他们将来能够做到更高的管理层，但如果一个管理者对企业流水线的基本流程都不了解，企业是不可能放心把一个管理岗位交给他的。只有从最基层做起，了解企业的生产环节和运作模式，熟知并融入企业文化，对企业的情况全面掌握，才有可能做到管理岗位，才可能有更大的发展。所以高校毕业生应重视基层工作岗位，多参与实践，多积累经验，不断丰富自己的工作阅历。

7.3.6　实训四：职场情景模拟(二)

一、剧情概要

张强与陈立都是应届毕业生，两人同时进入一家大型企业。两人的起点一样，但是张强的工作原则是把工作做完就行，而陈立的工作原则是不仅要把工作做完，还要把工作做好。一年后，张强在工作考核中只得到合格，保留原职位，陈立却得到优秀，并被提职。

二、情景模拟

第一幕　拟定邀请函

场景：办公室。

道具：办公桌、椅子、电脑。

人物：张强、陈立、经理、同事。

内容：经理分别让张强和陈立拟一份发给客户的邀请函，他从中挑选一份。

张强的做法：上网搜索邀请函的书写格式，随意参考了一种格式，拟写了一份邀请函，拿给经理过目。经理认为邀请函的格式和措辞不符合公司的文化和以往的惯常写法，要求张强拿回去重新拟定。经过修改，张强重新拿给经理看，经理勉强接受。

陈立的做法：上网搜索邀请函的通用书写格式，同时向同事请教往年发给客户邀请函的模板。他发现邀请函虽然看起来简单，但也有很多讲究，公司历年发给客户的邀请函虽然大体差不多，但还是存在模式不一的两个版本。他不确定经理更喜欢哪种版本，于是他结合今年的情况，拟了两份邀请函交给经理过目。经理对陈立认真、主动的态度非常赞许，挑选了其中一份邀请函，并要求陈立和张强分别以电子邮件的形式发给不同的客户。

第二幕　发电子邮件

场景：办公室。

道具：办公桌、椅子、电脑、电话。

人物：张强、陈立、经理。

内容：

张强的做法：按照经理分配给他的客户名单，分别把邀请函通过电子邮件发给了客户。

陈立的做法：按照经理分配给他的客户名单，分别把邀请函通过电子邮件发给了客户。他在发送的同时设置了阅读回执。随后，他再一一给这些客户打电话，先告知客户公司即将举行某项活动，然后说自己已将邀请函发送到对方的邮箱，请对方查收。同时，他与客户确认了邮箱是否有变动。通过确认，有一个客户的邮箱有变动，于是陈立按新邮箱给该客户重新发了一遍。全部完成后，他再向经理汇报情况，并告知客户邮箱变动之事。

第三幕　筹备公司年终晚会

场景：办公室。

道具：办公桌、椅子、电脑、电话、纸、笔。

人物：张强、陈立、经理、同事若干人。

内容：公司每年年终都会举办一场晚会，晚会的重头戏是抽奖。经理把今年晚会的奖品准备工作交给了张强和陈立，要求二人3天内各准备一份奖品目录及预算表。

张强的做法：上网搜索了一些礼品网站，同时去大型超市转了转，寻找合适的奖品并了解价格行情。然后他制作了一份奖品目录及预算表交给了经理。

陈立的做法：首先找去年负责奖品采购的同事了解过去三年的奖品目录及预算，尽量让今年的奖品与过去几年尤其是去年的奖品不一样，显得有新意。然后，为了了解同事们都喜欢哪些奖品，使奖品尽量接近同事的期望，他做了一个简单的调查。同时，他搜索了一些礼品网站，又打听对比了各商家的价格行情。最后，他制作了一份奖品目录及预算表给经理，在每个等级上他都多加了一到两种奖品，以供经理选择。此外，他还注明了员工们对奖品的期望情况。

思考题

1. 什么是礼仪？在社交礼仪中，应遵循哪些原则？
2. 在面试时，应注意哪些方面的礼仪？
3. 自评一下自己的仪容礼仪和着装礼仪是否恰当，有哪些方面是需要调整和改善的。
4. 与同学一起，模拟职场应聘场景。

第 8 章
就业管理：清楚未来的去向

就业本身是一项系统工程，就业过程不仅是简单的投放简历、进行面试、获取录用通知书，还包括毕业手续的办理，如派遣、报到、户口、档案、改派等流程，而且涉及就业相关的各种政策规章和就业过程中对毕业生合法权益的保护。加强在校大学生就业权益教育，增强其就业权利意识，规避就业风险，是现代高校就业教育的一个重要课题。

大学生毕业之后便投入工作，这是情理之中的事，但是很多大学生对就业手续并不了解，户档没有在规定的时间内完成转接，走了很多弯路。本章将以湖北省为例，重点就户档知识、报到证改派及湖北省就业服务智能平台等几个方面进行讲解。

⏰ 知识要点

1. 户档知识及毕业手续的办理。
2. 湖北省高校就业智能服务平台的使用方法。
3. 就业风险规避与合法权益保护的方法。

⏰ 引导阅读

全情助力毕业生扬帆起航

——教育部实施"宏志助航计划"工作综述

经过短短 5 天的培训，南京工业大学应届毕业生韦圣宏不仅收获了知识，重建了信心，更重要的是，他通过校园"中央专项彩票公示益金宏志助航计划"(以下简称"宏志助航计划")专场招聘会求职成功，拿到了中建安装华西分公司的录用通知。

"十分欣喜和意外。"韦圣宏说，从迷茫到求职成功，自己在培训中心经历了精彩的小组教学、紧张的面试实战，收获了珍贵的友谊，这是一段非常难忘的经历。

2021 年 10 月，教育部印发通知，正式启动实施"宏志助航计划"，从全国遴选出 135 个就业能力培训基地，开通全国高校毕业生就业能力培训网络平台，线下线上结合，全力帮助毕业生更加充分更高质量就业。截至目前，已线下培训毕业生近 5 万人，线上注册学生 86 万余人，参训学生满意度达 97%，培训成效显著。

基地培训，助力毕业生走上求职快车道

2021 年秋季开学以来，南京林业大学应届毕业生王海云赶赴各类招聘会，多次参与笔试面试，然而一次次失败让王海云非常沮丧，"一度不想再继续求职"。

2021 年 12 月初，在辅导员的鼓励下，王海云报名学校举办的"宏志助航计划"培训。通过调适心态、发掘优势、利用人脉，王海云在南京林业大学基地举办的"宏志助航，人才报国"空中双选会上受到了常州药明合联生物技术有限公司的青睐，成功入职。

2022 届高校毕业生达 1076 万，再创历史新高。新冠肺炎疫情影响尚未结束，毕业生求职过程依然面临重重困难，而受家庭背景、生活经历、个人能力等因素影响，部分高校毕业生存在信心不足、竞争力较弱等问题。

"在这个特殊的时点，针对就业困难毕业生这一特殊的群体，'宏志助航计划'是一场促进就业的'及时雨'。"南京林业大学就业创业指导中心主任刘子超说。

2022 届毕业生秋招开始后，"宏志助航计划"培训全程采用体验式教学模式，培训内容包括自我认知、职业探索、简历制作、面试指导等 10 个主题，覆盖大学生从求职准备到签约就业全过程，旨在通过 5 天的强化训练，帮助参训学生增强求职信心、提升就业竞争力。

各地各高校也积极响应，多措并举促就业。重庆市教委统筹安排，按照每个基地对接 10 所左右临近高校的原则，确保全市每一所高校就业困难毕业生都有接受培训的机会；加大帮扶力度，在教育部下达计划的基础上，自筹资金增加 1400 个培训名额，目前资金和工作安排均已到位。

南京林业大学基地联合南京大学、南京理工大学、南京邮电大学等 12 所高校举办"宏志助航，人才报国"空中双选会，让学生边培训边求职，各高校也可对学员进行精准推送，确保学员训有所成，有业可就。

2022 年 1 月 17 日以来，天津师范大学基地培训了天津 26 所高校的 230 名应届毕业生；联系各行业约 800 家头部企业，为参训学生举办了"宏志助航计划"专场招聘会，邀请 116 家优质用人单位参与，提供优质岗位 7388 个，确保参训学生高质量就业。

名师金课，提升毕业生就业竞争力

由于在校期间没有正式的实习经历，中国地质大学(武汉)资源勘查工程专业应届毕业生于亮，在参加秋招时发现个人能力与岗位要求匹配度较低，简历投递后就石沉大海。在辅导员的推荐下，她参加了中国地质大学(武汉)基地的第一期"宏志助航计划"培训。

在了解就业形势和政策后，于亮坚定了西部就业的信念；小组内互改简历、模拟面试大大提高了她的求职能力。培训结束后，她聚焦专业适岗，不断磨炼应聘技巧，终于在年前收到了国家能源集团新疆能源公司采矿工程师的录用通知。

"过去对就业困难毕业生的帮扶更多的是发放求职补贴、提供岗位信息等，现在'宏志助航计划'在经济援助和岗位支持的基础上，重点向提升毕业生就业能力转变，与就业育人结合，通过培训提升能力，引导毕业生勇于面对困难，迎接挑战，坚定主动求职就业的自信心。"中国地质大学(武汉)基地负责人、学生就业指导处处长严嘉说。

在基地面对面培训的基础上，教育部从地方、高校、企业广泛征集优质课程资源，开通了全国高校毕业生就业能力培训网络平台，为有就业需求的在校生提供不同专题的网络培训课程，包括就业政策、城市推介、行业解读、职业分析等。目前网络平台已上线150门课程，视频数量超过2000个。

自2021年11月20日起，中国地质大学(武汉)基地已经面向武汉市5所高校、450余名毕业生开展了三期线下集中培训，实践了周末班、基地教学、送教上门等多种培训方式，高质量地完成了培训任务。

中南大学基地优选高校、用人单位人力资源负责人等专家34人，组建强有力的师资团队；组织授课教师召开备课会，打磨授课内容，打造就业"金课"；为国防科技大学、湖南农业大学等提供送服务上门活动，提供"定制化套餐"。

兰州职业技术学院基地扩大培训规模，培训本校及甘肃交通职业技术学院毕业生315人，在教学大纲的基础上增加了思政教育主题、企业家讲座主题以及模拟面试环节，以激发学生就业培训热情，为参训学生答疑解惑，让学生感受真实的面试氛围。

专项帮扶，确保毕业生实现高质量就业

近日，在天津应对奥密克戎新型变异毒株的集体战役中，"宏志助航计划"培训班克服种种困难在线上如期举行。

"足不出户就能参加招聘会、双选会，随时得到培训老师的专业指导和精准帮扶，'宏志助航计划'给我们应届毕业生们吃了一颗定心丸。"南开大学硕士毕业生陈佳丽说，自己致力于基层就业，未来将努力成为一名让党和人民满意的基层工作者。

教育部高校学生司相关负责人介绍，在财政部大力支持下，教育部于2021年首次启动"宏志助航计划"，通过开展线上线下就业能力培训，帮助高校毕业生增强信心、提升综合素质和就业能力，该计划作为"2022届全国普通高校毕业生就业创业促进行动"的重要举措，已在全国范围开展。"十四五"期间，将组织线下培训50万人、线上培训200万人左右。

截至2021年12月底，各培训基地累计线下培训学生近5万人，线上平台注册学生

86 万余人。各地各培训基地同步组织"宏志助航计划"专场招聘活动 400 余场，为参训大学生提供就业岗位近 80 万个。

（资料来源：http://www.moe.gov.cn/jyb_xwfb/s5147/202201/t20220127_596570.html）

8.1　就业派遣及户档托管

从传统理念来说，就业派遣只是报到证的打印和签发。但随着高等教育大众化以及高校毕业生就业市场化，就业派遣的内涵除了报到证的打印和签发之外，还包括对就业政策的理解、对就业信息的收集和报送、对毕业生的就业指导、对就业率的统计等。户档托管是指大学生毕业后户口和档案的存放。

8.1.1　就业派遣

1. 就业协议书的含义

就业协议书是明确毕业生、用人单位和高校三者在毕业生就业工作中权利和义务的书面表现形式，又称三方协议。就业协议书一般由教育部或各省、市、自治区就业主管部门统一编制。作为学校派遣计划依据的就业协议书由学校发放，毕业生签字，用人单位盖章，毕业生本人保存一份作为办理报到、接转行政和户口关系的依据。

2. 就业协议书的内容

(1) 毕业生基本情况及意见。主要内容包括用人毕业生的姓名、性别、年龄、民族、政治面貌、培养方式、健康状态、专业、学制、学历、家庭住址、应聘意见等。

(2) 用人单位情况及意见。主要内容包括用人单位名称、单位隶属、联系人、联系电话、邮政编码、通信地址、所有制性质、单位性质、档案转寄地址、用人单位意见、用人单位上级主管部门意见等。

(3) 学校意见。主要内容包括学校联系人、联系电话、邮政编码、学校通信地址、院系意见、学校毕业生就业部门意见等。

3. 就业协议书的签订

就业协议书的签订是毕业生与用人单位供需见面、"双向选择"之后达成一致意见的结果。签订就业协议书的程序一般为：

(1) 毕业生本人在协议书上以文字形式，明确表达自己同意到选定用人单位应聘工作的意愿，同时签署本人姓名。

(2) 用人单位人事部门负责人代表用人单位签署同意接受该毕业生的文字意见，并签字盖章。该用人单位没有人事决定权的，则还需要报送其上级主管部门签字盖章，予以批准认可。

(3) 毕业生所在院系和学校主管部门签署意见并签字盖章。现行的就业协议书一式四份。协议签订后，一份由毕业生本人保存；两份交学校就业主管部门，一份作为就业派遣的依据，另一份用来办理毕业生的离校手续；一份交给用人单位，作为接受毕业生就业的凭证，并以此做好相应的人事及其他安排工作。网签协议书由用人单位和毕业生线上签订，学校鉴证通过后其效力与纸质协议书相同。

4. 就业协议书的违约责任

就业协议书一经毕业生、用人单位、学校签署即具有法律效力，任何一方不得擅自解除，否则违约方应向权利受损方支付协议条款所规定的违约金。从历年情况来看，多为毕业生违约。

毕业生违约，除造成本人承担违约责任，支付违约金这一影响外，往往还会造成其他不良的后果，主要表现为：

(1) 就用人单位而言，他们往往会为录用毕业生做大量的准备工作，有的甚至对毕业生将要从事的具体工作有所安排。同时，毕业生就业工作时间相对比较集中，一旦毕业生因某种原因违约，势必使用人单位的录用工作徒劳一场，用人单位若重新着手选择其他毕业生，在时间上也不允许，从而使用人单位的招聘工作变得被动。

(2) 就学校而言，用人单位往往将毕业生违约行为归为学校的责任，从而影响学校和用人单位的长远合作。用人单位由于毕业生存在违约现象，而对学校的推荐工作表示怀疑。从历年情况来看，一旦毕业生违约，则受损的用人单位在几年之内都不愿到学校再挑选毕业生。面对激烈的就业竞争，用人单位的需求是毕业生择业成功的前提。如果用人单位不愿与学校再合作，必定会影响学校以后的毕业生就业，同时影响学校就业计划方案的制订和上报，使学校的正常派遣工作无法顺利开展。

(3) 就其他毕业生而言，用人单位到学校挑选毕业生的名额是有限的，一旦与某毕业生签订就业协议书，其他学生便丧失了到此用人单位工作的机会。若日后签约的学生违约，有些当初想到该用人单位工作的其他毕业生由于录用时间等原因，也无法补缺，造成就业信息的浪费，影响其他毕业生就业。

因此，毕业生在就业过程应慎重选择，认真履约。

8.1.2　应届毕业生的户口和档案

近年来，在紧张的就业过程中，很多高校毕业生在刚刚毕业的一两年内就丢了自己的人事档案、户口。这里先说说干部身份对于毕业生而言有什么作用。在我国，各行各业都会有职称评定，而且任何单位都希望那些有职称的人来工作，就算你工作的单位没有职称评定这一说，如果是高级工程师，你赚的钱也绝对比别人多。在这里，我们简单说一说毕业生户档的一些问题，希望可以帮助高校毕业生。

1. 户口

户口是我国特有的一种户籍制度。

(1) 户口有什么作用？

办理"三险一金"(养老保险、医疗保险、失业保险，住房公积金)，办理结婚、身份证遗失、未婚证明、失业证明，等等。

(2) 毕业生如何办理户口迁移证？

入学时户口迁到学校的需要迁移户口的毕业生到学校保卫处登记户口迁出地址，由保卫处办理户口迁移证。入学时户口未迁到学校的需要迁移户口的毕业生，毕业后凭就业报到证和用人单位主管部门的接收证明，便可将户口由原籍迁至工作单位所在地。

一般来讲，毕业生户口有三个去向：有户籍管理条件的工作单位(如政府部门、高等学校)、就业地的人才交流中心、代理托管挂靠。

如果工作单位可以接管户口最好，当然也要自己主动去办理这方面的手续；对于不能接管户口的工作单位，通常大多数毕业生都会选择放到当地的人才交流中心。

(3) 毕业生的档案和户口是否可以分开？

一般情况下，毕业生的档案和户口不能分开。但以下特殊情况可以分开：到非生源地工作的毕业生，由于个人原因，需要把户口迁回生源地的，经用人单位和生源地户口管理部门同意，其户口可以迁回生源地；在同一个城市户口挂靠到亲戚朋友家的，必须到接收单位(人才市场)和挂靠户口所在地的派出所两者同意后，方可迁到亲戚朋友家。

还有就是代理托管挂靠户口。放到公司集体户口有诸多好处：首先，公司的集体户口是所在城市常住户口，享受与所在城市同等待遇，如买限价房等；其次，这个户口没有限期，是永久性的；最后，可以户档分离，户口档案可以分开提取，方便使用。

2. 档案

按照国家规定，个人不能接触自己的档案，档案的发送必须使用国家"机要"文件的发送方式，属于国家秘密。所以说，档案是一件很严肃的东西，它是一个人生平的写照，读书的情况、工作的情况、党组织关系的一些情况都会在档案里以文件的形式保存，直到此人去世。

从原则上来讲，档案分为三种：学籍档案、人事档案和党团员档案。学籍档案记录一个人的读书生涯，记载着他何年何月在哪里读书，受过何等处分或表扬，一些测评表格、成绩单等，归教育局管理。人事档案则是在学籍档案中加入了派遣证、履历表、转正定级材料、婚姻变更材料、出国材料、劳动合同等，归人事局管理。党团员档案则是党团员身份的组织认定材料，十分重要。

(1) 什么是毕业生档案，档案有什么作用？

毕业生档案是学生毕业前家庭情况、学习成绩、政治思想表现、身体状况等情况的文字记载材料，是用人单位选拔、聘用毕业生的重要依据。用人单位往往根据毕业生的人事档案中反映的德、能、才以及专业特长，将其安排到适合的工作岗位。因此，学生毕业后，其档案能否准确、及时、安全地送到用人单位手中是非常重要的。

(2) 毕业生档案内一般包括哪些材料？

毕业生档案内一般包括高校毕业生登记表，记录学生在校期间所学全部课程及实验、实习设计、劳动等成绩的学习成绩表，在校期间的一切奖惩材料，入团、入党志愿书，毕业离校前的体检表，毕业生报到通知书(白色就业报到证副本)。

毕业生落实档案去向的同时应向用人单位或人才交流中心负责档案的同志确认档案袋内材料是否齐全，如有错漏及时与学校档案室联系。

(3) 毕业后档案去向哪里，如何转寄？

毕业生毕业后的档案去向有以下几种情况：①在国企、事业、公务员单位落实就业的，档案直接寄送到单位的人事部门，在其他性质单位就业并在人才市场或人才交流中心办理了挂靠的，档案寄送到相关的人才市场或人才交流中心。②申请出国的毕业生档案寄送到生源地人事局。③考研、专升本的毕业生档案寄送到录取学校。④拿着就业报到证回生源地人事局报到的，毕业生档案寄送到当地人事局。

3. 升学的高校毕业生的档案及户口的处理

对于升学的高校毕业生，其所考取的学校同意接收其档案及户口的，毕业生可凭录取通知书到所毕业学校转寄档案及户口关系。

毕业生在办理改派手续时需提供以下材料：

(1) 毕业生原来的就业报到证。

(2) 原接收单位的退函，用人单位应在退函上说明毕业生改派的原因。原接收单位是指签发在就业报到证上的，毕业生应去报到的单位，包括用人单位和各省(自治区、直辖市)、市毕业生就业主管部门。

(3) 同就业单位新签订的就业协议书。毕业生在办理改派手续后，可持重新办理就业报到证办理档案关系及户口，将档案及户口转到改派地。档案在个人手中存放的时间不得超过1年，如超过时限会给报考公务员或到国有企业、事业单位就业带来诸多麻烦。

8.1.3　毕业生户档、就业报到证改派流程

毕业生户口档案相关手续如图8-1所示。就业报到证重签流程如图8-2所示。

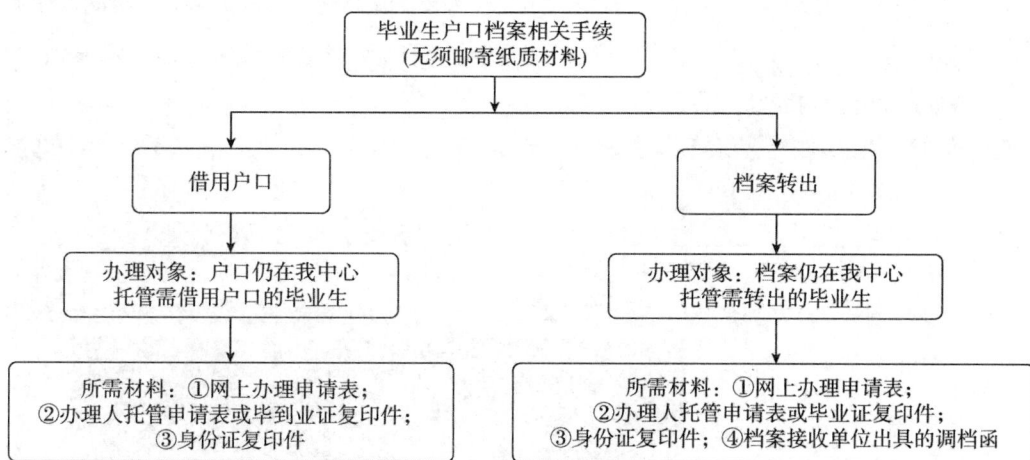

图 8-1　毕业生户口档案相关手续

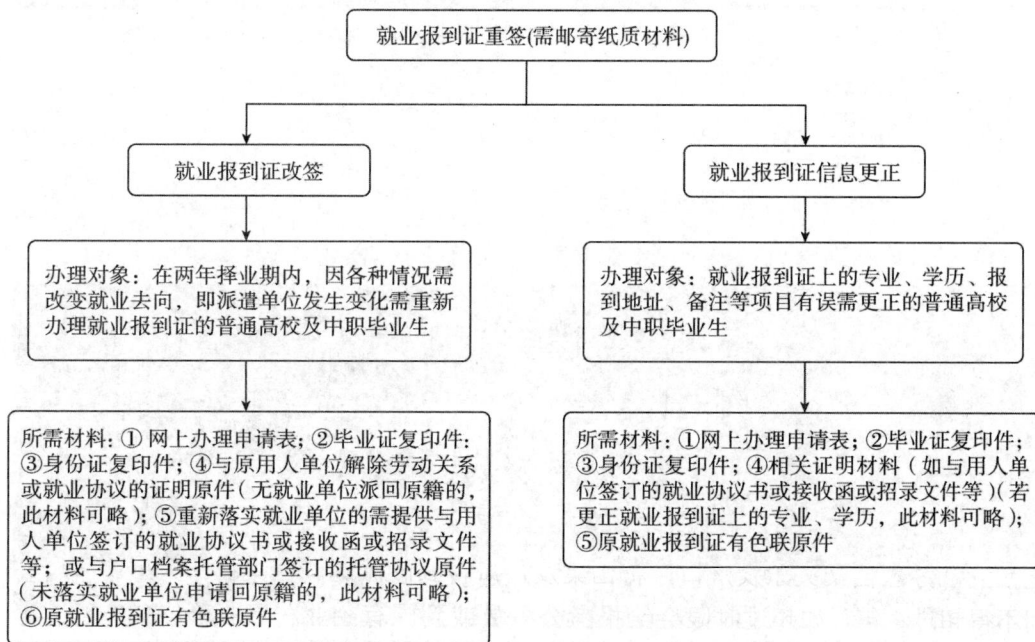

图 8-2　就业报到证重签流程

8.2　就业管理系统

以湖北省高等学校毕业生为例，就业与服务工作统一使用的是"湖北高校就业网络联盟"平台(https://www.91wllm.com/)，毕业生可以切换到自己的学校，如图 8-3 所示。本章节将详细讲解该平台的操作方法，帮助毕业生科学择业，顺利就业。

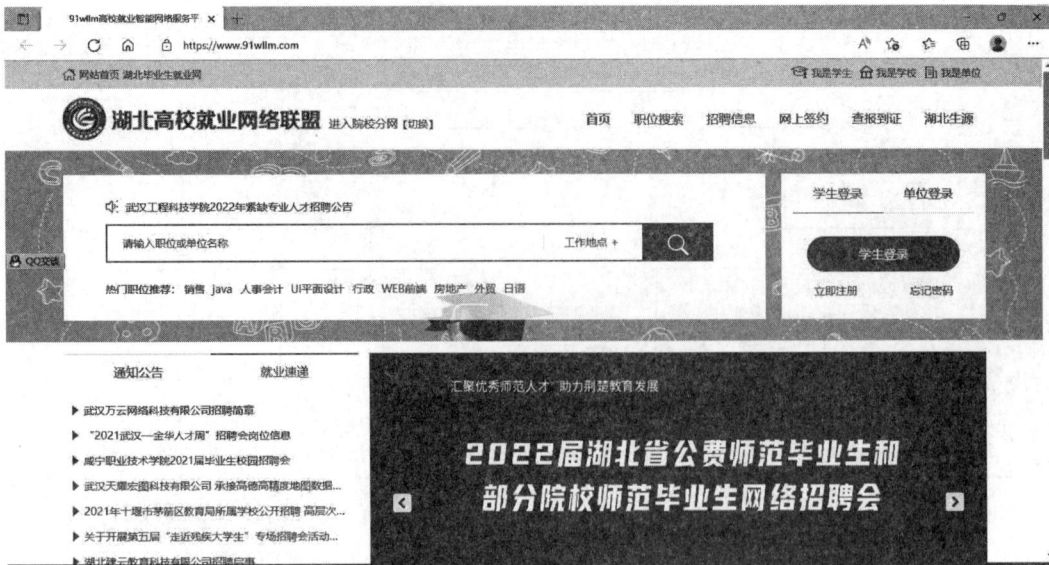

图 8-3　湖北高校就业网络联盟

8.2.1　学生注册

初次登录学校的就业网时需要进行注册，注册流程如下。

(1) 打开就业网首页，单击"学生登录"，如图 8-4 所示。

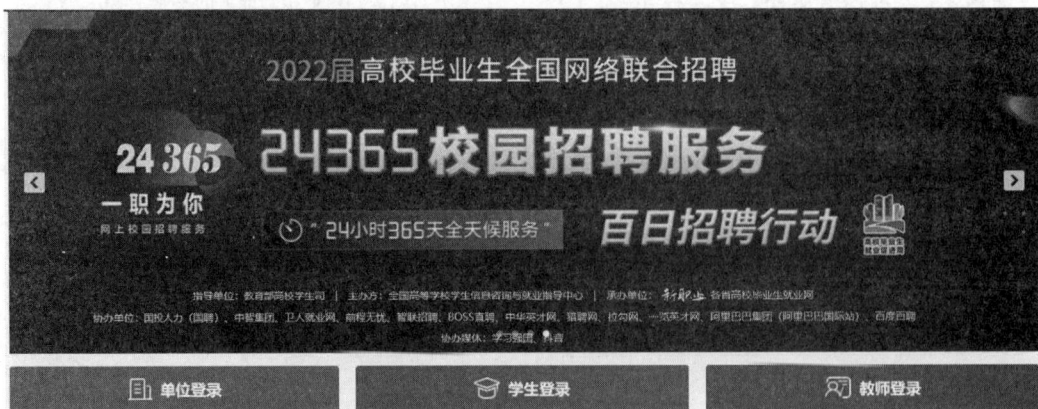

图 8-4　打开就业网首页

(2) 打开学生登录详情页面，单击"立即注册"，如图 8-5 所示。

图 8-5　学生登录详情页面

(3) 打开注册详情页面，按照"注册须知"进行填写，输入学号、姓名、验证码，然后单击"下一步"，如图 8-6 所示。

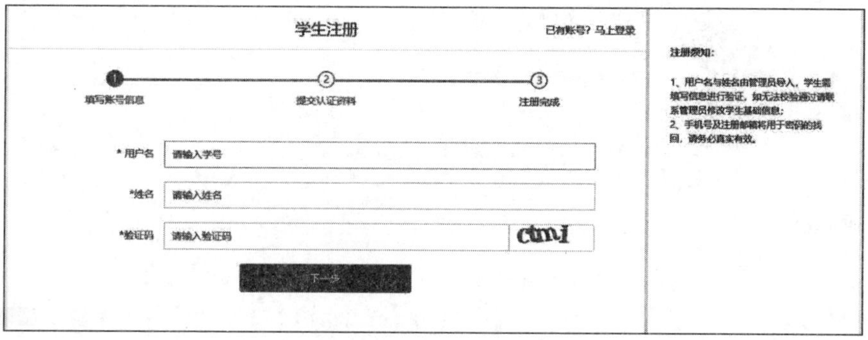

图 8-6　输入注册信息

(4) 设置密码，输入手机、电子邮箱等信息，如图 8-7 所示。

注意：就业系统的通知通过注册邮箱和手机号进行通知，要保证注册信息准确。如果信息有变，登录后可在"个人中心"的"基本信息"中修改。

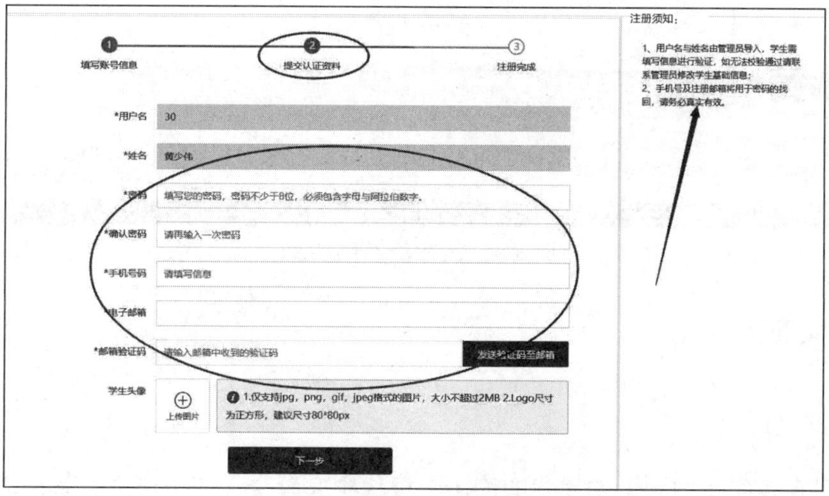

图 8-7　完善注册信息

(5) 填写完成，信息提交后，即可注册成功，学生可以使用学号和密码登录系统。如果注册时系统提示学号或姓名不存在，请检查是否填写有误，若确认无误后还是不能注册，请联系管理员导入学生数据后再注册。

8.2.2 学生登录

登录系统的操作步骤如下。

(1) 打开就业信息网首页，单击"学生登录"链接。

(2) 在学生登录页面中输入自己的学号、密码及验证码，然后单击"登录"，登录成功后的页面如图 8-8 所示。

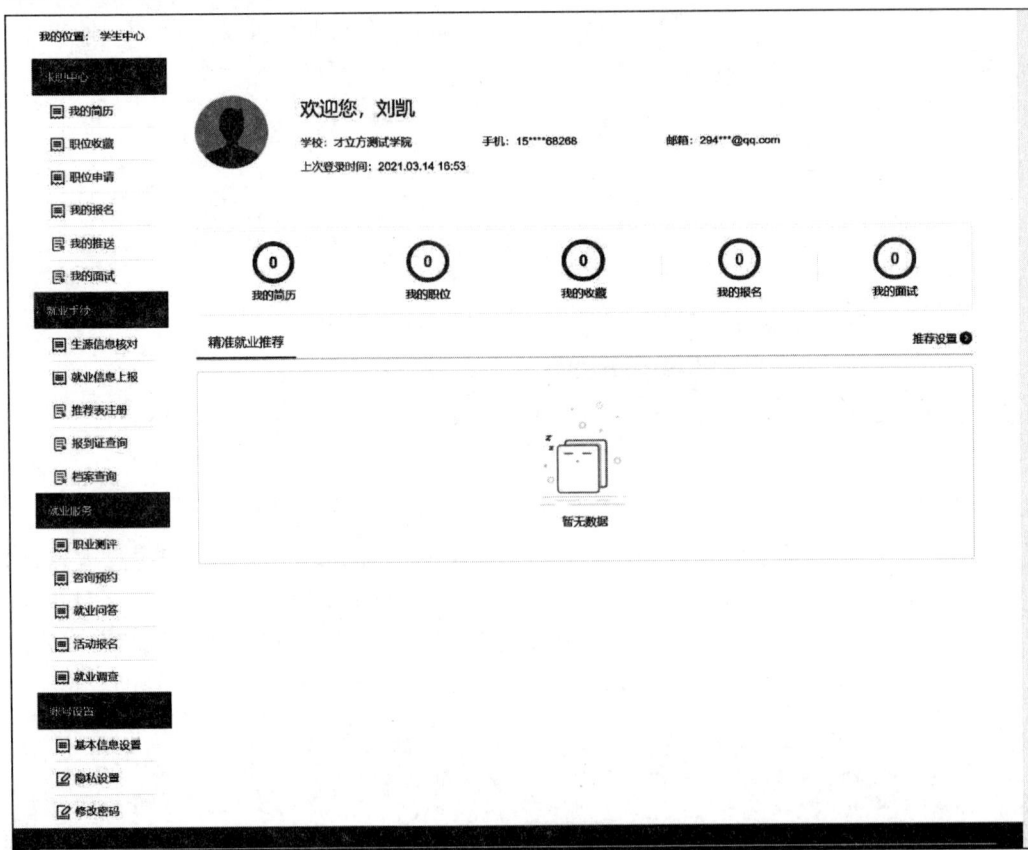

图 8-8 登录就业管理系统

8.2.3 求职中心

1. 我的简历

学生可在【学生中心】的【我的简历】模块中完善个人简历信息。系统简历分为中文简历、英文简历、附件简历三种，学生可选择一种设为默认投递简历，默认投递简历完整度需达到 60%才可进行在线投递，如图 8-9 所示。

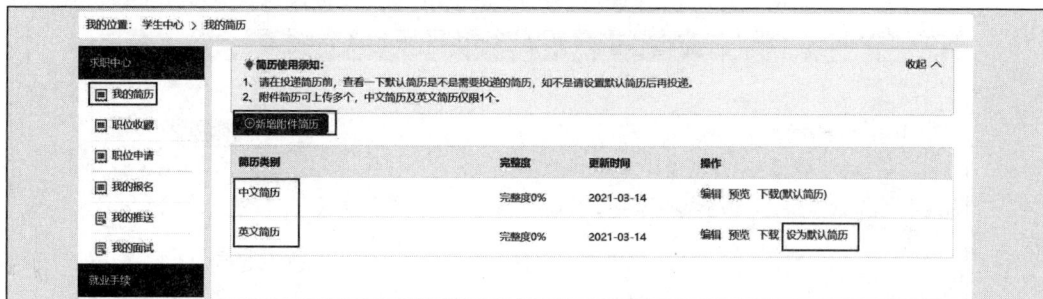

图 8-9　我的简历

2. 职位收藏

学生可对心仪职位进行收藏，收藏之后可在【学生中心】的【职位收藏】中查看并投递个人简历，如图 8-10 所示。

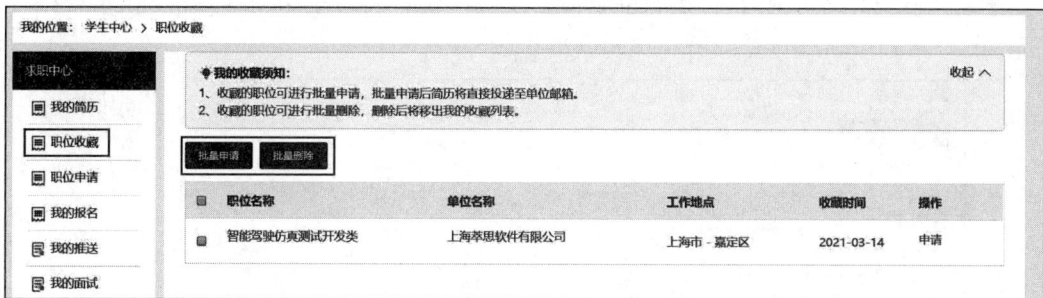

图 8-10　职位收藏

学生可在电脑或手机端查看职位信息，进行职位收藏，如图 8-11 所示。

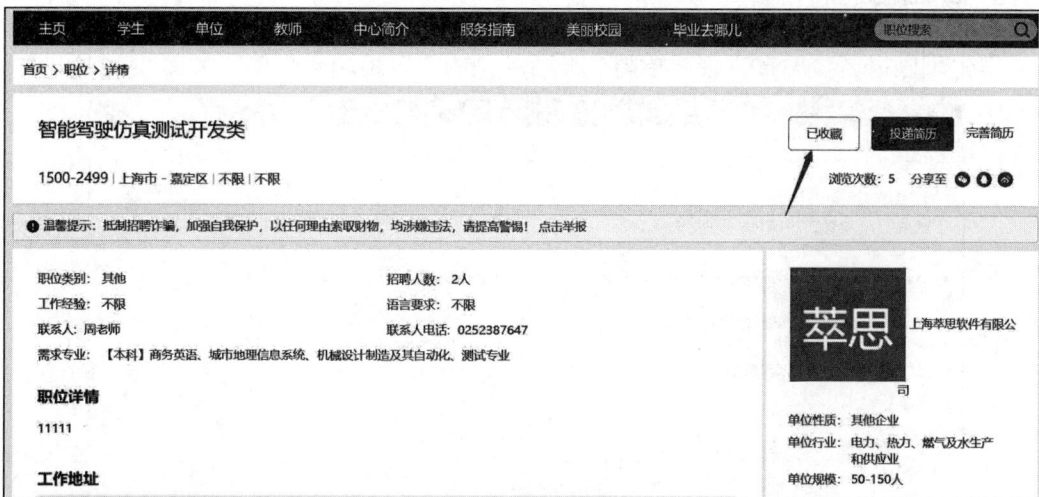

图 8-11　职位收藏

3. 职位申请

学生在浏览学校就业信息时，若看到中意的职位，可以一键投递简历，如图 8-12 所示。

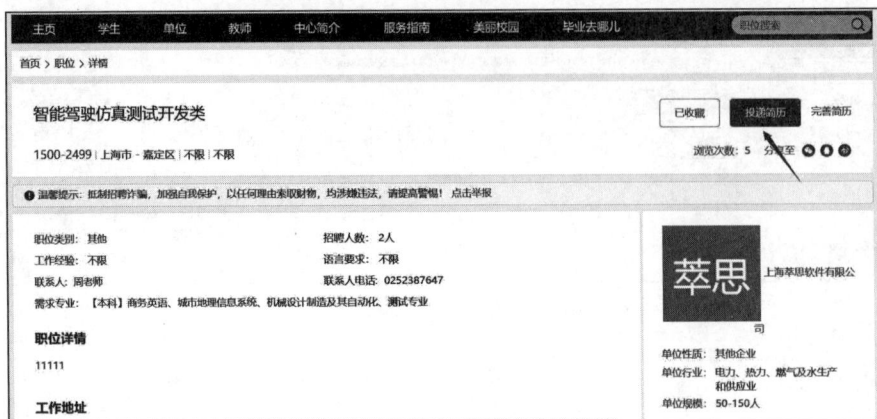

图 8-12　投递简历

学生可在【学生中心】的【职位申请】模块中查看简历投递的详细情况，如图 8-13 所示。

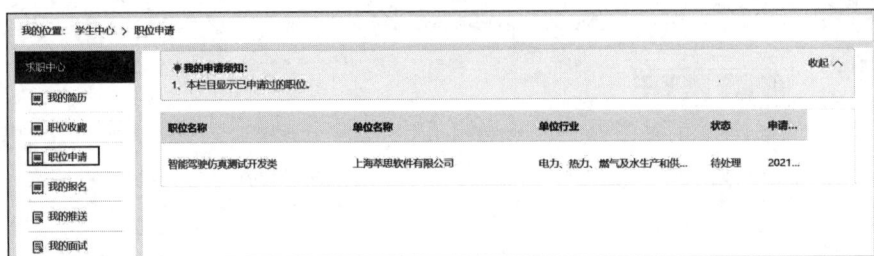

图 8-13　查看职位申请

4. 我的报名

学生可以报名参加宣讲会、招聘会、活动预约，以招聘会为例，如图 8-14 所示。

图 8-14　招聘会预约报名

预约成功后，学生可在【学生中心】的【我的报名】模块中查看已报名的活动，如图 8-15 所示，也可以在我的报名页面下载入场券或取消报名。

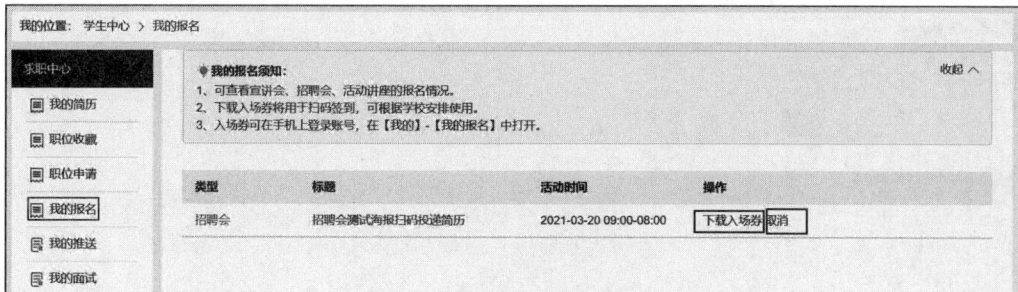

图 8-15　查看我的报名情况

5. 我的面试

简历投递成功后，用人单位查看学生的简历，可对意向学生发起面试邀请。用人单位发起面试后，学生会收到短信与邮件提醒，同时，在【学生中心】的【我的面试】模块中也可以查看，如图 8-16 所示。

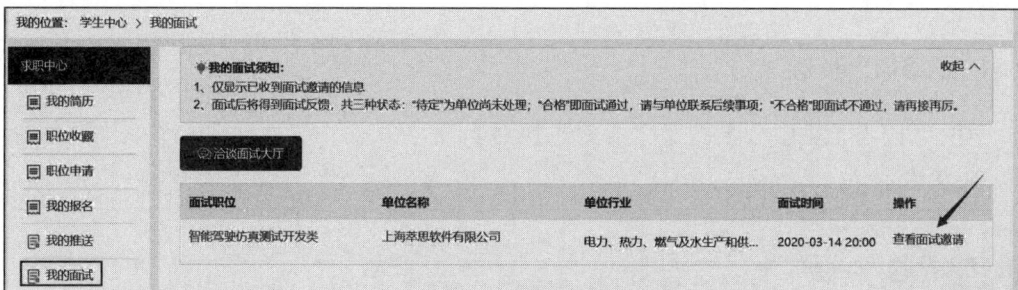

图 8-16　查看面试邀请

单击"查看面试邀请"，可以查看面试详情，如图 8-17 所示。

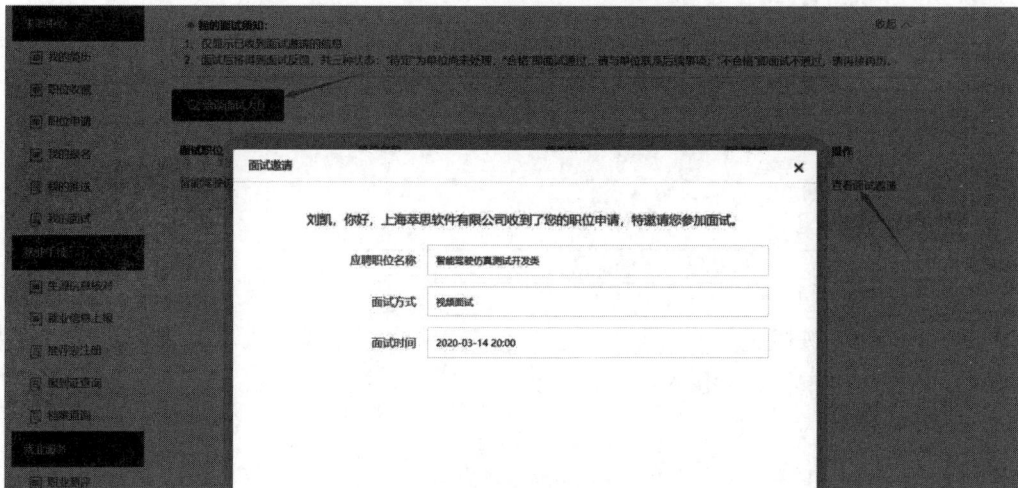

图 8-17　查看面试详情

单击"洽谈大厅"可以进入"面试大厅",可以和单位洽谈或面试,如图 8-18 所示。

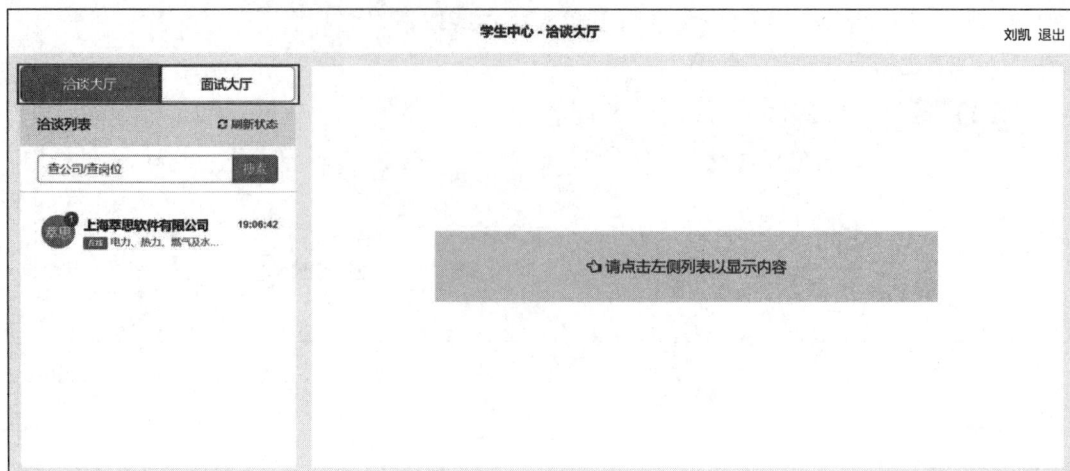

图 8-18　面试大厅

8.2.4　就业手续

1. 生源信息核对

学生可在【学生中心】的【生源信息核对】模块中在线核对、完善个人生源信息,如图 8-19 所示。

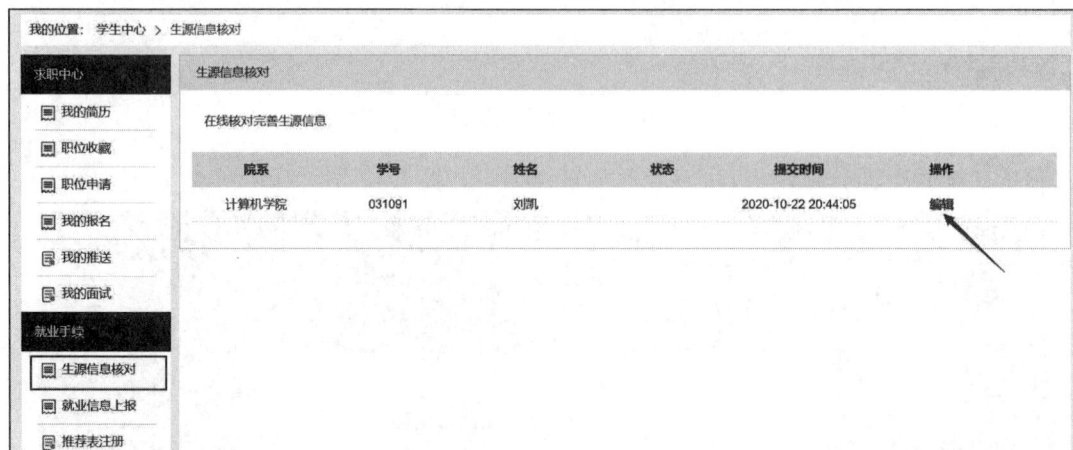

图 8-19　生源信息核对

单击"编辑"按钮进入核对页面,在详情页面核对完信息后单击"保存并送审"按钮,等待学校老师审核,如图 8-20 所示。

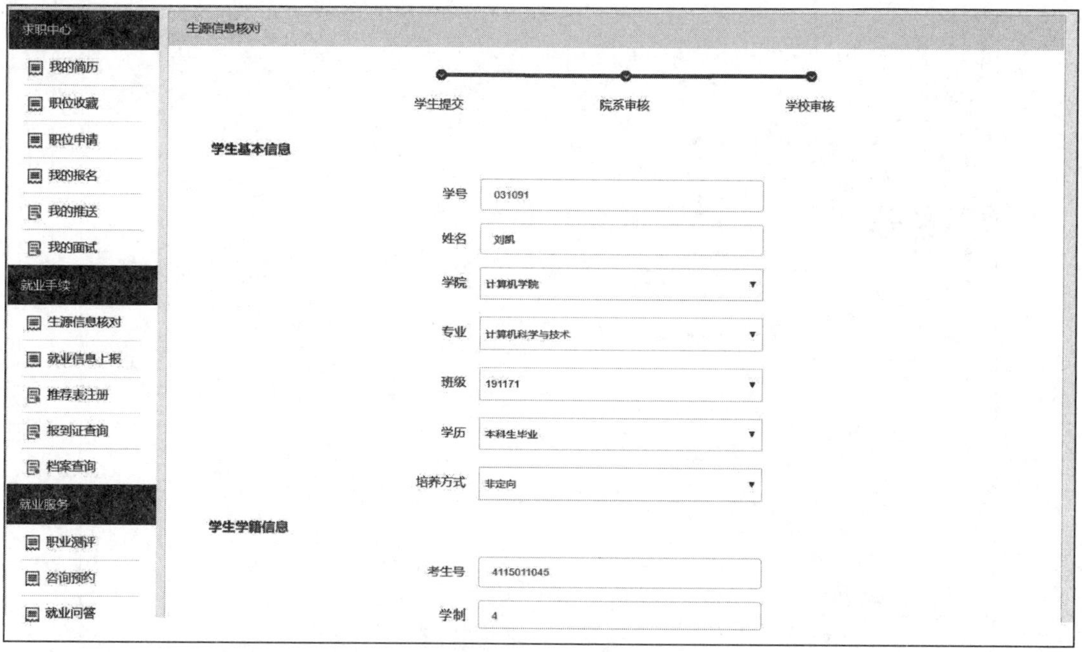

图 8-20 保存并送审

2. 推荐表注册

学生可在【学生中心】的【推荐表注册】模块中制作推荐表，如图 8-21 所示。

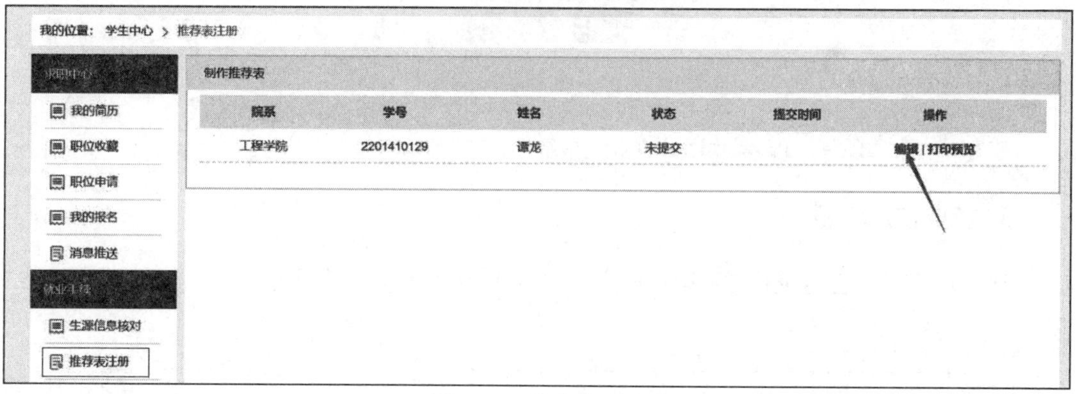

图 8-21 推荐表注册

单击"编辑"按钮，进入推荐表详情页面，如图 8-22 所示。

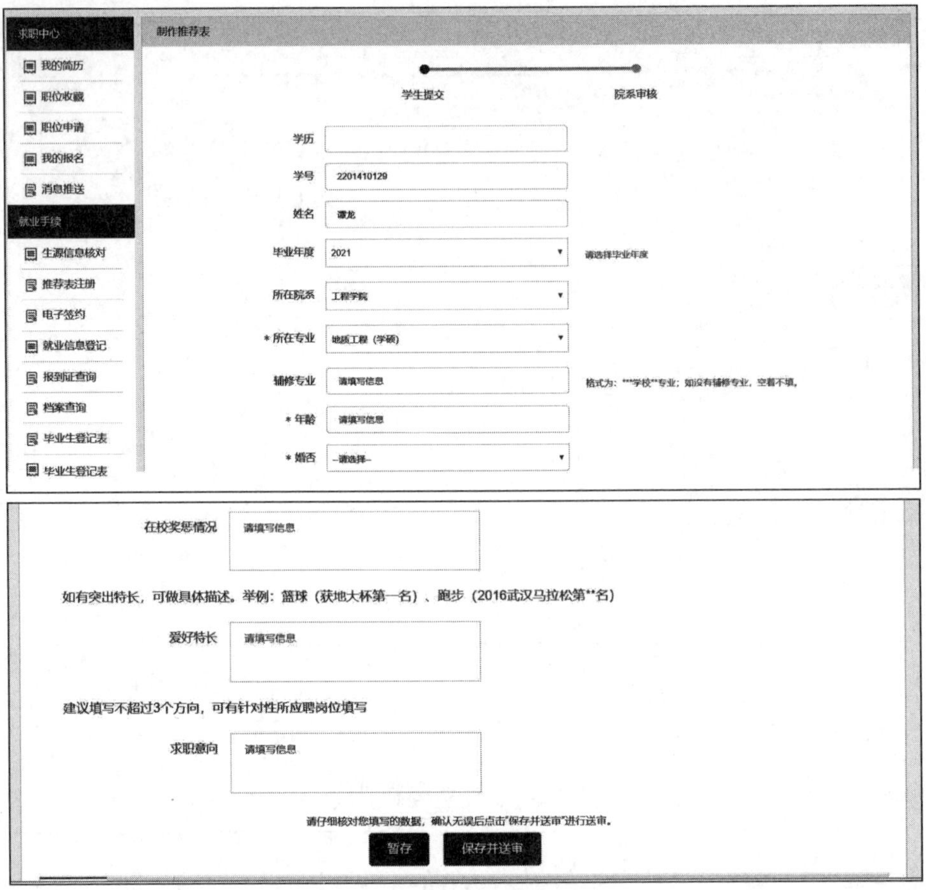

图 8-22　推荐表详情页面

填写完成，单击"保存并送审"按钮提交送审即可。

3. 就业信息上报

学生可在【学生中心】的【就业信息上报】模块中提交个人的派遣信息，如图 8-23 所示。

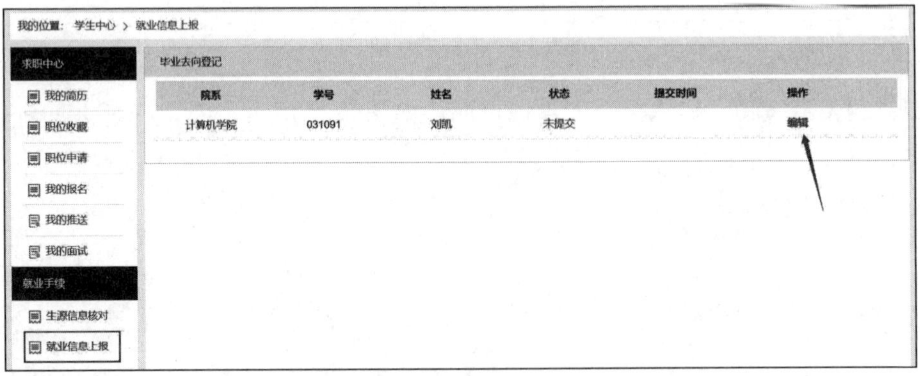

图 8-23　就业信息上报

单击"编辑"按钮进入就业信息上报详情页面，如图 8-24 所示。

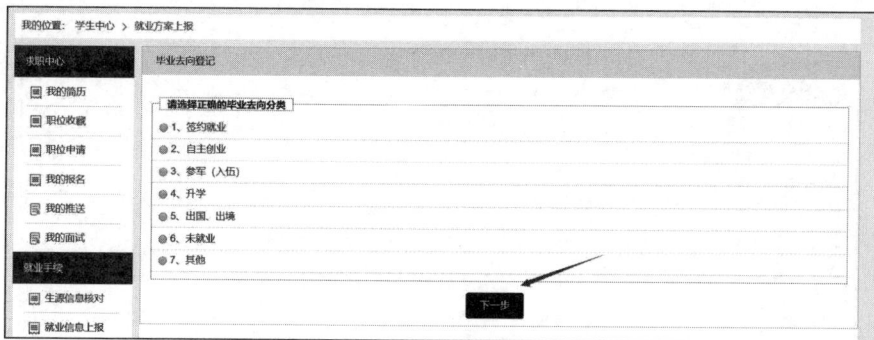

图 8-24　就业信息上报详情页面

在就业信息上报详情页面中单击"下一步"按钮，可以选择毕业去向登记分类，如图 8-25 所示。

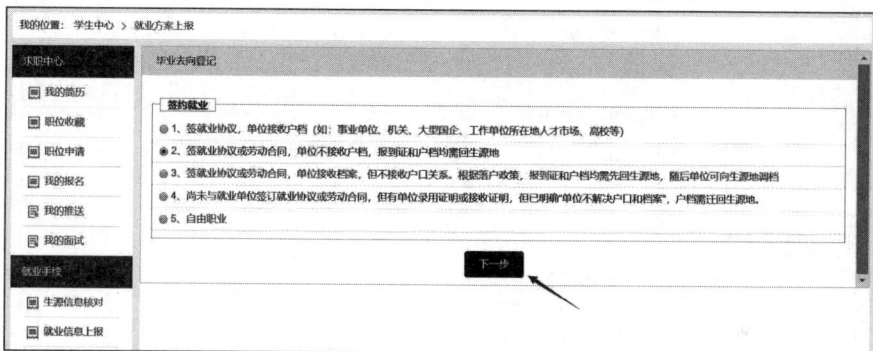

图 8-25　毕业去向登记

按照档案接收方式，选择正确的毕业去向分支，单击"下一步"按钮，进入具体信息填报页面，如图 8-26 所示。

图 8-26　填写毕业去向登记信息

图 8-26(续)

按照系统引导，完成填报，单击"保存并送审"按钮提交学校审核。

4. 报到证或档案查询

报到证打印成功，档案派遣之后，学校可以将报到证信息和档案信息导入【报到证查询】与【档案查询】模块，学生在【学生中心】选择【报到证查询】或者【档案查询】模块，输入个人信息，即可查询，如图 8-27 所示。

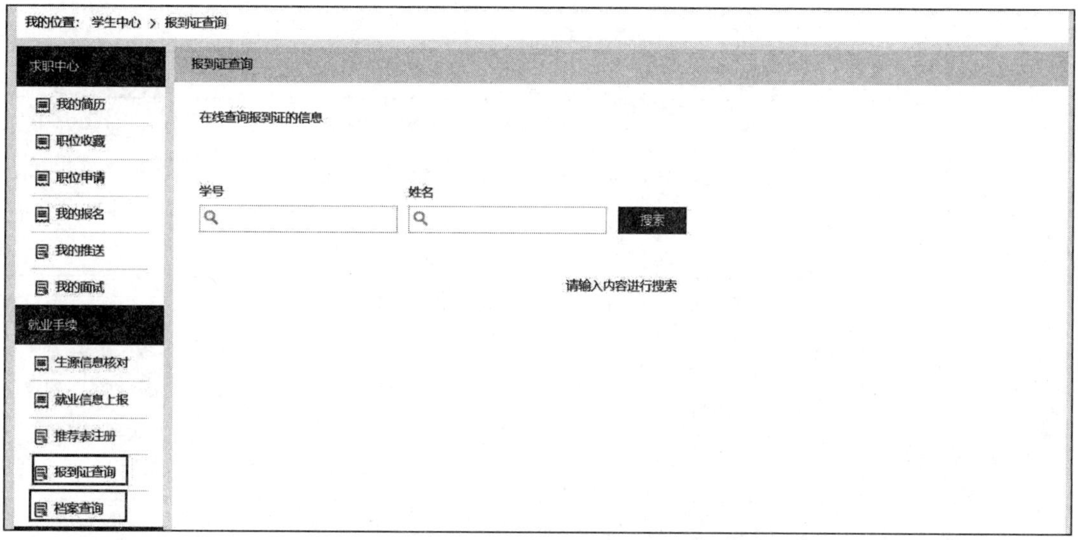

图 8-27　报到证查询和档案查询

8.3　协议签订注意事项与权益维护

有关大学生在社会中权益受损的事件可以说是屡见不鲜，为什么会出现这种事件呢？原因有很多，其中，既有社会的因素，也有大学生自己的因素。

所以作为一名大学生，我们首先要做的是增强自我保护意识和维权意识，毕竟是人要适应社会的，而不是社会来适应人，所以大学生要在思想上增强维权意识，并在现实行动中切实维护自己的合法权益。

8.3.1　毕业生就业去向类型

目前毕业生就业去向类型如表 8-1 所示。

表 8-1　毕业生就业去向类型

就业去向类型	就业方式	备注
协议就业	网签	通过湖北高校毕业生就业信息网签订电子协议书
	三方协议	通过签署纸质就业协议书
其他就业去向	劳动合同就业	毕业生与用人单位签订劳动合同的就业形式
	其他录用形式就业	不签订就业协议和合同，用人单位仅提供聘用证明
	升学	升学包括专升本(专科毕业生升本)和升学(本科生考取硕士研究生以及硕士研究生考取博士研究生)
	出国(境)	包括出国(境)工作和出国(境)学习

(续表)

就业去向类型	就业方式	备注
其他就业去向	自主创业	自主创业(实体)包括创立公司(含个体工商户)或孵化器中暂未注册或注册当中的企业开展主营业务,并有固定经营场所;电子商务创业,利用互联网平台从事经营活动,如开设网店等
	应征义务兵	应征义务兵(非士官)
	基层项目	毕业生参加"三支一扶"(支教、支医、支农和扶贫)项目、社区服务计划、大学生志愿服务西部计划项目、选聘优秀毕业生到村任职等就业主管部门认可的基层项目
	自由职业	以个体劳动为主的一类职业,如作家、职业撰稿人、翻译工作者、中介服务工作者、艺术工作者等
	科研助理	科研机构和企业在所承担的科技重大专项、973计划、863计划、科技支撑计划项目以及国家自然科学基金的重大重点项目实施过程中,聘用高校毕业生作为研究助理或辅助人员参与研究工作,并与其签订服务协议,给予劳务费用和有关社会保险费补助

8.3.2 就业协议和劳动合同等知识

1. 协议就业

在就业管理工作中,把毕业生以签订就业协议的方式实现就业的行为称为协议就业。普通高校毕业生和用人单位在正式确立劳动人事关系前,经"双向选择",在规定期限内确立就业关系、明确双方权利和义务,并通过各省市高校毕业生就业信息网(俗称"网签")或通过签署纸质就业协议书。该协议书是用人单位确认毕业生相关信息是否真实以及接收毕业生的重要凭据,也是高校和就业管理机构进行毕业生就业管理、编制就业方案以及毕业生办理就业落户手续等有关事项的重要依据。

协议就业包括网签和就业协议书两种就业形式。

(1) 网签的优势如下。

① 电子协议签约方便。

② 节省学生的花费和时间。

③ 不用担心协议丢失和补办困难。

④ 网上解约再签约,实效快。

(2) 签订协议注意事项如下。

① 确定签约单位。签订三方的公司名称、盖章应与用人单位相一致。

② 明确职务和岗位。防止用人单位利用调职的方式变相压迫毕业生主动辞职，且不支付任何经济补偿金。

③ 如果有双方需要相互承诺的部分，如户口、福利、奖金、五险一金、补贴等待遇，一定要在就业协议书或补充协议上以书面形式加以说明，避免口头承诺、非正式约定。

④ 违约责任是双向的，由毕业生和用人单位双方协商确定。不少用人单位指定高额违约金，以此约束毕业生。毕业生可在协商中力争将违约金降到最低，通常违约金不得超过 5000 元。同时，双方应对用人单位的违约责任以书面形式进行约定。

(3) 就业协议书的作用包括以下方面。

① 就业协议书是毕业生与用人单位确立劳动关系的重要依据，标志着毕业生落实了用人单位，用人单位同意接受毕业生。

② 就业协议书是毕业生就业主管部门制订就业计划和毕业生派遣的依据。

③ 就业协议书明确了就业活动中的权利和义务，避免了"双向选择"的随意性，保护了用人单位和毕业生的权益。

(4) 就业协议的内容包括以下方面。

① 毕业生的基本情况。毕业生的基本情况主要包括姓名、性别、政治面貌、所学专业、培养方式、学历、健康状况等。毕业生应实事求是地介绍自身的情况。

② 用人单位的基本情况。用人单位的基本情况主要包括单位名称、单位隶属、联系人及其联系方式、单位性质、档案接受部门等。用人单位要如实地介绍本单位的情况，明确对毕业生的使用意图，通过对毕业生的了解、考核，同意接收毕业生并在就业协议书上签署用人单位的意见。

③ 学校意见。学校作为毕业生的就业管理部门，负责组织毕业生与用人单位的供需见面和"双向选择"活动。例如，如实向用人单位介绍毕业生，保护毕业生与用人单位的利益，保护就业协议的严肃性。毕业生与用人单位签署就业协议书后，经学校审核方可列入就业计划。

2. 劳动合同

在就业管理工作中，把以签订劳动合同方式实现就业的行为称为劳动合同就业。普通高校毕业生和用人单位正式确立劳动人事关系，明确双方的权利和义务，并签署正式的劳动合同书。

3. 就业协议书与劳动合同的异同

就业协议书是为了明确毕业生、用人单位、学校三方在毕业生就业工作中的权利和义务而签的协议，劳动合同是劳动者与用人单位确立劳动关系、明确双方权利和义务的合同。

(1) 就业协议书与劳动合同的相同之处如下。

① 性质一致：确立劳动关系的法律依据。

② 主题意思表达一致：当事人双方都是在协商一致、充分表达主观意愿的情况下签订协议或合同的。

③ 法律依据一致：就业协议书是确立劳动关系的一种协议，用人单位对毕业生录用、接收后，要有见习期(试用期)、最低劳动年限等约定，这些内容是与劳动合同的要求相一致的。

(2) 就业协议书与劳动合同的不同之处如下。

① 就业协议书是毕业生在校时，与用人单位、学校三方协商签订的，是制订毕业生就业方案和派遣毕业生的依据。

② 劳动合同是毕业生与用人单位明确劳动关系中权利义务关系的协议，是上岗毕业生从事何种劳动的依据。

③ 就业协议书的内容一般是毕业生如实介绍自身情况，表示愿意到用人单位就业，用人单位表示愿意接收毕业生，学校同意推荐毕业生并列入就业方案进行派遣，而不涉及毕业生到用人单位报到后所享有的权利和义务。

④ 劳动合同的内容涉及劳动报酬、劳动保护、工作内容、劳动纪律，更为具体，劳动权利义务更为明确。

⑤ 一般来说，就业协议书签订在前，劳动合同订立在后。如果毕业生与用人单位就工资待遇、住房等有事先约定，也可在就业协议备注条款中予以说明，日后订立劳动合同时对此内容予以认可。

⑥ 就业协议书是毕业生与用人单位对将来就业意向的初步约定，是对于双方的基本条件以及将订立劳动合同的部分基本内容的大体认可，并由用人单位的上级主管部门和高校就业部门同意和鉴证，经毕业生、用人单位、用人单位主管部门、高校签字盖章后即具有一定的法律效力，是制订毕业生就业方案和将来双方订立劳动合同的依据。

8.3.3 择业时要了解用人单位的哪些情况

(1) 用人单位的准确全称、性质及上级主管部门，对于信息不透明的工作单位要多加注意，纵使保密单位也有健全的基本信息和所属部门。网络时代，各种信息层出不穷，毕业生一定要擦亮双眼，仔细甄别。

(2) 用人单位需要的专业、具体工作岗位、对所需人才素质的具体要求。这里要注意的是，对人才素质要求不高，"一投即中"的公司很有可能是虚假信息甚至是诈骗，要相信天上不会掉馅饼。

(3) 用人单位的发展实力及远景规划、在整个行业中的排名或在整个社会经济结构中的地位。这关乎个人未来的发展，从事该行业能否实现自我价值、能使自己在社会上更好地生存以及后期的长远规划，通常在国家每年发布的行业规划和经济发展规划中都有说明。

(4) 用人单位的联系方式、地理位置、环境及待遇等。

8.3.4　毕业生签订就业协议书时应注意的问题

(1) 认识就业协议的政策性、严肃性，严格履行就业协议。无论是毕业生还是用人单位，一旦选择了对方，签订了就业协议书，并经学校认证，就应当严格执行协议的约定。因违反协议给对方造成损失的，应按照协议约定追究相应的违约责任。

(2) 签订就业协议书的规定程序与步骤。一般而言，毕业生与用人单位达成签约意向，通过高校毕业生就业信息网进行网签或签订就业协议书，就业协议书签订后，可将交给用人单位、学校(学院)就业指导中心登记，学校(学院)就业指导中心统一到省教育厅办理派遣证，即报到证。

(3) 有关条款的内容必须明确。毕业生就业协议书一般由学校就业主管部门事先拟定，毕业生与用人单位经协商可对有关条款进行修改，还可以增加相关条款。如果确有必要进行变更或增加，须在内容上明确，不要产生歧义，尤其是涉及福利待遇、工作期限、违规责任等。

(4) 注意与劳动合同的衔接。由于用人单位与毕业生签订就业协议书在先，为避免在日后订立劳动合同时产生纠纷，用人单位应尽可能将劳动合同的主要内容体现在就业协议书的约定条款中，并明确表示在今后订立劳动合同时给予确认。

(5) 就业协议的解除条件应事先约定。就业协议书的内容要全面，尽量避免协议漏洞，要明确双方的责任、权利和义务。协议条款规定双方的权利和义务，不要偏于执行，一旦出现一方违约的情况，就可以很好地分清责任方。如果就业协议不清楚或过于模糊，就难以划分责任范围。

(6) 毕业生到三资、私营、个体等非公有制企业就业应注意的问题。毕业生到三资、私营、个体等非公有制企业就业时，该单位的人事档案关系应挂在政府人事部门所属的人才服务机构。毕业生应与单位主动沟通，落实好档案接收单位。

(7) 毕业生与用人单位签订就业协议书后应承担的责任。"双向选择"明确规定了学校、用人单位及毕业生本人三方的责任、权利与义务，就业协议书一经签订便视为有效合同，不得随意更改。毕业生必须信守协议。如果确需毁约，就必须在规定的时间内征得原签订单位的同意，并按照有关规定向用人单位交纳违约金，方可重新签约。

(8) 升学毕业生就业协议书签订注意事项。升学毕业生在就业协议书签订过程中要主动向用人单位说明，用人单位录取后，在协议书中注明"考取本科或研究生协议自动无效""交纳违约金后同意解约"或"同意上本科或研究生"等书面材料，否则不予调档。

(9) 毕业生就业协议书签订中容易出现的问题如下：

① 公章不合格。

② 信息填写错漏。

③ 涂改损毁。

④ 就业协议(劳动合同)不规范。

⑤ 低级造假。

⑥ 协议信息重复。

8.3.5 毕业生就业风险与权益保护

高校毕业生的就业方式已经由"国家统一分配"向着"双向选择、自主择业、逐步走向市场"的方向转变。当然，从其意义上看，这对培养大学生的竞争意识、进取精神都是有好处的。但是社会的改变必然会带来一些矛盾与问题，当代大学生就业求职的法律意识很薄弱，缺乏解决这类问题的方法，当面对很多求职问题时，许多大学生往往只是忍气吞声，不敢更不会用法律的武器去保护自己应有的权利。因国务院的扩招政策，大学生数量已达到前所未有的程度，2022届高校毕业生规模预计1076万人，首次突破1000万。这么多毕业生所带来的就业问题不能忽视，本部分内容将就大学生求职中涉及的法律问题与解决办法进行谈论。

1. 毕业生就业权益

就业过程中毕业生与用人单位均享有各自的权利，也必须履行各自的义务，双方当事人的权利与义务是对等的，要切实保护各自的合法权益。

(1) 自主选择权。毕业生有在国家就业方针政策指导下自主择业的权利，只要符合国家的就业方针、政策，毕业生就可以自主选择用人单位，学校、其他单位和个人均不得干涉，任何将个人意志强加给毕业生，强迫毕业生到某单位的行为都是侵犯毕业生自主选择权的行为。

(2) 知情权。毕业生有权调查、了解用人单位的情况，并有权要求用人单位如实告知本单位的基本情况，包括生产经营、工作环境、生活条件和工资待遇，以及用人单位的规模、地点和拟安排的工作岗位等。

(3) 获得信息权。就业信息是毕业生择业成功的前提和关键，毕业生只有在充分获取就业信息的基础上，才能结合自身情况选择适合自身发展的用人单位。

(4) 接受就业指导权。毕业生有权从学校接受就业指导。学校成立专门的就业指导机构，安排专人对毕业生进行就业指导，包括向毕业生宣传国家关于毕业生就业的方针、政策，对毕业生进行择业技巧的指导，使毕业生根据国家、社会的需要，结合个人实际情况进行择业，使毕业生通过接受就业指导，准确定位，合理择业。

(5) 被推荐权。毕业生享有的被推荐权包括如实推荐、公众推荐和择优推荐。

(6) 公平待遇权。用人单位在录用毕业生的过程中，应该做到公平公正、一视同仁，除有合法规定外，不能因毕业生的身体状况、性别、地域等在就业过程中歧视毕业生。由于客观环境，用人单位在录用毕业生时，还存在不同程度的不公平不公正的现象，如女性在就业过程中受到歧视，这仍然是毕业生就业工作中的一大问题。所以，维护毕业生的公平待遇权是毕业生就业工作紧迫的任务之一。

(7) 违约求偿权。毕业生与用人单位签订就业协议后，任何一方不得擅自违约。若用人单位无故要求解约，毕业生有权要求对方严格履行就业协议，否则用人单位应对毕业生承担违约责任，并进行相应的补偿。毕业生要增强自身的法律意识，学会用法律武器保护自己的权益，如遇到中介招聘信息所列的待遇、薪酬情况严重不符，发布虚假招聘信息，招聘要求中有歧视条款，侵犯求职者隐私，收取求职者的财物或扣压证件，不按规定签订就业协议和劳动合同，不履行或部分履行就业协议和劳动合同的条款，求职者可以向争议仲裁委员会申请劳动争议仲裁。

2. 毕业生面临的几种常见就业法律问题

(1) 关于就业协议和劳动合同的问题。其一，毕业生不能按约定履行就业协议。就业协议实质上是一种就业合同或用人合同，是供需双方录用与被录用关系的法律依据，双方必须严格遵守协议，履行约定义务。但在实际就业过程中，违约现象屡屡发生，如毕业生同时与多家用人单位签约，最终只能履行一份协议而造成违约；出国、考取研究生、考取公务员、参军、选干等造成就业协议不能履行而构成违约。其根本原因是毕业生对于就业协议方面的法律了解得不深入。其二，用人单位拒绝签署劳动合同甚至就业协议。毕业生到用人单位报到后，就业协议书即告终止，此时用人单位会与其签订一份正式的劳动合同。依据《劳动法》规定，劳动合同应当具备的条款有合同期限、工作内容、劳动保护和劳动条件、劳动报酬、劳动纪律、合同中止条件、违约责任等。劳动合同签订后，双方即正式确定了劳动关系。

有的用人单位会利用大学生求职心切的心理，签订"一边倒"的劳动合同，即合同中主要规定劳动者的义务和用人单位的权利，很少规定用人单位的义务和劳动者的权利。例如，与求职者约定"工伤概不负责"等条款，要求求职者写下"保证书"逃避责任，剥夺劳动者的休息休假权，甚至有侮辱、体罚等侵犯人身权的"卖身合同"，等等。现实中，毕业生毕竟供大于求，就业单位会以职位为要挟或以高工资诱惑，一些毕业生或是因为法律意识淡薄，或是害怕失去职位，往往就范。

(2) 大学生求职时面临的用人单位的歧视现象。其一是性别歧视。性别歧视往往发生在女性身上，因为一些旧有的观念，或是因为女性先天的因素，用人单位往往会重男轻女，不招收女性或是女性的待遇很低，这在一定程度上剥夺了女性工作的权利。其二是对地域和学校的歧视。某些用人单位不招收某某地方某某大学的毕业生。在这种情况下，求职者往往会自认倒霉，没有意识到自己的就业权利被剥夺，更不会用法律的武器去保护自己。

(3) 利用试用期来骗取劳动力。有一些用人单位会利用大学生分不清试用期与见习期，使大学生长期处于试用期，而且在这段时间内，大学生的工资很少。但在试用期快到了的时候，用人单位找种种理由解雇大学生。有很多大学生被骗，浪费时间，浪费精力。用人单位的做法明显违反了《劳动法》中试用期包括在劳动合同期限中的规定。《劳动法》中关于试用期的长短是这样规定的：劳动合同期限在六个月以下的，试用期不得超过十五日；劳动合同期限在六个月以上一年以下的，试用期不得超过三十日；劳动合同期限在一年以上两年以下的，试用期不得超过六十日；劳动合同期限在两年以上的，试用期也不得超过六个月。必须强调的是，试用期适用于初次就业或再次就业时改变工作岗位或工种的劳动者。

(4) 利用大学求职心切的心理骗取金钱或诱人犯罪。一些非法用人单位以招聘录用之名，向求职者索要"风险金""保证金""培训费""押金"等，利用求职者急于求职的心理骗取钱财。最新的《中华人民共和国劳动合同法》明确规定，用人单位不得向求职者收取任何费用(包括押金或保证金)。所以，那些任职初期需要先缴各种费用的用人单位是不合法的。

如果招聘者夸夸其谈，反复强调招聘的职位能轻轻松松赚大钱，很有可能是在引诱你加入传销、色情及其他非法机构。大学生要明白，世上没有免费的午餐，一旦误入陷阱可能就无法自拔了。

(5) 招聘时言不符实。一些用人单位为了吸引求职者，常常粉饰职位信息。例如，说招聘经理助理、部门经理、业务代表、商务代表等，其实就是业务员、保险代理人等。这些用人单位经常以高薪为诱饵，迫使求职者立刻签订劳动合同，并以约定高额违约金的方式，千方百计套牢求职者。再如，有一些企业声称实行"低工资高奖金"的制度，然后利用各种理由，使求职者永远也拿不到高奖金，只能拿那可怜的低工资。求职者过了很长一段时间才发现自己被骗了。求职者应当放下面子，不清楚的地方要问明白、谈清楚，如一年是发 12 个月月薪还是发 13 个月月薪？试用期待遇如何？试用时间多长？加班时间费用如何计算？而且最好能将上述内容写进劳动合同。

(6) 利用简历骗取资料或创意。某些用人单位通过收取求职简历，形成大量的个人信息，出售给其他企业。大学生要注意，当对方要求你提供奇怪的证明材料时一定要多想想，不要向根本不知底细的"招聘单位"透露任何个人隐私，一旦发现侵权迹象应当立即报案。还有的用人单位会要求求职者提交一个某某创意，其实是为了减少开支，剽窃创意。所以，大学生要与用人单位提前确定好版权问题。

3. 面对上述问题应当采取的措施

(1) 高校应加强对毕业生的就业指导教育。高校要进一步健全大学生就业指导机构、切实改变教用脱节的现状，加强教学的针对性。高校和教师应当想方设法将教学与实践相结合，要经常考虑这样一些问题：我们所传授的知识到底有何用？如何与市场接轨？哪些单位或职位有用？社会需求怎样？用人单位需要什么样的毕业生？我们培养的学生与用人单位需要的是否相符，差距在哪里？怎样改进？高校要根据用人单位对人才的要求，建立校企合作的订单式培养模式，这样既可以有效避免大学生在求职过程中落入各种陷阱，又可以从根本上改变教用脱节的现象。

　　毕业生就业求职活动中的政策法律依据有《中华人民共和国民法典》《中华人民共和国就业促进法》《中华人民共和国劳动合同法》《普通高等学校毕业生就业工作暂行规定》等。

　　最重要的是，高校要不断提高大学生的法律意识和自我保护意识。高校要进一步对大学生进行求职教育，可行的办法有：针对毕业生开设《劳动法》《合同法》等选修课，选派包括法律、人力资源管理在内的专业人才充实到高校就业指导机构，以确保对大学生进行有针对性的教育。同时，学校就业指导机构要选编一些相关资料供大学生阅读，如《劳动法》《合同法》，常见的就业陷阱案例等，使企业违法的伎俩被大学生所知。

　　(2) 毕业生自己要有法律意识，时刻保持清醒的头脑，保护自己的权益。毕业生应增强法律意识：如果遭遇用人单位违反劳动法规定，要勇于说不；遇到骗子时，不要怕，要保持清醒的头脑，有勇有谋，无法对付时，及时报案，将违法分子绳之以法；对用人单位的实际情况要了解清楚，做到知己知彼，可以通过熟人去打听用人单位的情况，或者通过工商部门、学校就业指导中心等途径核实用人单位的真实性。此外，高校要通过各种渠道对用人单位进行实地考察，以摸清用人单位的发展前景。毕业生在签订劳动合同的时候一定不能怕麻烦，要仔细阅读，一条一条地看，哪里不懂就要放下面子去问。

　　(3) 社会各界应为毕业生就业创造良好的社会环境。针对大学生就业市场存在的问题，政府各有关部门应进一步完善相关的法规和政策，规范就业市场，做到有法可依。同时，注意发挥各级政府部门的就业场所和人才交流中心的主体作用，对进入招聘场所和人才交流中心的用人单位进行必要的事前资格审核，防患于未然。建立奖惩制度，对诚实守信、遵章守纪的用人单位给予奖励；对行为不轨、设置招聘陷阱的用人单位给予必要的惩戒。要注意发挥新闻媒体的正面宣传和监督作用，为大学生就业提供良好的舆论氛围。

　　大学生是社会的希望，是社会的新鲜血液，大学生的就业问题不单是简单的工作问题，更是有关社会发展的问题，需要政府、社会、学校，还有大学生共同努力解决。

思考题

　　1. 就业派遣包括哪些内容？结合自己的情况，看看自己还有哪些方面不了解。

　　2. 注册湖北高校就业网络联盟，并掌握就业管理系统的基本操作，能够使用该平台进行择业。

　　3. 大学生在就业过程中会存在哪些风险？如何进行权益维护？

第 9 章
创新创业：大学生创业理论与实务

我国逐年上升的高校毕业生人数以及大量的求职需求使得大学生就业难成为大家普遍关注的问题。自从李克强总理提出要在 960 万平方公里土地上掀起"大众创业""草根创业"的新浪潮，形成"万众创新""人人创新"的新势态后，我国的创新创业氛围愈加浓烈。鼓励大学生创业，既可以缓解当前的就业压力，也可以为社会提供更多的就业岗位。

知识要点

1. 创业的概念。
2. 创业的分类、创业的四个阶段。
3. 创业与就业的区别和联系。
4. 大学生创业及影响大学生创业的因素。
5. 大学生创业的素质要求。
6. 大学生创业需要做好哪些准备工作。

课前导读

教育部关于做好 2022 届全国普通高校毕业生就业创业工作的通知

各省、自治区、直辖市教育厅(教委)，新疆生产建设兵团教育局，有关省、自治区人力资源社会保障厅，部属各高等学校、部省合建各高等学校：

党中央、国务院高度重视高校毕业生就业工作。习近平总书记多次对做好高校毕业生就业工作作出重要指示批示。国务院《"十四五"就业促进规划》明确要求，持续做好高校毕业生就业工作。2022届普通高校毕业生规模、增量创历史新高，就业形势复杂严峻。为深入贯彻党的十九大和十九届二中、三中、四中、五中、六中全会精神，落实党中央、国务院决策部署，教育部决定实施"2022届全国普通高校毕业生就业创业促进行动"，健全就业创业促进机制，推动就业创业工作提质增效，促进高校毕业生更加充分更高质量就业。现就有关事项通知如下。

一、完善市场化社会化就业促进机制

（一）加强校园招聘市场建设。各地各高校要进一步发挥校园招聘主渠道作用，切实加强校园招聘市场建设，建立完善就业资源开发机制，充分发挥专职就业工作队伍和党政干部、专业教师、校友等各方面积极性，千方百计拓展岗位信息来源。高校可通过组团、联盟等方式开拓就业岗位，推动校内校外就业资源共享。教育部会同相关部门、地方政府，发挥全国普通高校毕业生就业创业指导委员会作用，建设、打造一批全国性、区域性、行业性大学生就业市场。

（二）促进网络招聘市场建设。教育部升级打造"24365校园网络招聘服务"平台，引入优质人力资源服务机构、行业协会等，深入实施"岗位精选计划"，推进就业信息联通共享。各地各高校要组织就业工作人员、毕业班辅导员和求职毕业生注册使用"24365智慧就业平台"，加强线上服务联动。大力推进校园网络招聘市场建设，建设维护好本地本校用人单位需求库、毕业生求职意向库等，及时发布专业设置和生源信息。积极开展网络招聘服务，鼓励用人单位通过线上宣讲、远程面试、网上签约开展校园招聘，促进线上线下招聘相结合，提高招聘成功率。

（三）鼓励中小企业更多吸纳高校毕业生。各高校要为中小企业进校招聘提供便利，不得设置限制条件。教育部会同相关部门、大型平台企业，举办"全国中小企业人才供需对接大会""全国中小企业网上百日招聘高校毕业生""全国民营企业招聘月"等活动。各地要积极配合本地相关部门加大对中小企业支持力度，推动企业和高校毕业生用足用好税费减免、创业担保贷款等支持政策，创造更多适合高校毕业生的就业岗位，对符合条件的高校毕业生按规定给予社会保险补贴和职业培训补贴。

（四）促进创新创业带动就业。各地各高校要加大国家创新创业政策落实力度，加强创新创业服务平台建设，大学科技园、创业园、创客空间等要向高校毕业生提供场地优惠和专业化孵化服务，指导创业团队争取各类创业优惠政策，促进创新创业项目落地发展。办好中国国际"互联网+"大学生创新创业大赛，切实发挥大学生创新创业带动就业作用。建立完善大学生创新创业信息服务平台，提供创新创业相关政策发布、解读、项目对接等服务。组织双创导师深入校园进行政策解读、经验分享和实践指导，支持大学生返乡创业、到城乡基层创业就业。

（五）支持引导灵活就业。各地各高校要积极挖掘新产业新业态新模式中的就业机会，引导毕业生在数字经济、平台经济等多个领域灵活就业。配合有关部门完善灵活就业社会保障政策，切实维护高校毕业生劳动保障权益。组织开发一些面向市场的培训项目，开展新兴产业、先进制造业、现代服务业等领域新职业技能培训，增强毕业生就业能力和竞争力。

二、充分发挥政策性岗位吸纳作用

(六)健全毕业生基层就业支持体系。进一步完善并落实毕业生到基层就业学费补偿贷款代偿、考研加分等优惠政策，采取有效方式引导更多毕业生到中西部地区、东北地区、艰苦边远地区和基层、乡村振兴一线就业创业。组织实施"特岗计划""三支一扶""西部计划"等中央基层就业项目。配合有关部门设立"城乡社区专项计划""村医专项计划"等相关项目，鼓励各地结合实际扩大实施地方基层就业项目。持续开发科研助理岗位，增强科研助理岗位吸引力。

(七)做好大学生征兵工作。各地各高校要落实"两征两退"改革要求，配合兵役机关制定本地本校征兵工作方案，做好大学生特别是毕业生参军入伍工作。按照有关政策规定，落实退役普通高职(专科)士兵免试参加普通专升本招生、退役大学生士兵专项硕士研究生招生计划等优惠政策，研究制定细化方案和实施办法。密切军地协同，加强征兵工作站建设，办好征兵宣传教育进校园等活动，畅通入伍绿色通道，进一步推进以高校毕业生为重点的精准征集，提高毕业生入伍数量。

(八)促进升学与就业有序衔接。各地各高校要统筹安排好各类升学考试招生工作时间，硕士研究生招录工作在2022年5月底前完成，普通专升本和第二学士学位招录工作在2022年6月底前完成。坚持复合型人才培养定位，加强第二学士学位招生工作，高校教务、招生等部门要加强工作协同，扎实开展招生宣传、考试录取等工作，并纳入高校整体工作进行统筹部署。

(九)优化招考时间安排。各地教育部门要与相关部门加强协调配合，统筹推动各地尽早安排机关、事业单位招聘考试工作和各类职业资格考试时间，给高校毕业生离校前留出充足的求职时间。办好"国聘行动"第三季，发挥国有企业稳就业示范作用，并配合国有企业尽早完成招录工作。

三、强化就业指导服务

(十)建立健全就业育人支持体系。各地各高校要把就业教育、就业引导全面纳入大学生思想政治教育体系，多种形式开展就业育人主题教育系列活动，打造一批大学生就业创业教育基地，引导毕业生树立正确的职业观、就业观和择业观。要加强重点领域就业引导，鼓励毕业生积极投身重点地区、重大工程、重大项目、国际组织等领域就业创业。组织开展大学生就业实践调查活动，持续打造"互联网+就业指导"公益直播课，建立就业创业指导优质师资库，打造一批就业指导"名师金课"。加强职业生涯教育和就业创业指导，组织举办大学生职业生涯规划比赛活动。

(十一)强化就业实习实践。各地各高校要将实习实践作为促进就业的重要举措，纳入人才培养方案，深化校企校地合作，开发更多实习实践岗位，推动更多毕业生通过实习实践实现就业。鼓励地方政府、高校和用人单位共同打造一批大学生就业实习实践基地。配合落实好将职业技能提升行动专项资金补贴性培训对象扩大至普通本科高校、中高职院校的政策，积极组织毕业年度毕业生参加职业技能培训。

(十二) 加强高职毕业生就业服务。各地各高校要针对高职百万扩招毕业生群体，制定专门就业工作方案，结合扩招毕业生生源类型特点，有针对性地分类开展就业指导服务，引导他们合理调整就业期望、找准职业定位，积极主动就业。支持高职院校紧密结合市场需求，按规定开展相关职业技能培训、项目制培训等多种形式的就业创业培训，并做好职业培训补贴政策的衔接工作。

(十三) 加强就业权益保护。各地各高校要配合有关部门积极营造平等就业环境，努力消除就业歧视。在各类校园招聘活动中，不得设置违反国家规定的有关歧视性条款，不得将毕业院校、学习方式(全日制和非全日制)等作为限制性条件。加强诚信和安全教育，引导毕业生诚信求职，树立遵纪守法意识，防范招聘欺诈、"培训贷"陷阱等。积极配合有关部门推进毕业生就业体检结果互认。

四、开展重点群体就业帮扶

(十四) 实施宏志助航计划。教育部组织实施"中央专项彩票公益金宏志助航计划——全国高校毕业生就业能力培训项目"，设立"全国高校毕业生就业能力培训基地"，面向有就业意愿的毕业生群体开展线上线下就业能力培训，帮助他们提高综合素质和就业能力。各地各高校和各培训基地要精心组织实施，加强政策宣传，提升项目培训效果，努力帮助参加培训的毕业生实现就业。鼓励各地创造条件，推动"宏志助航计划"覆盖更多毕业生。

(十五) 完善就业帮扶机制。教育部组织开展直属高校与地方高校、东部高校与西部高校就业对口帮扶，推动区域间、校际就业渠道互补、就业资源共享。各地各高校要进一步完善就业帮扶机制，建立就业困难毕业生群体帮扶工作台账，对低收入家庭、身体残疾等毕业生重点群体，按照"一人一档""一人一策"开展重点帮扶。

五、完善就业统计发布机制

(十六) 加强就业统计核查。完善毕业生就业进展报送机制，及时汇总、通报就业进展情况。全面推广使用全国高校毕业生毕业去向登记与网上签约平台，推进毕业生求职、签约、登记、查询、反馈等"一站式"线上办理。继续开展毕业生就业状况布点监测。委托国家统计局开展毕业生就业状况抽样调查。严格执行就业工作"四不准"规定，确保就业统计数据真实准确。完善部、省两级就业统计举报机制，开展毕业生实名查询反馈，统一公布举报电话和邮箱。

(十七) 健全就业质量报告制度。高校毕业生就业质量年度报告要准确客观全面反映本校毕业生就业状况、就业工作进展、就业与招生和人才培养的反馈联动等情况。报告相关指标内容要与全国高校毕业生就业管理系统中的数据保持一致。报告经学校校长办公会、党委会审议通过后，按信息公开有关要求在每年 12 月 31 日前发布。

六、持续深化高等教育改革

(十八) 推动就业与招生培养联动改革。优化学科专业设置，引导高校重点布局社会需求强、就业前景广、人才缺口大的学科专业，对就业率过低、不适应市场需求的学科专业要及时调整。开展高校毕业生就业状况跟踪调查，将调查结果作为"双一流"建设绩效评价、本专科教学评估、学科评估、专业设置与管理等重要依据。研制发布就业状况白皮书，发挥就业大数据对高校招生计划安排、人才培养方案调整的作用，不断提高人才培养和社会需求的契合度。

(十九) 实施供需对接就业育人项目。教育部组织征集相关用人单位对人才培养合作的需求，定期发布就业育人项目指南，在定向人才培养培训、就业实践实习基地建设、人力资源提升等方面促进校企供需对接。各地各高校要用好项目资源，强化组织动员，积极对接用人单位，确保项目实施效果。要以实施就业育人项目为抓手，深化产教融合、校企合作，培养更多实用型、复合型和紧缺型人才。

七、加强组织领导

(二十) 落实就业"一把手"工程。各地各高校要把高校毕业生就业摆在突出重要位置，列入领导班子重要议事日程，建立健全主要负责同志亲自部署，分管领导靠前指挥，院系领导落实责任，各部门协同推进、全员参与的工作机制，并纳入领导班子考核指标。健全高校领导联系走访用人单位制度，主要领导要带头开展走访。严格落实常态化疫情防控要求，统筹做好疫情防控和就业工作，既要有效防范疫情风险，也要确保各项促就业工作有序推进。

(二十一) 配齐建强就业工作队伍。各地各高校要积极创造条件，认真落实高校就业机构、人员、场地、经费"四到位"要求，明确相关标准和指标，配齐配强校级专职就业工作人员，鼓励在院系专门设立就业辅导员。要加强就业工作队伍职业化、专业化建设，定期开展业务培训交流，鼓励就业指导人员按要求参加相关职称评审，畅通就业指导人员职业发展渠道。

(二十二) 加强就业工作督促检查。教育部把毕业生就业工作纳入省级人民政府履行教育职责评价、直属高校领导班子年度考核等重要内容，并视情开展对有关省份的就业专项调研工作，适时通报高校毕业生就业进展情况。各地各高校要进一步完善就业工作督查、通报、约谈、问责机制，确保就业工作落实到位。

(二十三) 统筹就业工作安排。教育部在秋招季、春招季和毕业季三个就业工作时段，组织在全国范围内开展"校园招聘月""就业促进周"和"基层就业出征仪式"系列活动。各地各高校要统筹就业工作安排，精心组织相关就业活动。

(二十四) 做好就业总结宣传工作。各地各高校要广泛开展就业宣传系列活动，深入宣传国家就业创业政策、各地各高校和用人单位促就业的好经验好做法，营造全社会支持毕业生就业的良好舆论氛围。组织开展就业育人典型案例和毕业生就业创业典型人物总结宣传工作。要认真制定年度工作计划，做好工作总结，有关进展情况及时报教育部。

教育部

2021 年 11 月 15 日

(资料来源：http://www.moe.gov.cn/srcsite/A15/s3265/202111/t20211119_581056.html)

9.1　创业概述

当前，我国正在实施的"大众创业、万众创新"的发展战略，取得了巨大成就。双创活动不仅有利于激发人们的创造力、想象力和执行力，促进技术成果转化，解放和发展社会生产力，也有利于增加更多的市场主体，激发市场经济的活力。同时，人们通过创业带动了就业，民生得到了改善。人们在创业创新中不仅创造了物质财富，也实现了自我人生价值。我国开展创新创业活动具有很重要的现实意义。

9.1.1　创业的含义

创业是一个很古老的概念，"创业"一词最早出现在《孟子·梁惠王下》中："君子创业垂统，为可继也。"著名军事家诸葛亮在《出师表》中说："先帝创业未半而中道崩殂。"这里的创业也可以看成一种广义的创业。《现代汉语词典》对"创业"的解释是创办事业，而"事业"是指人所从事的，具有一定目标、规模和系统并对社会发展有影响的经济活动。《辞海》对"创业"的解释是创立基业，"基业"是指事业的基础。由此可见，创办事业是创业的本质。

创业有广义和狭义之分。

广义的创业是指人类的创举活动，或只带有开拓、创新并有积极意义的社会活动。它既可以是经济方面的，也可以是政治、军事、文化、科学、教育等各个领域的。

从大的方面讲，毛泽东领导中国人民建立中华人民共和国，邓小平、江泽民、胡锦涛、习近平等几代领导人领导中国人民建设具有中国特色的社会主义事业。从小的方面讲，开创家业也是创业，个人开办一个小型超市、在淘宝网上开一个零食专卖店都是创业的一种表现形式。

狭义的创业是指创造一个新的企业的过程。一般而言，创业需要满足以下几个条件。

(1) 创业必须符合法定程序。

(2) 新创企业需要确立适合产品或服务的商业模式。

(3) 创业要求企业能够提供满足市场需求的产品或者服务。

(4) 创业需要组建一个合适的团队，并能对团队进行有效的管理。

(5) 创业需要一定的创业资源，包括人力资源、创业资金、场地、技术等。

9.1.2　创业的分类

创业一般可以分为机会型创业和生存型创业。

1. 机会型创业

机会型创业的出发点并不是为了谋生，而是顺应市场，抓住机遇。它以新市场、大市场为目标，因此能创造出新的需要，或满足潜在的需求。机会型创业会带动新的产业发展，而不是加剧市场竞争。在我国，机会型创业的比例还不是很高，需要我们大力支持和发展。

2. 生存型创业

生存型创业的目的在于谋生，人们为了谋生而自觉地或被迫地走上创业之路。一般而言，这类创业大多具有尾随性和模仿性，规模较小，项目多集中于服务业，并没有创造新需求，而是在现有的市场上寻找创业机会。由于创业动机仅仅是为了谋生，往往小富即安，因此极难做大做强，但也有"逼上梁山"的成功者。

生存型创业与机会型创业的比较如表 9-1 所示。

表 9-1　生存型创业与机会型创业的比较

比较项目	生存型创业	机会型创业
创业动机	生活所迫	职业选择
成长愿望	满足现状，小富即安	把握机会，做大做强
行业偏好	消费者服务业：零售、餐饮、家政服务等	商业服务业：金融、保险、投资等
资金状况	以独资为主，缺乏资金	以多种方式融资，资金充足
创业者受教育程度	初等或中等教育，少数高等教育	多数高等教育
创业者承担风险的意愿	规避风险	勇于承担风险
创业者所处的阶段	初始创业阶段	二次创业，连续创业
创新潜力差异	小	大

9.1.3　创业的四个阶段

如上所述，创业是具有创业精神的创业者、商业机会、人力资本、创业资源、组织、技术与资金等相互作用、相互配置，以创造产品和服务，满足市场需要的动态过程。识别并成功把握创业机会是创业的核心要素。创业即创业机会的发现与开发、创业资源的积累与整合。

创业者是创业过程的核心，整个创业过程要受到各种创业环境因素的影响。一般而言，创业过程主要由识别与评估市场机会、准备并撰写创业计划书、获取创业所需资源、管理创新企业四个阶段组成，具体过程如表 9-2 所示。

表 9-2　创业的四个阶段

第一阶段 识别与评估市场机会	第二阶段 准备并撰写创业计划书	第三阶段 获取创业所需资源	第四阶段 管理创新企业
创意产生 SWOT 分析 机会的评估与实际的价值 机会的风险与回报 个人技能与目标实现 产生企业想法	创业环境分析 创业团队建设 创业心理准备 撰写创业计划书 营销计划 生产计划 财务计划 组织设计 运营管理 风险管理	创业者整合现有资源 资源缺口与目前可获得的资源供给渠道 通过一定渠道获得其他所需资源	管理模式 团队建设 宏观战略 商业模式 新创企业的管理 组织与人事管理 产品与技术管理 市场营销管理 生产管理 财务管理

9.1.4　创业与就业的区别

(1) 担当的角色差异。两者在企业中的地位、肩负的责任和使命均有较大的差异。创业者通常处于创新企业的高层，在企业实体的创建过程中，创业者始终是负责人，始终参与其中；而就业者通常处于创新企业的中低层，到达高层需要一个过程，也不需要对企业的成长负责，只需要做好自己的工作即可。

(2) 要求的技能差异。创业者通常身兼多职，既要有战略眼光，也要有具体的经营技能，从而要求其具备相当全面的知识和技能；就业者通常具备一项专业技能即可。

(3) 收益与风险差异。就业者主要投入十数年的教育成本，而创业者除了教育成本外，还包括前期准备中投入的人力、物力和资金成本。企业一旦失败，就业者并不会丧失教育成本，但创业者会损失在创业前期投入的一切成本；而企业一旦成功，就业者只能获得约定的工资、奖金及少量的利润，创业者则会获得大多数经营利润，其数额在理论上没有上限。

(4) 成功依赖因素的差异。就业在很大程度上依赖国家的相关就业政策和实体经济、企业发展状况等因素，但创业更多地要考虑自身的经验、学识与财力以及各种需求和各种资源占有条件。相比就业，创业更考验一个人的主观意志和能力。

9.2　大学生创业

所谓大学生创业，是指大学生在学习期间创办事业或毕业以后不选择就业而直接创办事业，是大学生积极融入社会、主动参与社会竞争的一种方式。

大学生创业群体主要由在校大学生和已经毕业的大学生组成，大学生自主创业是当今时代的一个热门话题，在大学校园里，学生创业现象屡见不鲜。近几年，随着我国大学生就业压力增大，以及国家出台许多政策鼓励大学生创业，一部分大学生通过创业实现了就业，并取得了良好的社会效益和经济效益。大学生创业有开饭店的，开网吧的，开网店的，搞科技发明的，搞农产品种植的，等等，有的是服务型创业，有的是科技型创业，可谓五花八门、应有尽有。大学生有较多的理论知识，有创新精神，敢于尝试新鲜事物，敢于否定传统的观念，对未来充满希望，朝气蓬勃，这些都是他们的创业优势。在创建创新型社会的新形势下，鼓励全民创业，特别是鼓励大学生创业成为一种新的就业潮流。

9.2.1　大学生创业的特征

(1) 大学生创业主体较为年轻。社会上的创业者很多，大学生是其中的佼佼者。大学生作为知识型创业者中最具有特殊性的一群人，他们年轻，有激情，接受新知识的能力强，充满活力，敢于挑战。这也是大学生创业受到全社会高度重视和支持的一个重要原因。

(2) 大学生创业往往依托本专业。大学生创业在很大程度上依靠的是所学的专业技能，从我国大学生的创业实践来看，有相当多的大学生创业与自己的专业密切相关如农业专业学生进行农业领域创业，电子商务类专业学生进行电子商务创业，等等。

(3) 大学生创业资金主要是自筹资金和小额创业贷款。创业需要一定的资金投入，大学生创业也不例外。由于大学生比较缺乏社会经验，新创企业的管理经验也不足，还有一些社会环境因素导致大学生获得风投的概率不是很高。向家人朋友自筹资金，是大学生创业者筹集资金的主要选择之一。

(4) 大学生创业起点相对较高，风险大。在创业实践中，由于受过高等教育，大学生在创业时，很多选择了具有一定技术含量的行业，他们通过研发具有一定科技含量的产品来满足市场的需要，一旦销量达到一定数目，利润回报将相当丰厚。但高技术含量的创业往往投入的人力、物力和财力比较大，市场风险也比较大。

9.2.2　影响大学生创业的主要因素

在创业实践中，影响大学生创业的因素是多方面的，综合来看，影响大学生创业的因素可以分为三个层面：个体层面、群体层面和社会层面，如表 9-3 所示。每个阶段的成败都会受到这三个方面因素的影响，创业过程也可能因为任何一个方面出现问题而终止。

表 9-3　　影响大学生创业三个方面的因素

影响因素	包含内容
个体层面	创业者的动机、创业意识、创业技能、心态、身体素质等
群体层面	创业团队、创业的利益相关者、投资商、供应商、渠道商等
社会层面	人口、政治法律、经济、科学技术、文化、自然条件等宏观环境

9.2.3　大学生创业者的素质要求

素质是指一个人文化水平的高低，身体的健康程度，以及家族遗传给自己的惯性思维能力和对事物的洞察能力，管理能力和智商、情商层次高低以及职业技能所达到的级别的综合体现，一般包括心理特质、品格特质、经验特质、知识特质、能力特质等。

1. 强烈的创业欲望

从创业实践来看，创业者无论进行何种类型的创业，都有共同的特质——强烈的创业欲望。

创业者与普通人欲望的不同之处在于，他们的欲望往往超出现实，而且他们的欲望和努力相互作用，欲望越强烈，努力也越大，越努力，想实现的目标也越高。这个互相作用的过程强化了创业者的进取精神。

2. 良好的创业心理品质和乐观的心态

良好的创业心理品质主要体现在人的独立性、敢为性、坚韧性、克制性、适应性、合作性等方面，它反映了创业者的意志和情感。创业能否成功在很大程度上取决于创业者的创业心理品质。

成功的创业者都具有非常乐观、自信的心态，他们为了生活得更幸福，产生了强烈的奋斗欲望，学会控制自己的情绪，使自己变得开朗，积极向上。遇到挫折时，他们不惧怕，并能坦然面对，通过不断变换思考的方式和角度，在失败中不断总结经验，以增加下一次成功的机会，从而产生坚定的信念。

创业之路往往是艰险与曲折的，自主创业就是创业者去面对变化莫测的激烈竞争以及随时出现的需要迅速、正确解决的问题和矛盾，这需要创业者具有非常强的心理调控能力，能够持续保持一种积极、沉稳的心态，具有良好的创业心理品质。

3. 自信、自强、自主、自立的创业精神

自信是对自身力量的确信，深信自己一定能做成某件事，实现所追求的目标。自信能赋予人主动积极的人生态度和进取精神。作为创业者，首先要相信自己有能力、有条件去开创自己的事业，相信自己能够主宰自己的命运，成为创业的成功者。

自强是对困难的蔑视、对挫折的回应、对成功的向往和渴望，是在自信的基础上，勇于面对挫折和困难，敢于创新，敢于实践，在实践中不断增长自己各方面的能力与才干，让自己成为生活与事业的强者。

自主就是具有独立的人格，具有独立性思维能力，自立的一个重要表现是独立地生活。要独立生活，就要做到自己的事情自己负责，而这一前提是自主，自主不仅是一种权利，也是一种能力。创业者要不受外部环境的影响，独立地选择适合自己的道路，善于设计和规划自己的未来，并积极采取相应的行动。

自立是指创业者凭借自己的头脑和双手、智慧和才能，勇于承担自己的责任，为干出一番事业、为自己美好的生活不懈努力。

4. 树立市场竞争意识

对创业者来说，从创业开始，将面对一个充满挑战和机会的市场竞争环境，竞争环境是企业生存与发展的外部环境，对企业的发展至关重要。竞争环境的变化不断产生威胁，也不断产生机会。对创业者来说，能否敏锐地发现竞争环境的变化、规避市场威胁、抓住机会就成为创业能否成功的关键性因素。目前，我国的市场竞争环境发生了急剧变化，行业结构、竞争格局、消费者需求、科技发展、全球化战略等也发生了急剧变化，影响企业经营的不确定性因素增多。创业者必须时刻关注环境的变化，才能趋利避害。对创业者来说，必须牢记市场竞争意识，敢于竞争，善于竞争，才能取得事业上的成功。

5. 良好的思想道德素质

思想道德素质是创业者创业成功的必备条件。现代社会创业的特点是"相互依存"，完全依靠个人的力量是难以成功的，只有通过真诚的合作才能获得真正的利益。从古至今的成功者，尤其是成功的商界人士，都特别注重自己的思想道德修养。这并不是要求每位创业者只能奉献而不能索取，而是指创业者对待广大客户和社会的态度要真诚，要讲求诚信。当今社会，众多商家早已将顾客当作上帝，目的就是为顾客创造最大的价值同时，给自己带来最大的利润。卖方市场时，有的商人唯利是图，挖空心思以次充好，牟取暴利，最终落得身败名裂的下场；买方市场时，卖方绝不能有愚弄顾客的想法，应以优质的产品、真诚的服务赢得顾客的青睐。谁能为顾客带来更多的便利，创造更多的价值，谁就能在商场上立于不败之地。创业者在创业机构的选择上，在公司的运作经营上，不能只将心思全部用在如何赚钱上，而是要思考自己所创立的事业是否能给更多的人带来更多的幸福和便利。因为创业者的辛勤劳动成果只有在实现社会价值时才能实现。

此外，创业需要讲究诚信。"人无信不立。"诚信乃立身之本，创业者在创业过程中，如果不讲信誉，就无法开创自己的事业；失去信誉，就会寸步难行。创业应先从诚信做起。对创业者而言，诚信包括三个方面：对客户讲诚信、对员工讲诚信、对合作伙伴讲诚信。

6. 良好的身体素质

身体是革命的本钱,毋庸置疑,良好的身体素质是创业者创业的首要条件。创业初期是艰难的,创业者没有好的身体素质很难做好每一件事。创业者只有具有健康的体魄和充沛的精力,才能适应新创企业外部协调和内部管理的繁重工作。创业和经营是艰苦而复杂的,特别是在创业之初,受资金、环境等各方面条件的限制,许多事都需创业者亲力亲为,创业者每天都要面临许多新挑战、新困难、新问题,要不断地思考改进经营,加上工作时间长、风险与压力巨大,若没有充沛的体力必然力不从心,创业也将成为难以承受之重。

7. 出色的创业能力

创业者的能力素质是指创业者解决创业及新创企业成长过程中遇到的各种复杂问题的本领,是创业者基本素质的外在表现,也是创业者整体素质体系中的核心要素。从实践的角度看,创业能力表现为创业者把知识和经验有机结合起来并用于创业管理的能力,具体包括开拓创新、善于学习、组织管理、机会识别、整合资源、风险决策、敏锐的政治观察力以及准确的市场判断等。

(1) 决策能力。决策能力是根据既定目标认识现状,预测未来,决定最优行动方案的能力,是创业者的素质、知识结构、对困难的承受力、思维方式、判断能力和创新精神等在决策方面的综合表现。要创业,首先要对众多的创业目标以及方向进行分析比较,选择最适合发挥自己特长与优势的创业方向、途径和方法。

为了培养自己的决策能力,创业者可以从以下几个方面着手。

① 拓宽知识面。创业者既要掌握社会科学、管理科学和自然科学等的一般知识,又要掌握一定的交叉性、综合性学科的最新知识,这是创业者进行科学决策最重要的依靠。

② 了解我国的政策和法律环境。创业者既要较全面地了解党和国家的大政方针及政治、经济、社会发展等一般情况,又要掌握马克思主义的基本原理,懂得社会发展的客观规律,有战略眼光。只有这样,创业者才能在决策上不犯方向性和脱离实际的错误。

③ 培养创新精神。创业者要把创新热情与科学求实的态度结合起来,在学习中要敢于质疑,培养求异思维,不迷信书本,不墨守成规,敢于坚持真理,唯实不唯上,敢于提出与其他人不一致的科学方案。

④ 养成虚心求教的精神。在创业过程中,创业者要学会倾听客户、经销商、生产厂家、竞争者、学者、专家的意见和建议,不耻下问,这样创业者知道的信息也就越多,其所做的决策也会更加科学、合理。

(2) 经营管理能力。创办一个企业,不懂经营管理是非常致命的,对创业者来说,经营管理能力的培养贯穿创业的全过程。经营管理能力是指创业者对人员、资金的管理能力。它涉及人员的选择、使用、组合和优化,也涉及资金聚集、核算、分配、使用、流动。经营管理能力是一种较高层次的综合能力,是运筹性能力。经营管理能力的形成要从学会经营、善于管理、学会知人用人、善于投资理财等方面去努力。

① 学会经营。创业者一旦确定了创业目标，就要组织实施，为了在激烈的市场竞争中取得优势，创业者要学会根据企业的资源状况和所处的市场竞争环境对企业长期发展进行战略性规划和部署、制定企业的远景目标和方针。在此基础上，创业者要制定各种经营策略，确保企业能够健康、快速地成长。

② 善于管理。一个组织要想有成效，必须使组织中的各个部门、各个单位，甚至各个人的活动都同步、和谐；组织中人力、物力和财力的配备也要同步、和谐，只有这样才能均衡地达到多元的组织目标。在创业过程中，人、财、物的组织与计划问题，对人进行领导和激励的问题等都自始至终客观存在，创业者在经营管理时，要对创业活动中人、物、资金、场地、时间的使用，选择最佳运作方案，做到不闲人员和资金、不空设备和场地、不浪费原料和材料，使创业活动有条不紊地运转。

此外，学会管理还要敢于负责，创业者要对本企业、员工、消费者、客户以及对整个社会都抱有高度的责任感。

③ 学会知人用人。市场经济竞争最主要是人才的竞争，谁拥有人才，谁就拥有市场、拥有未来。创业者要学会用人，首先，必须提高自身的能力、素质，懂得与人交往的艺术；其次，必须掌握用才之道，知道怎样识才、用才、留才；最后，还必须善于挖掘员工的潜力，给予员工必要的心理帮助，使员工发自内心地热爱自己的工作。如果一个创业者不吸纳德才兼备、志同道合的人共创事业，创业就难以成功。因此，创业者必须学会用人，要善于吸纳比自己强或有某种专长的人共同创业。

④ 善于投资理财。创业者在创业时往往需要大量的资金投入，如果不学会理财，容易半途而废。要学会理财，首先，要学会开源节流。开源就是培植财源，在创业过程中创业者除了抓好主要项目创收外，还要注意广辟资金来源。节流就是节省不必要的开支，尤其是在创业初期，要树立节约每一滴水、每一度电的思想，切不可花钱大手大脚。其次，要学会管理资金。一是要把握好资金的预决算，做到心中有数；二是要把握好资金的进出和周转，每笔资金的来源和支出都要记账，做到有账可查；三是要把握好资金投入的论证，每投入一笔资金都要进行可行性论证，确保使用好每一笔资金。

8. 交往协调能力

在创业实践中，创业者不但要与客户、企业员工、投资方打交道，还要与政府部门、经销商、生产商、竞争者打交道，交往协调能力是创业者必须具有的基本能力。

所谓交往协调能力是指能够妥善地处理与公众(政府部门、新闻媒体、客户等)之间的关系，以及能够协调下属各部门成员之间关系的能力。创业者应该做到妥善地处理与外界的关系，尤其要争取政府部门、工商以及税务部门的支持与理解。在企业外部，创业者需要通过各种语言或媒介向他人传达某种信息，有效地使他人理解，促进经营管理活动顺利进行，为企业的生存和发展创造一个有利的环境；在企业内部，创业者要善于利用各种手段激励员工，以激发员工的积极性、主动性和创造性。

9. 创新能力

创新是知识经济的主旋律，是企业化解外界风险和取得竞争优势的有效途径，创新能力是创业者能力素质的重要组成部分。

创业者必须具有创新能力，这是由经营管理活动的竞争性所决定的。提高企业竞争力的关键在于发挥创业者的创新能力。只有不断地用新的思想、新的产品、新的技术、新的制度和新的工作方法来代替原来的做法，才能使企业在竞争中立于不败之地。

创新能力包括两方面的含义：一是大脑活动的能力，包括创新意识、创新思维和创新技能三部分，核心是创新思维；二是创新实践的能力，即人在创新活动中完成创新任务的能力。创新能力是一种综合能力，与人们的知识、经验、技能、心态等有着密切的关系，需要创业者具有丰富的理论知识和实践经验，熟练的专业技能以及乐观、积极向上的健康心态等。

9.2.4　大学生创业者的准备工作

1. 大学生创业者的自我认知

在创业开始之前，大学生创业者需要评估自己的优势和劣势，看看自己是否具备基本的创业素质和能力。大学生创业者可以通过思考以下几个方面的问题，来初步判断自己是否具有创业的基本素质与能力。

(1) 为什么要创业？你适合创业吗？你的策划和组织能力如何？你的决策和综合管理能力如何？你的创业风险(资金风险、竞争风险、团队分歧风险、核心竞争力风险)的规避能力如何？

(2) 你创业成功的核心资源优势是什么？你是否有足够的资金？你是否有足够多的行业经验？你的人脉资源怎么样？你的主要客户有哪些？你的产品有哪些优势？你的产品价格是否有吸引力？你的商业模式是否可行？

(3) 你能够组建一支高效的创业团队吗？你的合作伙伴是谁，他们会和你同甘共苦吗；他们也和你一样，将创业当成自己的事业吗？怎样设计薪酬体系，留住那些才能出众的员工？

(4) 你能长时间保持创业激情吗？当你很长一段时间业务没有进展，与员工发生激烈冲突时，他们不理解你、不支持你的时候，这会使你感到郁闷、孤独，你准备如何承受，你能够承受吗？创业者强烈的创业激情和坚强的意志，能够促进其成功，并在遇到经济衰退等困难和危机时能够帮助他顽强地生存下来。

(5) 你的身体和精神状态适合创业吗？你的身体健康状况是否允许你从事这样的工作？创业过程充满挑战，意味着长时间而艰苦的工作。健康的身体是创业者承受创业高强度体力和精神压力的前提，创业过程有时会使你兴奋愉快，有时会让你沮丧颓唐。这些高强度、高耐力的工作将使你失去许多休息时间，你有没有这样的心理准备呢？

(6) 你的家庭支持你创业吗？创业之初，家庭对你的创业影响很大，创业能否成功与创业者家庭是否支持有极大的关系，你确信家庭会支持你吗？他们支持你的力度会有多大？他们能够接受你失败吗？

(7) 你准备承受创业初期的风险了吗？创业始终伴随着风险，在确立创业目标之后创业者接下来要面临的问题就是：创业的风险有哪些？创业最坏的结果是什么，我能否接受？我怎样才能从最坏的结果中走出来？

2. 大学生创业者的创业条件准备

创业成功与否，并不在于你是否具有良好的教育背景，而在于你是否做好了创业的准备、积累了足够的经验。现实中每个创业失败者都可能会为自己的失败找到无数个理由，但笔者认为，失败的最终根源只有四个字：准备不足。要想创业成功，关键并不在于创业早，而在于创业的各项准备工作做得扎实、充分。只有创业准备工作做得扎实、充分，才能保证企业茁壮成长。

(1) 了解创业优惠政策。各级政府为了支持创业，相继出台了多项扶持政策，其中包括提供小额贷款、减免税收、员工聘请和培训享受减免费优惠等。创业者一定要利用好这些资源，不断提升自己的能力。对创业优惠政策不仅要理解，也要在实践中运用。

(2) 认真了解自身优势，做到知己知彼。

① 你想做的是什么？你能做的是什么？你想做的最好是你喜欢的，这样才会有源源不断的动力推动你前进。大部分人创业不成功不是因为选错行业，而是因为兴趣转移，失去耐心而中途放弃。

② 我为什么要创业？是否有足够的决心，愿意承担风险吗？是否舍得放弃过去的利益？

③ 我是否具备创业者应有的能力与素质，是否能承受挫折，是否具有综合全面的素质，是否具有专项技术特长？

④ 我创业成功的核心资源优势是什么？我是否具备的足够的资本，行业经验，客户资源，技术创新、商业运作能力？与即将面对的竞争对手相比我是否有明显的优势？

(3) 做好能力储备。争取亲朋友好友的理解，获得资金支持，建设高效团队，进行科学市场调查和预测，掌握创业法律知识，拓宽市场渠道，团结合作伙伴，争取政府支持，打击竞争对手，争取企业客户，降低营运风险，等等，这些创业者的日常工作要求创业者具备企业管理、心理、公关、营销、财税、会计等方面的知识。而创业者要想具备这些知识，只有通过平时的学习才能积累。除此之外，创业者也必须有良好的身体素质，有创业思想准备的大学生要多开展文体活动，保证今后有充沛的体力投入工作。

(4) 积极参加社会实践。凡事预则立，不预则废，机会总是给有准备的人的，作为准备进行创业的大学生来说，做好社会实践工作尤其重要。在创业实践中，许多问题单靠某一方面的知识是难以解决的，需要考虑诸多因素、运用多方面、知识的技能才能解决。创业实践使创业者接近社会，获得大量的感性认识和许多有价值的新知识，同时能够把自己所学的理论知识与接触的实际现象进行对照、比较，把抽象的理论知识逐渐转化为认识和解决实际问题的能力。对创业者来说，这将使其受益匪浅。

(5) 进行市场调研和科学的市场预测。市场调查是市场营销活动的起点，即通过一定的科学方法了解和把握市场，在调查活动中收集、整理、分析市场信息，掌握市场发展变化的规律和趋势，为企业进行市场预测和决策提供可靠的数据和资料，从而帮助企业确立正确的发展战略。

所谓没有调查就没有发言权，创业者在创业时，切不可自以为是，要多进行市场调查，多研究市场、分析市场。创业初期，创业者尤其要重视市场调查在科学决策中的重要作用，在没有调查好之前，切不可盲目、武断地下结论。

在市场调查以后，要进行市场预测。首先，市场预测要对需求进行预测：市场是否存在对这种产品的需求？需求程度是否可以给企业带来所期望的利益？新的市场规模有多大？需求发展的未来趋向及其状态如何？影响需求的有哪些因素？其次，市场预测还包括对市场竞争的情况和企业所面对的竞争进行分析：市场中主要的竞争者有哪些？是否存在有利于本企业产品的市场空当？本企业预计的市场占有率是多少？本企业进入市场会引起竞争者怎样的反应，这些反应对企业会有什么影响？等等。

(6) 撰写商业计划书。当创业者选定创业目标与确定创业的动机后，而且资金、人脉、市场等各方面的条件都已准备妥当或已累积了相当实力的时候，就必须对欲选择的创业项目进行可行性分析，并撰写一份商业计划书。

创业者可以通过制定商业计划书，罗列出项目的优缺点，再逐条推敲，得到更清晰的认识。在这个创业计划里，要想清楚如何销售、如何采购、盈利前景、需要多少流动资金、如何筹集启业资金等。根据这些，撰写一个项目的可行性报告。

(7) 筹措创业资金。创业资金短缺是目前创业者面临的一个主要问题。当创业者的创业资金不足时，除了可以向亲友借，还可以设法寻求政府、银行、投资基金等相关贷款资源，以解决创业资金不足的问题。企业应先求生存再求发展，打好根基，切勿好高骛远、贪图业绩、罔顾风险，必须重视经营本质，步步为营，再求创造利润，进而扩大经营。

此外，创业者可以通过听讲座、听报告等多种形式增加对创业的了解，还可以利用空余时间积极参加企业见习活动，深入了解企业的生产、市场运营、人力资源、财务管理等方面的知识，为创业打下坚实的基础。

9.3　大学生创业资源

著名创业大师霍华德·史蒂文森认为，创业者在企业成长的各个阶段都会努力争取用尽量少的资源来推进企业的发展，他们需要的不是拥有资源，而是控制这些资源。大学生要想创业成功，就要学会获取资源，并能将资源进行合理的整合，发挥创业资源的最大价值。

9.3.1　创业资源

常言道："巧妇难为无米之炊。"同样，没有资源，创业者也只能"望(商)机兴叹"。资源是任何一个主体在向社会提供产品或服务的过程中所拥有或所支配的能够实现自己目标的各种要素以及要素组合。创业本身也是一种资源的重新整合，创业资源是指创业者和其企业在创业过程中所需的以及可以动用的资源，这些资源有的是有形的，有的是无形的，是创业者和其企业实现目标的必要条件，也是企业竞争力的重要来源。简单地说，创业资源就是创业者所需具备的创业条件。

9.3.2　大学生创业者创业资源的主要内容

在创业实践中，大学生创业者创业资源的主要内容如表 9-4 所示。

表 9-4　大学生创业者创业资源的主要内容

资源类型	资源名称	资源内容
必备资源	资金资源	自有资金、亲戚朋友的借款、政策性低息贷款、各种政策与资助扶持的创新基金或者科技基金、风险投资、天使投资以及写字楼或孵化器所提供的便宜的租金等
	场地资源	自有产权房屋、可以租借到的经营场所、科技园或工业园提供的低价场地、各种孵化器或创业园提供的廉租屋等
	人才资源	创业者自身素质特点、高效的创业团队建设、可以聘请到的管理人才及营销人才、专家顾问团队、优秀的员工等
	管理资源	企业诊断、市场营销策划、制度化和正规化企业管理的咨询
	客户资源	现实的客户和潜在的客户
	技术资源	对口的研究所和高校科研力量的帮助、与企业产品相关的科技成果以及进行产品开发时所需要用到的专业化的科技试验平台
	信息资源	具有完成创业所需要的信息，包括技术、行业、市场及政策信息
	产品资源	具有创新性的产品以及具有市场前景的产品等
支撑资源	营销渠道	已有的营销网络，可以使用或租借的营销渠道，营销渠道的效率和效果是否与产品匹配
	关系网络	个人关系网络，如亲朋好友、老师同学、战友同事等、社会关系网络，如创业前的业务合作伙伴、可以进行利益共享的交换群体、具有弱连接的社会关系等
外围资源	创业环境	涉及市场、行业、经济、环境、政治法律、社会等各个方面。创业环境对创业者来说至关重要

(续表)

资源类型	资源名称	资源内容
外围资源	创业政策	行业准入政策、创业扶持政策、税收减免政策、工商注册支持政策、保障创业者利益的政策
	创业文化	人们在追求财富、创造价值、促进生产力发展的过程中所形成的思想观念，价值体系和心理意识，主导着人们的思维方式和行为方式

9.3.3　创业资源获取的途径

1. 获取技术资源的途径

获取起步项目所依赖技术的途径包括：吸引技术持有者加入创业团队；购买他人的成熟技术，并进行技术市场寿命分析等；购买他人的前景型技术，再通过后续的完善开发使之达到商业化要求；购买技术和技术持有者；自己研发，但这种方式所需时间长、耗资大。

2. 获取人力资源的途径

这里的人力资源不是指企业成立以后需要招募的员工，而是指创业者及其团队拥有的知识、技能、经验、人际关系、商务网络等。一般而言，获取人力资源的主要途径有校园招聘、朋友介绍、社会实践以及其他途径。

3. 获取营销网络的途径

营销网络将帮助新创企业的产品或服务走向市场，换回用户的"货币选票"。一般情况下，新创企业可通过以下途径获取营销网络：

(1) 借用他人已有的营销网络，使用公共流通渠道。

(2) 自建营销网络与借用他人营销网络相结合，扬长避短，使营销网络更适应新创企业的要求。

4. 获取外部资金资源的途径

对于外部资金资源的获取，一般可通过以下五种途径：①依靠亲朋好友筹集资金，双方形成债权债务关系；②抵押、银行贷款或企业贷款；③争取政府某个计划的资金支持；④所有权融资，包括吸引新的拥有资金的创业同盟者加入创业团队，吸引现有企业以股东身份向新企业投资、参与创业活动，以及吸引企业孵化器或创业投资者的股权资金投入等；⑤制订一个详尽可行的创业计划，吸引一些大学生创业基金甚至风险投资基金的目光。

5. 获取专家资源的途径

(1) 书籍和研讨会。不要低估好的商业书籍或研讨会的力量，这种力量能启发你、指导你，并且能把你从因缺乏经验而导致的失误中解救出来。这类选择很多，如商业书籍、各地创新创业培训班等。这些资源可以提供基本的商业原则和案例，还可以提供一般的咨询建议，如撰写商业计划书、创业项目的选择和评估等。

(2) 商业教练。自助资源可以提供一般性的建议，而商业教练可以针对你的公司和问题提供一对一的指导服务。他们一般按月收取固定的费用，服务项目包括固定的咨询时间和特定的项目计划。好的商业教练拥有多年经验，能够分析你公司的业务模式，找出缺点，提供改进建议，发现日常问题并给予解决方法，以及对销售、营销、招聘和团队管理等领域进行调整。

选择商业教练时最好找当地人，这样他可以直接观察你的公司运营，提供培训支持，并且可以随叫随到。要确保你们的关系融洽，以使商业教练的专业系统和方法论能充分帮助到你。这类合作是长期关系，需要良好的沟通和相互尊重。创业者应选择一个商业背景丰富的商业教练，而不仅仅是懂得你所在行业的人。要想创造性地解决问题，还必须摆脱你所在行业的固有观念的束缚。

(3) 外部咨询顾问。对于策略性问题，如建立会计系统或突破产品制造瓶颈等，就要求助于具备相关知识的外部咨询顾问。外部咨询顾问通常按小时收费，并会提前告诉你预估费用。

9.3.4　大学生创业资源的整合

资源整合是指企业对不同类型资源进行识别与选择、汲取与配置、激活与融合，使之具有较强的柔性、条理性、系统性和价值性，并创造出新的资源的一个复杂的动态过程。创业资源整合是指企业对不同来源、不同层次、不同结构、不同内容的资源进行选择、汲取、激活和有机融合，使之具有较强的柔性、条理性、系统性和价值性，并对原有的资源体系进行重构，摒弃无价值的资源，以形成新的核心资源体系。

资源整合分为以下几种重点资源的优化利用：政策资源、信息资源、资金资源、人才资源、管理资源、科技资源。创业者在创业过程中要想取得好的成效，就要在这几个重点资源的利用上进行优化配置，达到资源利用最大化。

资源整合过程可以分为四个子过程，即资源扫描、资源控制、资源利用和资源拓展，如图9-1所示。这四个子过程在时间上并不是完全分离的，而是相互影响、相互衔接的。

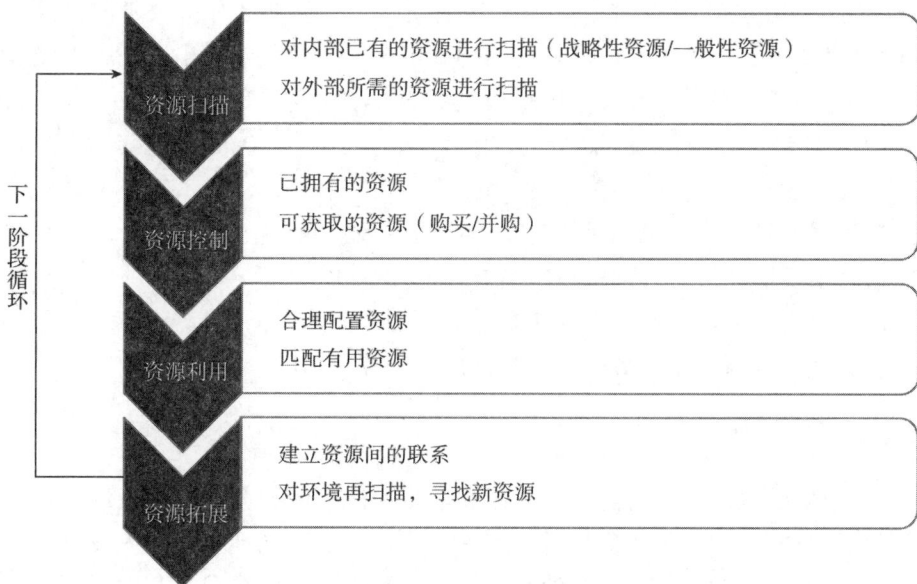

图 9-1　资源整合过程

9.3.5　资源整合的途径

1. 善用资源整合技巧

创业总是和创新、创造及创富联系在一起，一位创业者结合自身创业经历提出了这样的观点：缺少资金、设备、雇员等资源，实际上是一个巨大的优势。因为这会迫使创业者把有限的资源集中在销售上，进而为企业带来收益。为了确保公司持续发展，创业者在每个阶段都要问自己，怎样才能用有限的资源获得更多的价值？

(1) 学会拼凑。拼凑是指在已有元素的基础上，不断替换其中的一些要素，形成新的元素，即新的认识。很多创业者都是拼凑高手，通过加入一些新元素，与已有的元素重新组合，形成在资源利用方面的创新行为，进而可能带来意想不到的惊喜。

创业者通常利用身边能够找到的一切资源进行创业活动，有些资源对他人来说也许是无用的、废弃的，但创业者可以通过自己独有的经验和技巧，加以整合创造。例如，很多高新技术企业的创业者并不是专业科班出身，可能是出于兴趣或其他原因，对某个领域的技术略知一二，却凭借这个略知的"一二"敏锐地发现了机会，并迅速实现了相关资源的整合。

整合已有资源，快速应对新情况，是创业的利器之一。创业者善于用发现的眼光，洞悉身边各种资源的属性，将它们创造性地整合起来。这种整合很多时候甚至不是事前仔细计划好的，而往往是具体情况具体分析、"摸着石头过河"的产物。这也正体现了创业的不确定性，并考验创业者的资源整合能力。

201

(2) 步步为营。步步为营指在缺乏资源的情况下，创业者分多个阶段投入资源，并在每个阶段投入最少的资源的方法。美国学者杰弗里·康沃尔指出，在有限资源的约束下，采用步步为营法整合资源，不仅是最经济的方法，而且是一种获取资源满意收益的方法。由于创业者难以获得银行、投资家的资金，为了使风险最小化、审慎控制和管理、增加收入等，采用步步为营法有以下作用：

① 在有限资源的约束下，寻找实现创业理想目标的途径。

② 最大限度地降低对外部资源的需要。

③ 最大限度地发挥创业者投入在企业内部资金的作用。

④ 设法减少资源的使用量等，以降低成本和经营风险。

2. 发挥资源杠杆效应

资源杠杆效应就是以尽可能少的付出获取尽可能多的收获。发挥资源杠杆效应的能力体现在几个方面：能比别人更加长久地使用资源，更充分地利用别人没有意识到的资源，利用他人或者资源，产生更高的复合价值，利用一种资源获得其他资源。

3. 设置合理利益机制

资源通常与利益相关，创业者之所以能够从家庭成员那里获得支持，是因为家庭成员之间不仅是利益相关者，而且是一个利益整体。既然资源与利益相关，创业者在整合资源时，就一定要设计好有助于资源整合的利益机制，借助利益机制把潜在的和非直接的资源提供者整合起来，借力发展。因此，整合资源需要关注有利益关系的组织或个人，要尽可能多地找到利益相关者。同时，分析清楚这些组织或个体和自己以及自己想做的事情的利益关系，利益关系越强、越直接，整合到资源的可能性就越大。

共同利益的实现需要共赢的利益机制做保障，多数情况下难以同时赢，更多的是先后赢。创业者要设计出让利益相关者感觉到赢而且是优先赢的机制，在创业实践中，对于在长期合作中获益、彼此建立起信任关系的合作，双赢和共赢的机制已经形成，进一步合作并不是很难。

9.4　大学生创业机会识别与评价

机会只给有准备的人，大学生要想创业成功，就需要通过主观努力，抓住创业的条件和机会，抓住成功的机遇，关键就在于自身的努力，即自己的主观努力。目前，我国经济高速发展，消费升级以及城镇化等发展战略都为我们带来了巨大的创业机会。面对这些好的创业机会，我们一方面要做好准备，积累充分的资源和条件，敢于当机立断做决策，另一方面，我们要对创业机会进行测评，选择最适合自己创业的机会。

9.4.1 创业机会

经济和科学技术的快速发展，给各行各业带来了良机，人们透过这些变化，就会发现实现自己创业梦想的机会。

创业机会主要是指具有较强吸引力的、较为持久的、有利于创业的商业机会，创业者可以据此为客户提供有价值的产品或服务，同时使自身获益，实现创业目标。

一般而言，创业机会必须具有以下四个特征：

(1) 它很能吸引客户。

(2) 它能在你的商业环境中行得通。

(3) 它必须在机会之窗存在期间被实施(机会之窗是指商业想法推广到市场上所花的时间，若竞争者已经有了同样的想法，并已经把产品推向市场，那么机会之窗也就关闭了)。

(4) 创业者必须有资源(人、财、物、信息、时间)和技能才能创立业务。

9.4.2 创业机会的主要来源

1. 顾客需求

创业的根本目的是满足顾客需求，而顾客需求在没有满足前就是问题，如大学生难以处理不用的书籍，于是有了二手书市场。例如，有一名大学生发现学生放假时存在交通困难的问题，于是创办了一家客运公司，专做大学生的生意。这些都是从"负面"寻找机会的例子。寻找创业机会的重要途径是善于去发现和体会人们的需求或生活中的难处。在顾客需求没有满足前就是问题，把"问题"解决了，就可转化为创业的机会。

2. 市场变化

在市场上，唯一不变的规律就是变化。创业的机会大都产生于不断变化的市场环境，环境变化了，市场需求、市场结构必然发生变化。创业者应积极寻找这种变化，并把它转化为商机。世界著名的管理学大师彼得·德鲁克将创业人定义为那些能够寻找变化，并积极反应，把它当作机会并充分利用的人。例如，随着居民收入水平的提高，私家轿车的拥有量将不断增加，这就会派生出汽车销售、修理、配件、清洁、装潢、二手车交易、代驾等诸多创业机会。

3. 他人经验

从他人的成功经验中寻找创业灵感，往往能找到不一样的商机。虽说成功者的经验不能放之四海皆准，但一个人的成功必然是诸多因素集结而成的，借鉴其中的长处，必然比自己毫无头绪地乱闯乱撞要可行的多。学习成功者的长处和优点可使创业者的视野更加开阔，思路更加清晰。

4. 创造发明

知识经济的一个重要特征就是信息爆炸，技术不断更新换代，这些都蕴藏着大量的商机。我们可以通过"知本+资本"的方式发展企业。"知本"就是指大学生创业者所具备某一专业、技术特长，或成功研制的一项新产品、新工艺；"资本"指的是投资者的风险投资。这主要集中于电子信息、生物技术、高科技农业等技术含量高、知识密集型的行业。例如，有一名大学生回家乡创业养鱼，他发现养鱼一个重要的工作是喂食，人工喂食很辛苦，效果也不好，于是，他利用自己所学的专业知识，发明了一款全自动喂食机，目前这款机器已实现产业化。

5. 细节

创业者可以从别人所忽略的细节中寻找创业机会。作为创业者，如果你能重视被别人忽略的机会，也许你比别人更出色。任何一个事物都不可能完美无缺，而任何一个新奇的事物都是一扇创业的大门，要想从不起眼的小事中发掘重要的商机，创业者需要耐心、细心以及联想。在被别人忽略的细节中，往往蕴含着创业机会，如果你时刻留心，就会比别人更容易成功。例如，有一名大学生发现每年大学开学，一年级的学生都要参加军训，军训结束后，大量的军训服都会被丢弃，于是，他成立了一家专门回收军训服的公司，通过低价买进军训服，然后卖给一些农民工、建筑工等，赚取差价，取得了不错的效益。

6. 市场竞争

通过市场调查，弥补竞争对手的缺陷和不足，这也将成为创业者的创业机会。如果你看出了同行业竞争对手的缺陷和不足，并能将其弥补，这就将成为你的创业机会。因此，平时做个有心人，多了解周围竞争对手的情况，分析出与你有相同服务的竞争对手的优点和缺点，好的要学习和再提高，不好的就要具体找出是哪几个缺点，然后在你的项目中弥补这些不足。同时，看看自己能否做得更好、能否提供更优质的产品、能否提供更周全的服务，如果可以，你也许就找到了创业的机会。

7. 新知识、新技术的产生

一些新知识和新技术的产生也为创业者提供了创业的机会。例如，现在的手机不仅能打电话，上网、摄像、移动支付、各种 App 等功能应有尽有，这给能利用这些技术的人提供了市场创业机会，产生了一大批"拇指经济"创业者。例如，南京的几名大学生，在手机平台上开发出一款找厕所的软件，该软件最核心的部分就是制作城市的厕所地图，这给一些外地人提供了便利。

9.4.3　大学生寻找创业机会的主要途径

1. 利用课堂学好创业知识

现在，国家对大学生创业教育非常重视，许多高校也开设了创业课程，大学生可以充分利用校园生活环境和有利的学习条件，学习好相关知识，锻炼好自己的能力，为创业打下坚实的基础。目前，高校所开设的创业课注重培养学生的自我创业意识和企业家精神，其教育内容涉及方方面面，如产品设计技术、质量管理、销售、资金筹措、人际关系、商业法规及政府的有关法律章程等。这些知识对大学生今后创业会产生巨大的影响。即使不创业，学好这些知识也会让大学生在工作中受益无穷。

2. 充分利用图书馆资源

高校图书馆是我们获取知识的重要场所，里面有许多关于创业的报纸、图书、杂志，广泛阅读能够增长我们的见识、开阔我们的视野，要多看、多听、多想。我们可以经常阅读报纸、参加展销会、研究竞争者的产品、召开献计献策会，通过对消费者开展调查等来寻找、发现或识别他们未满足的需要，从而增加发现机会的可能性和概率。

为今后更好创业，建议大学生多看一些人才类、经济类的杂志或报纸，如《销售与市场》《商务周刊》《21 世纪经济报道》等。这些杂志往往都有一些对创业非常有价值的信息。

3. 利用电视和网络媒介

创业者要学会使用互联网平台。目前，互联网平台除了方便创业者收集各种信息、做好市场调研外，还为创业者提供了更加广阔的市场，有助于降低创业者的创业门槛，发挥创业者的想象力和创造力。

现在电视网络媒介非常发达，创业者可以在里面学习很多创业知识。例如，中央电视台的《致富经》栏目、专业的创业类网站中的一些内容也是值得创业者学习的。此外，网络上关于大学生创业的专题网站也有很多，最有名的是全国大学生创业网。地方政府为了扶持大学生创业，往往也会建立相应的大学生创业网站，如杭州市政府就设有杭州市大学生创业网。这些网站内容丰富，一般有创业政策、创业故事、创业新闻等板块，非常值得大学生创业者学习和参考。

4. 多参加一些社团活动和社会实践活动

社团活动是大学生拓展素质与进行创业实践的最好途径。积极参加社团活动，可以培养自己的良好品格、锻炼自己与人交往的能力，也可以提升自己的组织协调能力。这也是大学生创业所必备的能力。

此外，大学生要高度重视社会实践工作，在社会实践中学习企业的生产运营、市场营销、人力资源管理等，将社会实践作为创业实践的前期尝试和探索。在创业心理、创业思维、创业知识和能力都已经具备的情况下，就可以从容地进行创业了。

5. 积极参加创业计划竞赛

现在许多高校都组织了创业计划大赛，这不仅激发了大学生的创业意识，培养了他们的创新能力，还促进了大学生创业构思的诞生。创业计划是大学生走近市场、开展创业活动的第一步，而且现在许多高水平的创业大赛受到了媒体和投资机构的高度关注，许多项目还获得了风险投资基金的资金支持。目前，最有影响的当属"挑战杯"中国大学生创业计划竞赛，不仅参与的高校多，而且比赛水平高，影响范围广。

此外，各高校经常举办学科竞赛或科技项目竞赛等活动，有志于创业的大学生在力所能及的情况下，要抓住这样的机会，提升自己的综合素质，可能有机会在今后创业中获得资金支持。

6. 亲朋好友、师长和同学介绍的合适的创业项目

选择好创业项目就意味着创业成功了一半。创业者应该尽量选择自己所熟悉的行业或领域。深处象牙塔的大学生，社会经历相对较少，获取社会知识的一个重要来源就是身边的亲朋好友、师长和同学。这些人往往会站在你的角度去思考问题，为你着想。这些人的介绍对大学生来说是一个重要的创业项目来源。同时，创业初期，他们介绍的项目更容易获得他们的信任和支持，从而使创业更容易走上正轨，获得成功。

从风险—收益角度来讲，选择合适的创业项目也是为了降低自身投资的风险。此外，只有自己所熟悉的行业，才能给自己更大的动力与激情。同时，要结合自己的优势寻找项目，如创业项目是不是和你的人脉圈子相符合，所需要的资金与你所筹集到的资金是不是相符合，等等。对你来说，能够让你扬长避短的创业项目才是最好的项目。一些服装店、饰品店、儿童用品店、体育用品店、特产经营店、快餐业、家政服务、校园小型超市、数码速印站等传统行业因其投资小、资本回报期短，也值得大学生创业者考虑。

7. 积极参加各种社交活动，与商界人士广泛交流

积极参加各种社交活动的人往往是善于交流的人，大学生在学校里应该培养自己良好的交往能力，这是进入职场或创业所必需的。

大学生创业者由于缺少社会经验和商业经验，如果把自己独立放到整体商业社会中，对创业往往难以把握，这时，可以先给自己营造一个小的商业氛围。大学生创业者一方面可以去企业打工或实习积累相关的管理和营销经验；另一方面，可以积极参加创业培训，积累创业知识，接受专业指导，提高创业成功率。同时，创业者可选择一个能提供有效配套服务的创业(工业)园区落户，借助其提供的优惠政策、财务管理、营销支持等服务，使企业稳定发展。此外，创业者还可以找一个经验丰富的企业管理咨询师做企业顾问，并借助各种资源，学会和各方面的人合作，给自己营造一个好的商业氛围，

这对创业者的起步十分重要。

在现实生活中，有创业经验的人是很多的，他们也愿意将自己的创业经验与人分享，这时如果你主动，就可能获得最直接的创业技巧和经验，这些知识往往是你在校园里学不到的。你甚至可以通过电子邮件等方式与你欣赏的商界人士进行交流，记住一定要谦逊，你的谦逊总能得到他们的回应。

9.4.4 创业机会评价

1. 定性分析方法

创业者可以从以下五个方面来选择创业机会：机会的原始市场规模，机会将存在的事件跨度，预期待定机会的市场规模将随时间增长的速度，好机会所具备的特点，特定机会对特定创业者的现实性。

定性评价分为五个步骤：第一步，判断新产品或新服务的价值、障碍、市场认可度等；第二步，分析风险、机会；第三步，思考在产品生产中如何保证生产批量和产品质量；第四步，估算新产品的初始投资额，确定使用何种融资渠道；第五步，控制和管理可能遇到的所有风险。

2. 定量分析方法

标准打分矩阵是被大家公认的创业机会的定量分析评价方法：通过选择对创业机会成功有重要影响的因素，并由专家小组对每个因素进行打分，一般分为极好、好、一般三个等级。最后求出每个因素在各个创业机会下的加权平均分，从而对不同的创业机会进行比较。这种方法比较简单实用，也是目前人们使用最广的一种方法。

例如，开设一家早餐店的创业机会标准打分如表 9-5 所示。

表 9-5 早餐店评分

标准	专家评分			
	极好(3)	好(2)	一般(1)	加权平均分
服务质量	7 分	3 分	0 分	2.7 分
产品质量	8 分	1 分	1 分	2.7 分
竞争状况	5 分	5 分	0 分	2.5 分
店面环境	5 分	5 分	0 分	2.5 分
选址情况	7 分	2 分	1 分	2.6 分
广告宣传	7 分	3 分	0 分	2.7 分
物资供应	8 分	1 分	1 分	2.7 分
销售能力	5 分	5 分	0 分	2.5 分

(续表)

标准	专家评分			
	极好(3)	好(2)	一般(1)	加权平均分
交通情况	5分	5分	0分	2.5分
财务状况	7分	2分	1分	2.6分

计算和比较各个机会的优先等级，公式如下：

$$\frac{技术成功概率 \times 商业成功概率 \times (价格 - 成本) \times 投资生命周期}{总成本} = 机会优先级$$

打分矩阵通过让创业者填写针对不同因素的不同情况，预先设定好权值的选项式问卷方法，来快速地得到特定创业机会的成功潜力指标。

同时，设立创业机会评价指标必须充分考虑四个方面的因素：第一，财务因素。创业机会能否为创业者或股东创造价值(经济回报)。第二，顾客因素。创业机会能否为顾客创造持续的价值(使用价值)。第三，内部因素。内部因素是指谁去开发创业机会，以及开发创业机会的主体所拥有的资源。第四，学习和创新因素。创业机会的创新程度和持续性主要是指创业机会的未来价值，即创业机会的战略优势。

3. 创业导师或专家意见调查法

创业导师意见调查法就是组织创业导师进行创业一线调查，在此基础上为大学生创业提出建议。专家意见调查法是围绕大学生创业机会这一主题或问题，征询有关专家或权威人士的意见和看法的调查方法。这种调查需要多轮次进行，一般为3~5次，每次都请调查对象回答内容基本一致的问卷，并要求他们简要陈述自己看法的理由。每轮次调查的结果经过整理后，都会在下一轮调查时向所有被调查者公布，以便他们了解其他专家的意见，以及自己的看法与大多数专家意见的异同。这种方法可以充分利用专家的宝贵知识和丰富的经验，避免创业导师或者专家之间互相干扰。在创业初期，大学生更要认真倾听创业导师和专家的意见和建议，避免走弯路。

4. SWOT分析法

SWOT 由"S""W""O""T"4 个英文字母组成，它们分别代表一个单词，即 SWOT 是由 4 个要素组成的。

(1) S：strength，优势，指在竞争中拥有明显优势的方面。

(2) W：weakness，劣势，指在竞争中相对弱势的方面。

(3) O：opportunity，机会，指外部环境提供的比竞争者更容易获得的机会。

(4) T：threat，威胁，主要指一些不利的趋势和发展带来的挑战。

SWOT 分析法是一种根据企业自身既定的内在条件进行分析，找出企业的优势、劣势及核心竞争力的企业战略分析方法，如表 9-6 所示。使用简单是它的重要优点，即使没有精确的数据支持或更专业的分析工具，也可以得出有说服力的结论。

表 9-6　SWOT分析法

S：优势	W：劣势	O：机会	T：威胁
1. 有利的战略	1. 没有明确的战略导向	1. 服务独特的客户群体	1. 强势竞争者的进入
2. 有利的金融环境	2. 设备陈旧	2. 新的地理区域的扩张	2. 替代品引起的销量下降
3. 有利的品牌形象和美誉	3. 超额负载	3. 产品组合的扩张	3. 市场增长的减缓
4. 被广泛认可的市场领导地位	4. 超越竞争对手的高额成本	4. 核心技术向产品组合的转化	4. 汇率和贸易政策的不利转换
5. 专利技术	5. 缺少关键技术的行业资格	5. 垂直整合的战略形势	5. 由新规则引起的成本增加
6. 成本优势	6. 利润少	6. 分享竞争对手的市场资源	6. 商业周期的影响
7. 强势广告	7. 内在运作困境	7. 竞争对手的支持	7. 客户和供应商杠杆作用的加强
8. 产品创新能力	8. 落后的研发能力	8. 战略联盟与并购带来的超额覆盖	8. 消费者购买需求下降
9. 优质客户服务	9. 过分狭窄的产品组合	9. 新技术开发	9. 人口与环境的变化
10. 优秀产品质量		10. 品牌形象拓展	
11. 战略联盟并购			

9.5　新创企业的成立

大学生一旦决定创业，就需要组建创业团队，确定企业的法律形式，确定企业组织结构和登记注册，这些前期的工作对创业后期的工作开展具有重要的意义。

9.5.1　组建创业团队

创业团队是指由两个或两个以上具有一定利益关系，才能互补、责任共担，愿为共同的创业目标而努力奋斗的人共同组建的工作团体。他们在新创企业中往往处于高层主管位置。狭义的创业团队是指为了一个共同目标，享受创业权益、承担创业风险的一群创建新企业的人。广义的创业团队则不仅包括狭义创业团队，还包括与创业过程密切相关的各种利益相关者，如风险投资基金、核心员工、董事会、出资人、专家顾问团等。

一般认为，一个成功的创业团队包括五个要素(简称 5P)，它们分别是：

(1) 人(people)。任何创业团队能否取得成功，人的因素是第一位的，创业计划的制订、修改和实施最终还是要落实到人的身上。人作为创业团队中最关键的要素，其所拥有的知识、技能等综合素质将直接影响创业团队能否通过努力实现创业目标。

(2) 目标(purpose)。一个创业团队，首先要确定一个创业的目标，创业目标是将创业者的努力凝聚起来的关键要素，正是在创业目标的引领下，创业者才会明确分工、形成合力和辛勤工作。若现实中，创业者的目标往往通过更好地为消费者提供最满意的产品和服务来实现。

(3) 创业团队的定位(place)。创业团队的定位包含两层意思：一是创业团队的定位，确定整个团队在新创企业中所处的位置、创业团队在创业企业中扮演的具体角色以及他们的权利和义务；二是个体的定位，对创业团队成员进行明确分工，确定他们应当享有的基本权利以及应当承担的具体责任。

(4) 权限(power)。在创业团队当中，权力包括两方面：一是团队领导人的权力。团队领导人的权利与企业发展具体阶段息息相关，一般来说，企业初创期，规模比较小，领导者需要集权，提高决策的效率，以便对市场进行快速反应。在企业发展过程中，领导者更需要与员工一起群策群力，提高决策的水平和质量。二是团队的权力。要确定整个团队在组织中拥有哪些决定权，这些权利在创业团队中如何进行合理的分配。在现实创业过程中，财务决定权、人事决定权、生产决定权、采购决定权、市场决定权等重要决定权都是创业团队需要认真进行分配和筹划的。

(5) 计划(plan)。要实现创业者的创业目标，必须有一个切实可行的创业计划，创业计划是未来实现创业目标所做出的具体安排，是未来行动的方案。在创业实践中，创业计划一定要遵循经济性和可操作性两个基本原则。

9.5.2 组建创业团队的基本准则

1. 具有共同的创业理念

共同的创业理念是组建团队的首要准则。从某种意义上讲，创业理念的确比选择创业机会、设计薪酬、撰写商业计划书、创业融资等工作更为重要，因为共同的创业理念能够使大家团结在一起，群策群力，敢为人先，敢冒风险，坦然面对失败，激发全体员工的无穷创造力。创业理念可以说是创业成功的灵魂。

2. 具有核心创业者

核心创业者应是创业理念的创造者和带头实践者，应该用自己的思想和言行鼓动、说服和吸引关键人才加入进来，和大家一起组成优秀的创业团队，同时为每一个员工提供施展才华的舞台。

核心创业者要设计出符合实际的公司治理结构，为团队所有成员定位、定岗，使团队成员工作目标清楚明确，并能够愉快地工作。

3. 确保团队成员的互补

初创企业虽小，但也必须结构合理、分工明确。创业团队成员不能是清一色的技术研发人员，也不能全是负责终端销售的，优秀的创业团队成员往往背景经历、专业不同，各有长处，共同的创业理念使大家团结在一起，优势互补，产生 1+1>2 的效果。创业实践中，结构合理、互补性强的创业团队往往更加容易受到外界的支持和帮助。选择人才的标准如表 9-7 所示。

表 9-7　选择人才的标准

选人标准	说明
能力	能力是指人们在完成活动中表现出来的各种技能，它是人们顺利完成某一活动所必需的主观条件，也是选择创业成员最重要的因素
专业知识背景	良好的专业知识背景有利于创业者出色地完成工作任务
工作经验	工作经验往往能够反映人们的工作技能、工作效率以及他们对工作环境的适应程度，它是企业选拔、招聘人员的主要参考要素之一
心理素质	心理素质包括人的认识能力、情绪和情感品质、意志品质、气质和性格等个性品质，良好的心理素质是出色完成创业目标的坚强保证
敬业精神	敬业精神是一种基于挚爱的，对工作、对事业全身心忘我投入的精神境界，其本质就是奉献精神
身体素质	良好的身体素质是发挥技术、顽强拼搏的物质基础
用人成本	我们在选人时，要考虑企业的实际需要和用人成本，为企业创造最大效益

4. 合理的报酬体系设计

随着人力资源管理越来越受到重视，人才流失问题也越来越严重，合理、有竞争力的薪酬体系就显得越来越重要。建立合理的利益分配关系，做好报酬体系的设计，不仅是对员工工作的肯定，也是一种激励。企业的报酬体系不仅包括股权、工资、奖金、福利等金钱报酬，而且包括职务晋升和业务技能培训等。

9.5.3　新创企业的法律形式

股份有限公司由于注册资本要求较高，组织机构要求比较复杂，一般的创业者达不到条件，合伙和个人独资因创业者须承担无限责任，所以选择这两种企业形式的创业者相对较少，有限责任公司是绝大多数创业者乐于采用的组织形式。但具体选择企业形式时要综合考虑相关情况，做出最适宜的选择。

企业法律形式没有好坏之分，只有恰当与不恰当之分，必须根据实际情况选择。

(1) 如果准备开办的企业规模较小，投资人较少，资金较少，具备较强的风险承担能力，那么就可以选择比较简单的企业形式，如个体工商户或个人独资企业。

(2) 如果准备开办的企业规模较大，投资人较多，资金较多，为避免较大的债务风险，可以选择有限责任公司这种企业形式。

(3) 如果企业债务不多，则不必过分限制债务承担责任，可以采取简单经济的形式办企业，如个人独资企业、合伙企业。若企业负债较多，则必须限制承担责任，选择有限责任公司较为合适。

(4) 如果资金、技术不足，但有志同道合的朋友愿意一起干，合伙企业或有限责任公司是不错的选择。若不喜欢与他人合作，希望单独决策，可选择个人独资企业。

(5) 如果所选择的是科技含量高、需要大量投资的企业，则可以选择有限责任公司等企业形式。

9.5.4 新创企业的组织设计

一般来说，新企业刚创立时成员不多，组织结构设置应以简单、高效为准。初创小型企业的组织结构可直接按职能式组织结构设置，即把企业、人员按照工作职责分成若干部门，并为每个部门设立一个领导职务，然后明确各部门之间的关系。这种组织结构使企业内部从上到下实行垂直领导，下属部门只接受一个上级的领导，部门领导对所属部门的一切问题负责，如图9-2所示。

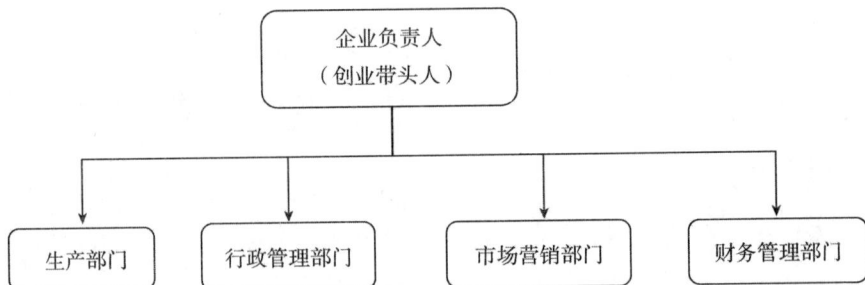

图9-2 企业组织结构

创业初期的企业管理常常处于一个层次，即总经理与各部门之间没有层次障碍。创业者可以直接深入一线，员工可以直接与创业者对话，这是创业初期的必要做法。这样虽然容易管理，但也会产生一些漏洞。创业者在创业初期需要考虑人力成本，常常是一人多职，但有些职位是不能兼任的。例如，出纳、采购或销售人员不能由一个人担任，出纳与会计不能由一个人担任，出纳与仓管不能由一个人担任。伴随着企业的成长，组织结构需要随着企业的发展而变化。创业者需要使组织创新与技术创新、市场创新、管理创新等相一致、相融合，从而使企业协调发展，才不会使新创企业过早老化而导致创业失败。

9.5.5 新创企业(主要指公司)的登记注册

1. 准备材料

(1) 公司法定代表人签署的《公司设立登记申请书》。
(2) 全体股东签署的公司章程。

(3) 法人股东资格证明或自然人股东身份证及其复印件。

(4) 董事、监事和经理的任职文件及身份证复印件。

(5) 指定代表或委托代理人证明。

(6) 代理人身份证及其复印件。

(7) 住所使用证明。

住所使用证明材料的准备分为三种情况：①若是自己的房产，需要房产证复印件、自己的身份证复印件；②若是租房，需要房东签字的房产证复印件、房东的身份证复印件、双方签字盖章的租赁合同和租金发票；③若是租用某个公司名下的写字楼，需要该公司加盖公章的房产证复印件、该公司营业执照复印件、双方签字盖章的租赁合同、租金发票。

2. 注册公司的步骤

第一步　核准名称

时间：1 个工作日。

操作：确定公司类型、名字、注册资本、股东及出资比例后，可以去工商局现场或线上提交核名申请。

结果：核名通过。如果失败则需重新核名。

第二步　提交材料

时间：3～5 个工作日。

操作：核名通过后，确认地址信息、高管信息、经营范围，在线提交预申请。在线预审通过之后，按照预约时间去工商局递交申请材料。

结果：收到准予设立登记通知书。

第三步　领取执照

时间：预约当天。

操作：携带准予设立登记通知书、办理人身份证原件，到工商局领取营业执照正、副本。

结果：领取营业执照。

第四步　刻章等事项

时间：1～2 个工作日。

操作：凭营业执照，到公安局指定刻章点办理公司公章、财务章、合同章、法人代表章、发票章。至此，一个公司注册完成。

9.6　新创企业的融资

对于一个新创企业来说，资金是支持其生存和发展的强力支撑，所以很多企业在发展过程中都需要进行企业融资，但是目前我国企业的融资往往有很多障碍，既有企业自身的原因，也有社会的原因。随着社会经济的发展，一些新型新创企业融资方式也不断出现。我们在创办企业时一定要做好资金预测，选择最合适的融资渠道，确保企业能够稳健运行和发展。

9.6.1 创业资金的预测

1. 估算启动资本

企业要开始运营，首先要有一定的启动资金，用于购买企业运营所需的资产及支付日常开支。在估算启动资本时，既要保证启动资金能够满足企业正常运营的需求，又要加强资金的管理，预留一部分流动资金，便于完成企业的融资计划。对于刚开始创业的大学生来说，预测资金有一定的困难，因此，请专家帮助了解一些行业的资金需求情况是最为有效的途径。我们还可以通过行业市场调查，分析行业的基本情况。通过行业分析不仅可以了解整个行业的基本情况和特点，还可以为以后的生产经营积累相关的信息与知识。达到以上条件后，我们就可以将开业所需的条件逐一罗列出来，如场地租金、生产设备、日常办公用品、水电费和基本准备金等。这样我们才能预算好固定资金和流动资金。

创办企业时所需的资金主要由以下几个部分组成。

(1) 建筑：包括房屋、装饰、木工和电工修理固定设施所需要的费用。

(2) 预付款：包括房租、营业执照及其他类似的预付费用。

(3) 设备：包括生产设备、办公设备、工具以及类似项目的购置费用。

(4) 存货：包括半成品、产成品、原材料等占用的资金。

(5) 经营周转：至少有能支付三四个月的经营资金，包括工资、广告费、维修费、偿还债款、购买材料和能源的费用等。

根据以上几个部分，就可以预先较准确地估计出企业所需的资金。

2. 固定资产的预测

对于固定资产投资额的预算，一般先分别预算各个组成部分的资金需求，再汇总预算投资总额。一般情况下，固定资产主要包括房屋、建筑物、机器、机械、运输工具以及其他与生产经营活动有关的设备、器具、工具等，其中，建设工程费用、购置设备的费用、安装工程费用以及工程建设的其他费用，如土地使用费、电费、水费等是预测的重点内容。

对于初次创业的大学生来说，考虑到前期资金往往非常紧张，固定资产折旧费高、难以变现等因素，最好不要选择需要固定资产需求量非常大的投资项目，如场地费用、建筑费用等，要充分利用国家出台的关于大学生创业的扶持政策，尽可能地减少开支。

3. 无形资产的预测

在会计上通常将无形资产做狭义的理解，即将专利权、商标权等称为无形资产。无形资产的预测一般按照取得的形式不同，其作价方法视具体实际情况而定。投资者投入的按合同约定计价，外购的按实际支付金额计价，接受捐赠的按所附单据或参照同类无形资产计价。

4. 流动资金的预测

流动资金有一通俗名称，即营业周转资金，主要包括销售产品前原材料的购买及其和半成品、成品的储存费用，产品促销及宣传的费用，员工工资，保险，利息，折旧费，交通费，办公用品费，餐费及其他费用等。当然，还有一些需要我们防患于未然的打算，如预留一些费用用于赔偿或罚款(意外伤害赔偿、应急天灾人祸等)。对于这些费用，有票据或证明的直接计价，不能直接计价的按照市场价格或通过预测分析后计价。此外，预留费用也要计入其中。创业实践中，我们一定要多为企业预留一部分净流动资金，净流动资金越多表示净流动资产越多，其短期偿债能力较强，因而其在银行等金融机构的信用等级也就越高，在资金市场中筹资也就容易，融资成本也会越低。

5. 其他资金的预测

其他资金包括取照费(工本费、公告费)、全套刻章费、验资费、代码证费用、国税和地税、工商代理费、税务代理费等。在进行这些费用的预测时，应一一列举出来，然后减去国家优惠政策告知可以免收的一些费用(如执照费)等，留下一些必须交的费用，不重、不漏地计算下来，以完成这部分资金的预测。

所有所需资本预测完成后，将其相加即得到创业资金需求量。然后根据资金需求量和企业预期收入、成本及利润的预测，制定出合适的融资方式和渠道计划，力求以最合适的方式实现企业的融资计划。

6. 营业收入、成本及利润预测

由于新创企业在起步阶段市场推广成本很大，销售收入与推动销售增长所付出的成本不可能成比例，因此，对于第一年的全部经营费用都要按月，甚至是按周来进行预测，切不可少算任何一笔必须支出的开支。同时，营业收入可以根据销售额乘以一定的百分比来预测。在完成上述项目的预测后就可以按月或按周预测出税前利润、税后利润、净利润以及第一年的利润表。

7. 销售预测

销售预测与市场需求、企业综合实力、营销环境、企业政策息息相关。销售预测前，创业者首先要进行市场调查和分析，明确企业的产品定位、生产能力、消费群体、消费规模、消费地域、市场环境、产品特点和主要竞争对手等。了解这些后，创业者可以根据自己掌握的信息和数据制订适合自己企业的销售方案，并根据自己的销售方案和市场前景，科学合理地预测企业的销售业绩。

9.6.2　新创企业内部融资和外部融资

1. 内部融资

内部融资是企业依靠其内部积累进行的融资，具体包括三种形式：现有资本金、折旧基金转化的重置投资和留存收益转化的新增投资。

创业前，创业者首先要估计个人可以支配的资产，包括现金、有价证券、股票、证券、债券、收藏品、暂时闲置的房子、车辆等。个人资金永远是创业资金的第一来源。另外，还有家人及亲戚朋友等可以支援的资金，如不动产、债券、股票等。如果是团队合伙办企业，我们可以在团队内筹集资金，通过制定合伙协议明确各自的权利和义务，这样既可以减少单一创业者投资所面临的巨大经济压力，更快地实现融资，又可以降低融资的成本，增强团队的向心力。内部融资具有原始性、自主性、低成本和抗风险的特点，是企业生存与发展不可或缺的重要组成部分。

在创业实践中，企业在对外融资时，自己内部合伙人必须有一定比例的投入，如果自己都不投入，怎么能够说服投资者相信自己的项目具有光明的前景呢？

2. 外部融资

外部融资是指企业通过一定的方式从外部融入资金，它具有速度快、弹性大、资金量大的优点。从创业实践来看，外部融资是成长中的企业获取资金的一个重要渠道，包括银行信用或担保借款、融资租赁、发行有价债券、商业信用等负债融资方式。其缺点是融资保密性较差，而且相对内部融资而言，手续比较复杂。在创业之初，外部融资难度相对较大，企业往往需要负担较高的成本，因此，在外部融资时，一定要综合考虑企业的实际情况、产品市场前景以及外部融资所需要付出的各种代价。在决定外部融资时，要妥善办好各种手续，降低企业风险。

3. 新创企业内部融资和外部融资的选择

如前所述，新创企业主要依靠内部融资来积累资本。随着企业逐步成长，市场规模扩大，营销成本以及人力资源成本也将迅速增加，内部融资难以满足企业发展的要求，外部融资就成为企业扩张的重要手段。当企业具备相当规模后，自身有了较强的资金积累能力，则又会逐步缩小对外部资金需求的总量，转而依靠自身雄厚的积累资金来支持企业的快速发展。

考虑到外部融资的成本代价，新创企业在资金筹措过程中一定要高度重视内部积累。对于大学生而言，一定要尽可能得到父母的认可和理解，他们的支持是你能够开始创业的关键。同时，最好组成创业团队，广泛筹集资金。在众筹阶段，内部融资是外部融资的重要保证，在风投公司的眼里，外部融资的规模和风险必须以内部融资的能力作为最主要的参考指标和依据。在我国，由于信用体系还不是很完善，融资成本相对来说比较高，作为创业者，通常是在内部融资不能满足企业发展需求的时候，才会考虑通过外部融资渠道来解决。

9.6.3 大学生的创业融资

缺少创业资金是大学生创业所面临的一个比较突出的问题。在校大学生由于缺乏商业信用，又没有银行所需要的担保条件，导致融资借贷困难重重。大学生创办的多数是规模极小的小微企业，盈利能力比较弱，很难得到投资者的青睐。在实际创业中，没有广阔的融资渠道，往往会导致大学生的创业理想变成空想。但大学生也要看到，在各级政府和社会的共同努力下，大学生创业的渠道正在逐步拓宽，大学生创业的比例和成功率稳中有升。除自筹资金、民间借贷和银行贷款传统方式外，大学生创业者还可以充分利用风险投资、创业基金等多种融资渠道筹集资金。

1. 选择项目时，量力而行

项目的好坏是大学生创业能否成功的关键，在选择创业项目时，切不可贪大求全、好高骛远。大学生创业者在创业初期一定要做好深入的市场调研，充分了解市场。一般来说，大学生创业者资金实力较弱，比较适合选择启动资金不多、人手配备要求不高，同时自己比较了解的项目。相对来说，投资小，风险也就小。船小好调头，一旦产生经营方向上的错误，可以尽快扭转方向，最大限度地避免损失。在现实生活中，小本生意后来发展成大生意的例子举不胜举。

在创业实践中，如果创业资金不足，创业者可以考虑缩小创业规模，在积累资金和经验后，再逐步扩大规模。如果创业者既希望创业规模不变，又不愿从外界吸取投资，那么最好的方法就是将创业时间表顺延，直到自己的资金足够为止。

2. 以自筹资金为主

目前，大学生创业的资金主要来源于自筹，很多大学生创业者的第一笔创业资金都是父母所提供的。根据教育数据权威分析机构麦可思的数据研究，父母、个人储蓄和亲友赞助是大学生创业的主要资金来源，占总来源的80%以上。自筹资金的好处在于风险相对比较小，还款压力不大，大学生可以以比较轻松的状态进行创业，成本相对较低。当然，获得父母的支持非常重要，这需要和父母进行有效沟通，多听取他们的意见。随着大学生创业成功的比例不断提高，有数据显示，父母对大学生的创业支持力度也越来越大。

3. 学会利用相关政策

国家和地方政府为了鼓励大学生创业，出台了很多有力的政策，特别是出台了许多为大学生创业提供无息或低息贷款的政策。例如，《教育部关于做好 2022 届全国普通高校毕业生就业创业工作的通知》要健全就业创业促进机制，推动就业创业工作提质增效，促进高校毕业生更加充分更高质量就业。各省、市政府也出台了许多针对大学生创业的优惠政策。了解相关的政策，争取政府资金的扶持，这也是大学生创业的一种比较好的融资渠道。

除各级政府外，一些高校也推出了相关的创业资金扶植政策，如许多高校成立了创新创业中心，对有创业意愿的学生，如果有项目经过评审答辩，就能入驻学校的创业园，并得到学校的扶植和资助，如房租和水电费减免、免费培训等。

4. 寻找合适的创业伙伴

大学生通过合伙创办企业而获得成功的例子比较多。寻找合伙人投资是指按照"共同投资、共同经营、共担风险、共享利润"的原则，直接吸收单位或个人投资、合伙创业的一种筹资途径。合伙创业不但可以有效筹集到资金，还可以充分发挥人才的作用，有利于对各种资源的利用和整合，能尽快形成生产能力，降低创业风险。

9.7　新创企业的运营管理

新创企业成立之后，要对企业进行运营管理和商业运作。首先要对企业的营销环境进行分析，然后在环境分析的基础上制定相应的产品(product)、价格(price)、渠道(place)和促销策略(promotion)(在市场营销学教材中，也被称为 4P 策略)。当然，随着市场的变化，营销策略也要做出相应的调整。

9.7.1　新创企业的竞争环境分析

认识竞争对手面临的首要问题就是"谁是我的竞争对手"，或者换个角度思考，"怎样辨认竞争对手"。一家公司识别其竞争对手看起来好像是一件简单的事情。可口可乐公司肯定知道百事可乐公司是它的主要竞争者。但是，真实情况可能要复杂得多。所谓竞争者，就是那些生产经营的产品和业务与自己的产品和业务具有替代关系的公司。对竞争者情况的了解实际上是一个对竞争者的战略、产品、目标、优势与劣势等相关信息进行收集、分析、传播和运用的过程，这一过程所耗费的金钱和时间是巨大的，而且要持之以恒。

正因为如此，有些企业家或经理人对此采取能省则省的态度，常常倾向于凭经验、拍脑袋来做出判断。但是事实证明，这样做的结果往往是自欺欺人，不准确，更不精确，所付出的代价会更大。创业者对情报的收集工作要重视，需要建立系统的情报收集体系。

(1) 建立竞争情报收集系统，包括组建机构，购置电脑设备，建立档案，指派专人负责竞争情报的收集、分析、传播等工作。

(2) 划定自己产品的属性及市场范围，如表 9-8 所示。

表 9-8　产品属性及市场范围

产品类型 产品属性	目前的市场范围	未来的市场范围		
		一年后	三年后	五年后
产品 A				
产品 B				
……				

(3) 在既定的市场范围内确认竞争者，如表 9-9 所示。

表 9-9　确认竞争者

竞争者分类	目前的竞争者	一年后的竞争者	三年后的竞争者	五年后的竞争者
品牌竞争者				
行业竞争者				
形式竞争者				
一般竞争者				

(4) 收集、分析竞争者的情报。一是情报的内容，如表 9-10 所示。

表 9-10　情报内容

竞争者分类	竞争者的战略	竞争者的产品	竞争者的目标	竞争者优势与劣势	竞争者的反应模式	竞争者的定位
竞争者 A						
竞争者 B						
……						

二是情报的收集途径，包括以下方面。

① 从新招募的职员和竞争者的职员中获取信息。

② 接见求职者或与竞争者的员工谈话。

③ 派工程师出席学术会议或贸易展览会，与竞争者的技术人员进行交流，有可能的话，从竞争者那里挖几个关键性的管理人员与技术人员。

④ 从与竞争者有生意联系的人中获取情报。

⑤ 从公开出版物或公开文件中获取竞争者的情报，如根据竞争者的招聘广告所要

寻找的人员类型来分析其技术发展方向和新产品的开发情况。

⑥ 通过观察或分析实物证据来获取竞争者的情报，如可以不断地购买竞争者的产品并把它们拆分以确定产品的生产成本和制造核心技术，甚至可以通过购买竞争者的生产垃圾来分析竞争者的产品材料及其成本。

9.7.2 新创企业主要营销环境

新创企业主要营销环境如表 9-11 所示。

表 9-11　新创企业主要营销环境

类别	内容
与营销有关的政治经济政策与法规	1. 政府经济发展计划 2. 有关价格、税收、财政、工商行政管理的政策 3. 环保、保险法规等
社会经济发展状况	1. 国家与地区人口及增长趋势 2. 国民生产总值与国民收入 3. 个人收入、居民存款、消费水平与物价指数 4. 能源及资源状况
市场需求	1. 现有和潜在的购买人数、需求量 2. 市场需求的变化趋势 3. 竞争产品的销量、市场占有率等
竞争结构	1. 竞争者状况，如竞争单位数目，主要竞争对手，竞争者的生产能力、成本、服务、销售渠道等 2. 竞争产品的特性，如质量、性能、包装、商标、交货期等
消费者及消费行为	1. 消费者的类别、年龄、性别、职业、收入状况、参考团体等状况 2. 消费者的购买力水平 3. 消费者的购买动机 4. 消费者的购买习惯
产品	1. 消费者对本企业产品的评价、意见和要求 2. 产品的功能、可靠性、安全性 3. 包装是否美观、轻便、安全和便于运输 4. 商标是否便于记忆、引人喜爱 5. 产品处于生命周期的哪个阶段 6. 产品服务方式和服务态度 7. 协作单位的状况，如质量、产量、成本、订货期等

(续表)

类别	内容
价格	1. 消费者对本企业产品价格的反应 2. 竞争产品的价格
分配渠道	1. 中间商的构成与分布 2. 中间商的销售能力 3. 商品储运成本
推广	1. 最佳推销方式是什么 2. 广告媒体的选择方式 3. 促销活动的开展情况

9.7.3　企业环境的SWOT分析方法及应对策略

1. 内部环境分析

通过外部环境分析，企业可以发现有吸引力的机会，但利用机会必须具备一定的内部条件，因此，企业必须分析自己的优势和劣势。

(1) 企业优势：指企业与竞争者相比，在某些方面具有不可模仿的独特能力，是可以借以实现其战略绩效目标的内部有利特征因素，也是实施企业战略和计划以求达到目标可利用的企业能力、资源、技能等方面的条件。一个企业的优势不仅指企业能做什么，而且指企业在哪些方面比竞争对手做得更好。

(2) 企业劣势：指企业较之竞争者在某些方面的缺点与不足，阻碍或限制组织绩效取得的内部特征因素，是企业相对于竞争者的条件来说，企业所缺乏的能力、资源和技能。

企业优势与劣势检查内容，如表 9-12 所示。

表 9-12　企业优势与劣势检查内容表

管理和组织	营销	人力资源	财务	生产	研发
管理素质	分销渠道	员工经验及教育程度	边际利润	工厂位置	基础应用研究
员工素质	市场份额	工会状况	资产负债率	机器成新率	研究能力
集权程度	广告效力	离职率	存贷率	采购系统	研究项目
组织流程图	顾客满意度	缺勤率	投资回报率	质量控制	新产品创新
计划、信息、控制系统	产品质量	工作满意度	信用等级	生产能力、效率	技术创新
……	服务声誉	抱怨	……	……	……
……	产品周转率	……	……	……	……

2. 外部环境分析

企业的生存和发展与周围环境的变化密切相关，分析周围环境的变化，利用机会、避开威胁是企业完成任务的基础。

(1) 市场机会。市场机会的实质是指市场上存在的尚未满足或未完全满足的需求，能为企业带来新增长点的发展机会和发展机会的事项，包括技术的变化、新产品的问世、新市场的出现、商业模式与交易方式的改变、法律与政策的改变等。它既可以来源于宏观环境，又可以来源于微观环境。任何一个企业，无论其规模大小，无论生产何种产品、提供何种服务，要想在竞争中立于不败之地，都必须不断地寻找市场机会。随着社会的不断进步，人类需求的不断变化，客观上存在着许许多多的市场机会，一般可将市场机会分为以下几种类型：①表面的市场机会和潜在的市场机会。表面的市场机会指明显的没有被满足的市场需求，潜在的市场机会指隐藏在现有需求后的未被满足的市场需求。②行业市场机会与边缘市场机会。行业市场机会指出现在本企业经营领域内的市场机会，边缘市场机会指在不同行业交叉与结合部分出现的市场机会。③大范围的市场机会和局部的市场机会。大范围的市场机会指在国际市场或全国市场上出现的未满足的市场机会，局部市场机会则是在一个局部市场上出现的市场机会。

(2) 市场威胁。市场威胁是指外部环境变化趋势对企业的生存与发展不利，从而影响企业市场营销活动的各种因素的总和，它是消极的、负面的影响，是超出企业可控制范围的力量、问题、趋势、事件，包括市场疲软、趋势改变、政策变化、经济危机、强势替代品的出现等。企业若不能及时、恰当地处理威胁，威胁就会动摇或侵蚀企业的市场地位，损害企业的市场优势，给企业正常的营销活动带来严重的后果，甚至影响企业的生存和发展。

新创企业对于不同性质的威胁，可以采取一些对策：①反对策略，积极抵制，试图限制或者扭转不利于企业发展的因素。②减轻策略，对环境威胁的削弱和修正，以减轻环境威胁的程度。③转移策略，将产品转移到其他市场，或转移到其他盈利更多的行业，实行多元化经营。

9.7.4 新创企业的产品策略

新创企业初期的特征是产品销量少，促销费用高，制造成本高，销售利润低甚至为负值。根据这一阶段的特点，企业应努力做到：投入市场的产品要有针对性，进入市场的时机要合适；设法把产品直接投向最有可能购买的消费者，使市场尽快接受该产品，缩短介绍期，更快地进入成长期。

一般可以将产品、分销、价格、促销四个基本要素组合成各种不同的市场营销策略。仅将价格高低与促销费用高低结合起来考虑，就有以下四种策略。

1. 快速撇脂策略

快速撇脂策略，即以高价格、高促销费用推出新产品。实行高价策略可在每单位销售额中获取最大利润，尽快收回投资；高促销费用能够快速建立知名度，占领市场。实施这一策略须具备几个条件：①产品有较大的需求潜力；②目标顾客求新心理强，急于购买新产品；③企业面临潜在竞争者的威胁，需要及早树立品牌形象。一般而言，在产品引入阶段，只要新产品比替代产品有明显的优势，市场对其价格就不会那么计较。

2. 缓慢撇脂策略

缓慢撇脂策略是指以高价格、低促销费用推出新产品，目的是以尽可能低的费用开支获得更多的利润。实施这一策略的条件是：①市场规模较小；②产品已有一定的知名度；③目标顾客愿意支付高价；④潜在竞争者的威胁不大。

3. 快速渗透策略

快速渗透策略是指以低价格、高促销费用推出新产品，目的在于先发制人，以最快的速度将产品打入市场，取得尽可能大的市场占有率。随着销量和产量的扩大，单位成本降低，取得规模效益。实施这一策略的条件是：①该产品市场容量相当大；②潜在消费者对产品不了解，且对价格十分敏感；③潜在竞争较为激烈；④产品的单位制造成本可随生产规模和销售量的扩大和提高而迅速降低。

4. 缓慢渗透策略

缓慢渗透策略是指以低价格、低促销费用推出新产品。低价可扩大销售，低促销费用可降低营销成本，增加利润。这种策略适用的条件是：①市场容量很大；②市场上该产品的知名度较高；③市场对价格十分敏感；④存在某些潜在的竞争者，但威胁不大。

9.7.5　新创企业的定价策略

新创企业的定价策略直接关系到新产品能否顺利进入市场，能否站稳脚跟，能否取得较大的经济利益。目前，国内外关于新产品的定价策略主要有四种，即撇脂定价策略、渗透定价策略、满意定价策略和差别定价策略。

1. 撇脂定价策略

撇脂定价策略是指企业在产品生命周期的投入期或成长期，利用消费者求新、求奇的消费心理，抓住激烈竞争且尚未出现的有利时机，有目的地将价格定得很高，以便在短期内获取尽可能多的利润，尽快收回投资的一种定价策略。其名称来自从鲜奶中撇取乳脂，含有提取精华之意。

2. 渗透定价策略

渗透定价策略又称薄利多销策略，是指企业在产品上市初期，利用消费者求廉的消费心理，有意将价格定得很低，使新产品以物美价廉的形象吸引顾客、占领市场，以谋取远期的稳定利润的一种定价策略。

3. 满意定价策略

满意定价策略又称平价销售策略，是介于撇脂定价策略和渗透定价策略之间的一种定价策略。撇脂定价策略定价过高，对消费者不利，既容易引起竞争，又可能遭到消费者抵制，具有一定的风险；渗透定价策略定价过低，对消费者有利，但对企业最初收入不利，资金的回收期也比较长，若企业实力不强，将很难承受；而满意定价策略采取适中价格，基本能够使供求双方都比较满意。

4. 差别定价策略

差别定价策略也叫价格歧视策略，是企业按照两种或两种以上不反映成本费用的比例差异的价格销售某种产品或服务。差别定价主要有四种形式，即顾客差别定价、产品形式差别定价、产品部位差别定价、销售时间差别定价。

5. 折扣定价策略

大多数企业通常都会酌情调整其基本价格，以鼓励顾客及早付清货款、大量购买或增加淡季购买量。这种价格调整叫作价格折扣和折让，具体分为以下几种。

(1) 现金折扣。现金折扣是对及时付清账款的购买者的一种价格折扣。例如，"2/10，净30"，表示付款期是30天，如果在成交后10天内付款，给予2%的现金折扣。许多行业习惯采用此法以加速资金周转，减少收账费用和坏账。

(2) 数量折扣。数量折扣是企业给那些大量购买某种产品的顾客的一种折扣，以鼓励顾客购买更多的产品。大量购买能使企业降低生产、销售等环节的成本费用。例如，顾客购买某种商品100单位以下，每单位10元；购买100单位以上，每单位9元。

(3) 职能折扣。职能折扣也叫贸易折扣，是制造商给予中间商的一种额外折扣，使中间商可以获得低于目录价格的价格。

(4) 季节折扣。季节折扣是企业鼓励顾客淡季购买的一种折扣，使企业的生产和销售一年四季都能保持相对稳定。

(5) 推广津贴。为扩大产品销路，生产企业向中间商提供促销津贴，如零售商为企业产品刊登广告或设立橱窗，生产企业除负担部分广告费外，还在产品价格上给予一定的优惠。

(6) 折让。折让是根据价目表给顾客以价格折扣的另一种类型。旧货折让是当顾客买了一件新的商品时，允许交还同类商品的旧货，同时在新货价格上给予折让。促销折是卖方为了报答经销商参加广告和支持销售活动而支付的款项或给予的价格折让。

9.7.6 新创企业的渠道策略

渠道策略是指企业如何使产品进入和达到目标市场、接近目标顾客、转移给消费者的各种活动和分销渠道决策。大量市场营销职能是在市场营销渠道中完成的。渠道的计划与决策是通过渠道的选择、调整、新建和对中间商的协调安排，来控制相互关联的市场营销机构，从而更顺畅地达成交易。也就是说，渠道策略就是要考虑产品在什么地点、什么时候，由谁提供销售。

对于一个新创企业来说，营销渠道除了实现产品到资金的转换外，还必须承担起获取市场信息、研究市场状况，即与市场充分沟通的职能。新创企业在设计营销渠道的时候总是以最经济的方法把产品推向市场，用最低的成本开拓最广阔的市场。同时，对于新创企业来说，分析、研究分销渠道中的各个成员，科学地进行分销渠道决策，不仅能加快产品流转、提高流通效率、降低流通费用、方便消费者或客户购买，而且有利于取得整体市场营销上的成功。

营销渠道的适用范围，如表 9-13 所示。

表 9-13 营销渠道的适用范围

营销渠道	适用范围
直销	1. 专用产品，如按顾客订单生产家具 2. 顾客数量较少的产品，如为一家大型自行车制造商生产载重架 3. 价格昂贵、顾客不经常买的产品，如房屋 4. 为产品提供配套服务，如生产防盗门并为客户安装
零售	1. 标准化产品，通常不需要就产品的设计、颜色、尺寸等与顾客联系，如洗发水、肥皂 2. 顾客经常购买的低价产品，如牙膏 3. 顾客分布范围比较广泛，想要接触所有的顾客比较困难，而且要浪费大量的时间和金钱，如生产农机设备
批发	1. 以非常大的产量生产标准化的低价产品 2. 顾客分布范围非常广泛

9.7.7 新创企业的选址策略

企业的选址决策是企业经营过程中需要面对的一个主要问题。决策的正确与否极大地影响着企业经营的成败，因而企业的选址决策需要权衡各方成本收益。

迈克尔·波特指出，企业的选址策略主要受成本、市场、政府等因素的影响。

企业的运营成本主要由生产成本、运输成本、交易成本构成，这些成本的综合作用牵动着企业的成本利润率，影响着企业的投资意向。市场需求是确定市场供应量的先决因素，因而产品的销路会指引企业的资金投向；而政府的服务效率、透明程度及产业政策的导向和限制又会作用于产业的区域发展环境，进而影响企业的选址策略。

在创业实践中，新创企业要考虑所在区域的社会环境、地理环境、人口、交通状况及市政规划等因素，依据这些因素明确目标市场，按目标顾客的构成及需求特点，确定经营战略及目标，制定包括广告宣传、服务措施在内的各项促销策略。

为了合理选址，企业一般要遵循以下步骤。

(1) 列出"必需的"和"希望的"选址条件。

(2) 对照选址条件确定被选地点。

(3) 造访被选地点，挑选三处较好的位置。

(4) 按照"必需的"和"希望的"选址条件，对选上的几个地点进行比较。

(5) 在每天白天、晚上的各个时段到各个地点实地观察，计算客流量。

(6) 咨询有经验人士，获得帮助。

(7) 综合分析各种信息和意见。

(8) 做出选址决策。

9.7.8 新创企业的促销策略

企业在开发出好的产品、制定好合适的价格、建立好畅通的渠道之后，要想更为顺利地将产品销售到消费者手中，还要采取有效的措施把的产品告知消费者，甚至在与消费者的沟通中去教育、吸引和诱导他们，使他们认知、接受并购买该产品。这种有效的方式就是产品促销。企业通常采取的促销方式有人员营销、关系营销、广告营销、销售促进以及现在非常流行的网络营销。以下是我国新创企业的主要促销方式。

(1) 加量不加价。加量不加价，如方便面、洗衣粉、餐巾纸等商品。

(2) 优惠券。将优惠券印在报纸、小传单上，可挨家挨户递送、邮寄、街上派发、置于展示物上任人自取、促销公司代送。

(3) 附赠抽奖。每人购买一定金额的商品，赠送抽奖券进行抽奖或兑奖。

(4) 赠送商品。赠送商品，如买一(大商品)送一(小商品)。

(5) 有奖销售。有奖销售，如赠送保险单、体育奖券、福利彩票等。

(6) 集点优惠。集点优惠，如儿童小食品内图片积累消费，会员制购物俱乐部。

(7) 明折优惠。明折优惠，如现场打折、降价销售。

(8) 包装促销。包装促销，如收集包装物后换取奖品，包装再利用。

(9) 免费样品。在街头派发一些产品或提供一些服务，如食品免费品尝、医疗器械免费试用。

(10) POP 广告。POP 广告，如布旗、海报、招牌、陈列品。

(11) 付费赠送。付费赠送，如消费后有机会购买体育明星用品。

(12) 回邮赠送。购物凭证(商品标签、条形码、价牌、商标或发票)获得赠品。

(13) 无条件退货。无条件退回全部购买费用。

(14) 限时特卖。不同时段不同价格，每日限量特价品。

(15) 分期付款。分期付款，如汽车、房屋、家电。

(16) 成为指定产品。成为指定产品，如各类重大活动或事件赞助商、运动会专用产品。

(17) 商品回收与以旧换新。商品回收与以旧换新，如旧电池、家电、家具。

(18) 承诺售后服务。承诺售后服务，如质量三包、培训顾客、开通热线电话。

(19) 参观生产、加工现场或协助工业旅游。

9.8 新创企业的税收管理

税收是国家为了实现其职能，依照税法规定，凭借政治权力参与国民收入分配与再分配，取得财政收入的一种形式。

在社会主义国家，国家是为全体人民的利益服务的，劳动人民是国家的主人，国家所收的税款既是国家所有，也是全国人民所有。我国的税收取之于民，用之于民。这就要求我们每个纳税人在享受国家提供的公共设施的同时，依据税法规定，无条件、自觉地履行纳税义务，向国家纳税。

我国税法体系中的税收包括流转税、所得税、财产税、特定行为所得税和资源税。

作为创业者，要了解一个国家的税收，主要是了解其税收制度，即一个国家的税负结构、税收管理体制及征收管理制度，它包括国家向纳税人征税的法律依据及税务部门的工作规程。

在我国，税收征收管理流程，如图 9-3 所示。

税务登记 → 纳税申报 → 税款征收 → 税务检查

图 9-3 税收征收管理流程

9.8.1 税务登记

从事生产经营的纳税人自领取营业执照之日起 30 日内，向税务机关书面申报办理税务登记，如实填写税务登记表。在办理税务登记时，纳缴应根据不同情况提供相应的证件资料：营业执照，有关合同、章程、协议书，银行账号证明，居民身份证、护照或其他合法证件，税务机关要求提供的其他有关证件、资料。

9.8.2　纳税申报

纳税人、扣缴义务人必须在规定的申报期限内到主管税务机关办理纳税申报或报送代扣代缴、代收代缴税款报告表，如实填写纳税申报表，并根据不同情况相应报送有关证件、资料：财务会计报表及其他说明材料，与纳税有关的合同、协议书，外出经营活动税收管理证明，境内或境外公证机构出具的有关证明文件，税务机关规定应当报送的其他有关证件、资料。

9.8.3　税款征收

税务机关依照法律、行政法规的规定征收税款，不得开征、停征、多征或者少征税款。纳税人未按规定期限缴纳税款的，税务机关除责令限期缴纳外，从滞纳税款之日起，按日加收滞纳税款 2‰的滞纳金。纳税人可以依照法律、行政法规的规定向税务机关书面申请减税、免税，该申请必须经有审批权的审查机关审批。税务机关在征税税款过程中可以采取税收保全措施，必要时还可以采取强制执行措施。

9.8.4　税务检查

税务检查的内容和方法主要包括：检查纳税人的账簿、记账凭证、报表和有关资料，到纳税人的生产、经营场所和货物存放地检查纳税人应纳税的商品、货物或者其他财产，责成纳税人提供与纳税有关的文件、证明材料和有关材料，到车站、码头、机场、邮政企业检查纳税企业托运、邮寄应纳税商品、货物或者其他财产的有关单据、凭证和有关资料。

纳税机关调查税务违法案件时，对与案件有关的情况和资料，可以记录、录音、录像、照相和复制等。

9.9　创业计划书

对于一个新创办的企业来说，创业计划书所反映的是企业的现实需要和需求，体现的是创业者及其经营团队的创业理念和创业目标，表明了企业的发展方向和产品或服务的市场潜力，等等。因此，创业计划书是汇集整个经营团队的思想和智慧而写出的真实想法，对创业企业将来的发展起指导作用。创业计划书的内容一般如下。

9.9.1　封面

封面包括创办企业的名称、地点、性质、创办者姓名、电话等内容。封面是客户或投资者最先看到的，因此要从审美和艺术的角度去设计，力求达到最佳的视觉效果。当然也要兼顾内容，不能因为漂亮的封面而忽视了封面上的文字，好的封面会使阅读者产生亲近感，使之有兴趣继续看下去。

封面的一般排版格式如下：

编号：××—××—××

密级：秘密(或机密、绝密)

标题：××××创业计划书

创业团队及分工：

一般来说，创业团队包括总负责人、技术人员、市场营销人员、财务人员等。

时间：××××年××月××日

标题体现核心主体，密级体现项目的保密程度和策划者的保密意识，编号体现档案管理水平。建议封面单独成页。根据项目的内容和对象的不同，封面可适当包装一下(如硬皮面、塑料皮封面等)，以体现质量、实力和风格。一般来讲，封面上无图案是比较好的，但对于承接工程建设项目类的创业计划书，也可把设计的造型或已有的成果作为背景，以突出主题。

9.9.2 目录

封面下有必要做一个目录，这样可以使创业计划书调理更清晰，也便于查找相关内容。当做好创业计划书以后，要重新编排页码，并提供这些信息资料的编排意见。

9.9.3 摘要

摘要是整个计划书最前面的部分，它浓缩了整个创业计划书的精华，是阅读者了解整个计划书最直接的部分。所以，摘要必须涵盖计划的全部要点，内容要简洁，一目了然，使阅读者在最短的时间内评审计划并做出判断。

摘要一般包括企业介绍、产品或服务范围、市场概貌、营销策略、生产管理计划、管理者及管理方式、财务计划、资金需求状况等内容。

在摘要中，创业者必须回答以下问题。

(1) 企业所处的行业、企业经营的性质和范围。

(2) 企业主要产品的内容。

(3) 企业的市场在哪里，谁是企业的顾客，他们有哪些需求。

(4) 企业的合伙人、投资人是谁。

(5) 企业的竞争对手是谁，竞争对手对企业的发展有何影响。

创业计划书的摘要应有鲜明的特点，如在介绍企业时，首先要介绍创办企业的思路、思想等，让阅读者感受到大学生创业的独特之处，并通过对市场的调查，说明企业产品或服务的市场价值及潜在市场，结合现有市场产品或服务的市场环境，用自己的创新思想使阅读者对自己的产品或服务感兴趣。语言要尽量简明、生动，特别要说明自身企业与其他企业的不同之处以及企业获取成功的市场因素。

9.9.4　产品或服务介绍

在进行投资项目评估时，投资人关心的问题之一就是企业的产品、技术或服务能否以及在多大程度上解决现实生活中的问题，或企业的产品、服务能否帮助顾客节约开支、增加收入。因此，产品或服务介绍是创业计划书中不可少的一项内容。

一般而言，产品介绍应包括以下内容：产品介绍，产品的概念、性能及特性，产品的市场竞争力，产品的研究和开发过程，发展新产品的计划和成本分析，产品的市场前景预测，产品的品牌和专利。在这部分，创业者要对产品或服务进行详细的说明，说明要准确，也要通俗易懂，使非专业的投资者也能明白。一般而言，产品介绍都要附上产品原型、照片或其他介绍，可以主要围绕以下问题展开。

(1) 企业的产品或服务能为顾客解决什么问题。

(2) 企业的产品或服务与竞争者的相比具有哪些优劣势？顾客为什么要选择本企业的产品或服务。

(3) 企业为自己的产品或服务采取了何种保护措施，拥有哪些专利、许可证，或已与申请专利的厂家达成了哪些协议。

(4) 企业的产品或服务定价如何保证企业的利润。

(5) 企业采取何种方式去提高产品的质量、提升产品的性能，对开发新产品有哪些计划。

9.9.5　市场分析

这部分内容是创业计划书中比较重要的部分，也是阅读者比较关注的内容，一般情况下，要占据较多的篇幅。市场分析重点要做好以下工作。

1. 市场环境分析

市场环境分析主要明确产品或服务市场的现有情况及态势，详细了解竞争者情况及顾客和供应商的特征等。

(1) 市场情况。市场情况主要是通过对目标市场的调查，明确市场的规模、增长趋势和特点。它决定了新创企业在这一市场的发展潜力，是否有足够大的发展空间，是否能吸引其他企业大批加入，导致竞争进一步加剧。

(2) 竞争情况。从竞争者的现状，包括数量、构成等数据，显示新创企业在这一行业立足的可能性以及通过何种途径立足，即分析自己的优劣势分别在哪里，如何保持优势，弥补劣势，保持优势的资本是什么。

(3) 顾客分析。顾客分析即确定企业产品或服务的目标市场顾客，分析企业的产品或服务会被哪些人接受，这些人数量有多大，潜在消费群有多大。这些分析将为企业制订营销计划提供依据。

(4) 供应商分析。这里的供应商是指与新创企业有联系的关系单位或长期合作单位，要对其进行实力、信用、价格等方面的评估，在此基础上选择合适的供应商。

在介绍市场环境时，要充分体现大学生对市场调查结果的综合运用，不但要分析调查数据，而且要从数据中分析出企业的潜在优势，让数据为企业服务。

2. 企业的市场定位、目标市场以及市场细分分析

企业必须明确了解自身企业和产品，清楚自己的市场定位，知道自己将要达到一个什么样的高度，只有树立一定的目标才能激发自己更好地前进。

3. 自身的优势、劣势、机会、威胁分析

为了便于理解，一般情况下企业要使用 SWOT 分析工具，利用 SWOT 分析工具，便于企业制定自身的发展策略，也使得创业计划更具有实践操作性。

4. 消费者购买行为分析

企业要明确消费者的主要特点以及他们的购买动机、方式和渠道，这有利于企业开发新产品和提供新服务，有利于制定相应的营销策略。

9.9.6 企业和团队介绍

这部分主要包括企业的目标、经营团队及创建后的基本情况等。

1. 企业目标及形态

企业目标即通过对市场的了解，确定新创企业的市场目标，也就是产品或服务的领域、目标顾客、企业所要达到的预期目标等。企业形态即企业的法律形态，如合伙制、股份制或个体工商户。

2. 经营团队

通过对经营团队的介绍，计划书中要回答以下问题：团队的构成(成员的年龄、学历、经历、业绩和专业特长等)、各自所承担的任务、每个成员对自己的客观评价、如何弥补团队中可能存在的不足等。

对团队成员的介绍一定要真实、客观，特别要突出各成员在前期市场调查中所做出的成绩，以表明个人和团队的工作能力。创业者的素质和技能是投资者评价创业计划的

一个重要内容,因为创业者是新创企业能否在市场竞争中生存的关键。

3. 创建后企业的基本情况

企业的基本情况包括名称、法律形式、注册资本、经营场所、资本结构等内容,这些内容旨在使阅读者对成立后的企业有基本的了解。

除此之外,还有以下三个方面值得注意。

(1) 在明确企业生产目的之后,将各部门的职权划分及负责人基本情况通过一定方式(如组织结构图)描绘出来,并表明其相互关系;应尽可能明确研发、生产、营销、财务等职能部门的划分及其职权与职责。

(2) 规定企业组织制度和企业文化。通过制度和企业文化,可以规范企业员工的行为,明确相互之间的分工合作关系。特别是在市场经济环境下成长起来的企业,更应注重对企业文化的培养。好的企业文化对于确定企业的发展方向和增强企业员工的凝聚力以及保持创新、创业的精神都具有十分重要的作用。从这里也可以看出新创企业的管理水平和创业者及经营团队基本素质的高低。

(3) 明确企业人力资源管理和发展计划。人力资源是企业的生存之本,企业要为其提供良好的发展空间,为其能力的发展提供广阔的后台,为其进一步深造提供机会。这些都要在计划书中体现出来,既要为吸引优秀人才打下坚实的基础,又要为留住优秀人才做好充分的准备。

9.9.7　营销策略

在确定了产品或服务的目标市场和目标顾客之后,创业者就要制订营销计划了。营销是企业最富挑战性的环节,现代社会中,制订营销计划是在对市场进行全面分析的情况下完成的。我们一般采用形势分析法,即 SWOT 分析法。

一般而言,营销策略主要包括以下几个方面。

(1) 用 SWOT 分析法分析营销环境。

(2) 确定目标市场客户。

(3) 制定产品策略,包括相应的服务策略。

(4) 制定价格策略。

(5) 制定销售渠道策略。

(6) 制定促销计划和广告策略。

9.9.8　生产运作

生产运作计划包括产品制造和技术设备现状,原材料、工艺、人力等安排,新产品投产计划,技术提升和设备更新要求,质量控制和质量改进计划等。

(1) 生产资源需求。确定新创企业的相关资源，如土地、厂房、设备、技术、管理团队等，并根据实际情况的改变进行增加或者减少，需要列出拟创企业的生产资源需求计划以及相应的资金需要计划。

(2) 生产活动过程。创业计划需要对整个生产流程进行介绍，并明确企业的侧重点。拟创企业是包揽所有环节还是只是从事部分生产，员工是否具备生产所需的技能以及拟创企业是否已经掌握成熟的生产工艺。

(3) 生产目标控制。生产目标控制不仅包括产量目标，还包括企业为保持竞争优势应达到的质量控制目标和成本控制目标。

9.9.9　财务计划

财务计划是创业计划书中最为重要的部分，一份好的经营计划概括地说明了在筹资过程中创业者需要做的事情，而财务计划是对经营计划的支持和说明。创业初期，资金的筹措是非常关键的，也是验证创业计划可行性的关键步骤。创业项目的经济效益是衡量投资回报的重要依据，同时新创企业要对企业未来的财务状况做出分析与预测，并提供充分的证据对所做的计划和分析予以支持。

财务计划需要花费大量的时间和精力做具体分析，包括现金流量表、资产负债表以及损益表等。作为新创企业，现金流量表是投资者最为看重的，因为资产负债表和损益表都是企业创办并经营一段时间后运营情况的反映。一般来说，财务计划包括以下内容。

1. 成本项目构成及预测

对于大学生来说，预测成本不是一件容易的事，最好的办法就是参照同类企业的成本，再根据自己企业的实际情况进行计算。一般来说，新创企业要把成本分为不变成本和可变成本两大类。不变成本是指那些在一定时期、一定业务量范围内固定不变的成本，包括固定场所的租金、企业的开办费、保险费、工商管理费、折旧费等。可变成本是指那些随着生产或销售量的变动而变动的成本，包括原材料费、水电费、燃料费、销售费用等。预测成本时，可以先按类别划分预算，然后相加求得总成本。

2. 预测现金流量计划表

现金流量计划是以收付实现制为原则，综合反映一定时期企业现金流入、流出和结余情况的一种财务计划。预测现金流量计划表，搞好资金调度，可以最大限度地提高资金使用效率，避免出现现金短缺的问题。在市场经济条件下，现金流量情况在很大程度上决定着企业的生存和发展能力。预测现金流量计划表，还可以使潜在投资人据以评价新创企业或拟投资项目未来的现金生成能力、偿还债务能力和支付投资报酬的能力。投资者最为关心的是资金如何使用，企业经营一段时间后，是否有足够的流动资金支付日常生产经营和扩大生产规模所需的费用，是否有资金支付投资者的股利等。现金流量计划提供的信息恰好能满足潜在投资人的这些需求。

着眼于一项新技术或创新产品的企业不可能参考现有市场的数据、价格和营销方式，因此，他要自己预测自身所进入市场的成长速度和可能获得的纯利，并把他的设想、管理队伍和财务模型推销给投资者。而准备进入一个已有市场的风险企业则可以很容易地说明整个市场的规模和改进方式。风险企业可以在获得目标市场信息的基础上，对企业第一年的销售规模进行规划。

企业的财务规划应保证和创业计划书的假设一致。事实上，财务规划和企业的生产计划、人力资源计划、营销计划等都是密不可分的。要完成财务规划，必须明确下列问题：①产品在每一个时期的发出量有多大？②什么时候开始扩大产品线？③每件产品的生产费用是多少？④每件产品的定价是多少？⑤使用什么分销渠道，所预期的成本和利润是多少？⑥需要雇佣哪几种类型的人？⑦雇佣何时开始，工资预算是多少？

9.9.10　风险与风险管理

创业是一个风险活动，良好的风险管理是创业初期成功和创业成熟的重要内容。风险管理包括对风险的度量、评估和应变策略。理想的风险管理是一连串排好优先次序的过程，优先处理可以引致最大损失及最可能发生的事情，而风险相对较低的则押后处理。

创业计划书通常从市场风险、管理风险、技术风险和财务风险这四个方面展开，最常见的风险因素有以下几种：经营期限短、资源不足、管理经营不足、市场的不确定因素、生产不确定因素、清偿能力不足、对企业核心人物的依赖以及其他可能出现问题的地方。

一般来说，投资者最关心的问题主要有两个：一是创业者的商业创意、产品或服务是否具有唯一性，二是该公司的管理层能否胜任。因此，创业者在编写创业计划书时，一定要从这两方面着力分析。此外，获取利益是投资者的根本目的，及早收回资金是投资的前提，所以对未来收益的财务预测及设计风险资金的退出之路也是计划书的重点。

9.9.11　附件

创业计划书的附件是创业计划书非常重要的组成部分，切不可掉以轻心。附件的内容往往关系到创业计划书是否真实可信，完备且具有说服力的附件是支持创业计划书观点的重要论据，也是增强投资者信心的重要武器。一般而言，附录主要包括以下内容。

(1) 专利及专利授权书，可以说明产品或服务具有技术上的优势。

(2) 市场调查表和调查报告，可以证明产品或服务是具有市场前途的。

(3) 获奖证书，可以说明产品和服务在市场上具有良好的形象和口碑。

(4) 订货合同书，可以说明产品和服务已经具有了一定的客户基础。

(5) 支持本团队创业证明，可以说明创业环境对企业是非常有利的。

9.10　大学生创业政策

随着我国经济发展进入新常态，我国的就业总压力依然存在，结构性矛盾更加凸显。"大众创业、万众创新"是富民之道、强国之举，有利于产业、企业、分配等多方面结构优化。面对就业压力加大的形势，我国必须着力培育"大众创业、万众创新"的新引擎，实施更加积极的就业政策，把创业和就业结合起来，以创业创新带动就业，催生经济社会发展新动力，为促进民生改善、经济结构调整和社会和谐稳定提供新动能。

综观世界各国的经济发展，我们会发现，创业本身就是最积极、最主动的就业，它不仅能解决创业者自身就业问题，还能通过带动就业产生倍增效应。

与此同时，创业往往伴随着新产品、新技术、新工艺、新方法进入市场，科研成果转化型的创业企业，往往伴随着新的技术或工艺的产生与发展。成功的新创企业必然会为社会经济注入新鲜活力，有利于形成良好的市场竞争环境，促进企业不断改进生产工艺和管理方法，为消费者提供更优质的产品和服务，促进整个社会资源的合理流动以及经济的可持续发展。

近年来，我国出台的一系列鼓励创新创业措施已在实践中生根，让广大大学生创业者从中受益。例如，2021 年《国务院办公厅关于进一步支持大学生创新创业的指导意见》明确提出，推进实施大学生创业引领计划，鼓励高校开发开设创新创业教育课程，建立健全大学生创业指导服务专门机构，加强大学生创业培训，整合发展国家和省级高校毕业生就业创业基金，为大学生创业提供场所、公共服务和资金支持。

大学生在创业时，除了要了解一些国家关于大学生创业的政策性文件外，还要重点关注注册地的省级、市级或者是县级的创业扶持政策，各地因实际情况不同，创业政策、创业扶持力度也不尽相同。

大学生可以通过以下渠道来了解这些政策：①登录全国大学生创业服务网(http://cy.ncss.org.cn/)、各地大学生创业网等网站；②登录创业企业注册地省级、市级或者县级的政府网站，或者是政府人力资源与社会保障部门网站，在这些网站里，往往会有一些当地关于大学生创业扶持政策的宣讲；③大学生创业还可以咨询创业所在地的就业局部门，这些部门都会有当地的大学生创业扶持政策的宣讲材料；④到所在学校的创新创业服务中心咨询。现在许多高校为了鼓励大学生创业，都设有专门负责大学生创业的机构和部门，这些部门的老师会为大学生提供一些政策的解读。

9.10.1　近年来年国家出台的鼓励大学生创业的政策

国家为了鼓励大学生创业，相继出台了《国务院关于进一步做好新形势下就业创业工作的意见》《国务院办公厅关于深化高等学校创新创业教育改革的实施意见》《国务院办公厅关于发展众创空间推进大众创新创业的指导意见》等一系列文件，这些政策措施包括以下几个方面。

(1) 税收优惠。持人社部门核发的《就业创业证》(注明"毕业年度内自主创业税收政策")的高校毕业生在毕业年度内(指毕业所在自然年，即1月1日至12月31日)创办个体工商户、个人独资企业的，3年内按每户每年8000元为限额依次扣减其当年实际应缴纳的营业税、城市维护建设税、教育费附加和个人所得税。对高校毕业生创办的小型微利企业，按国家规定享受相关税收支持政策。

(2) 创业担保贷款和贴息。对符合条件的自主创业的大学生，可在创业地按规定申请创业担保贷款，贷款额度为10万元。鼓励金融机构参照贷款基础利率，结合风险分担情况，合理确定贷款利率水平，对个人发放的创业担保贷款，在贷款基础利率的基础上上浮3个百分点以内的，由财政给予贴息。

(3) 免收有关行政事业性收费。毕业2年以内的普通高校大学生从事个体经营(除国家限制的行业外)的，自其在工商部门首次注册登记之日起3年内，免收管理类、登记类和证照类等有关行政事业性收费。

(4) 享受培训补贴。对大学生创办的小微企业新招用毕业年度高校毕业生，签订1年以上劳动合同并交纳社会保险费的，给予1年社会保险补贴。对大学生在毕业学年(从毕业前一年7月1日起的12个月)内参加创业培训的，根据其获得创业培训合格证书或就业、创业情况，按规定给予培训补贴。

(5) 免费创业服务。有创业意愿的大学生可免费获得公共就业和人才服务机构提供的创业指导服务，包括政策咨询、信息服务、项目开发、风险评估、开业指导、融资服务、跟踪扶持等"一条龙"创业服务。

(6) 取消高校毕业生落户限制。高校毕业生可在创业地办理落户手续(直辖市按有关规定执行)。

(7) 创新人才培养。创业大学生可享受各地区、各高校实施的系列"卓越工程师教育培养计划"、科教结合协同育人行动计划等，同时享受跨学科专业开设的交叉课程、创新创业教育实验班等，以及探索建立的跨院系、跨学科、跨专业交叉培养创新创业人才的新机制。

(8) 开设创新创业教育课程。自主创业大学生可享受各高校挖掘和充实的各类专业课程和创新创业教育资源，以及面向全体学生开发开设的研究方法、学科前沿、创业基础、就业创业指导等方面的必修课和选修课，享受各地区、各高校资源共享的慕课、视频公开课等在线开放课程，在线开放课程学习认证和学分认定制度。

(9) 强化创新创业实践。自主创业大学生可共享学校面向全体学生开放的大学科技园、创业园、创业孵化基地、教育部工程研究中心、各类实验室、教学仪器设备等科技创新资源和实验教学平台，参加全国大学生创新创业大赛、全国高职院校技能大赛和各类科技创新、创意设计、创业计划等专题竞赛，以及高校学生成立的创新创业协会、创业俱乐部等社团，提升创新创业实践能力。

(10) 改革教学制度。自主创业的大学生可享受各高校建立的自主创业大学生创新创业学分累计与转换制度，和同学开展创新实验、发表论文、获得专利和自主创业等情况折算为学分，将参与课题研究、项目实验等活动认定为课堂学习的新探索。同时，自主创业的大学生也可参加为有意愿有潜质的学生制订的创新创业能力培养计划、创新创业档案和成绩单等系列客观记录并量化评价学生开展创新创业活动情况的教学实践活动。优先支持参与创业的学生转入相关专业学习。

(11) 完善学籍管理规定。有创业意愿的大学生，可享受高校实施的弹性学制，放宽学生修学年限，允许调整学业进程、保留学籍休学创新创业等管理规定。

(12) 大学生创业指导服务。自主创业的大学生可享受各地区、各高校对自主创业学生实行的持续帮扶、全程指导、一站式服务，以及地方、高校两级信息服务平台为学生实时提供的国家政策、市场动向等信息和创业项目对接、知识产权交易等服务；可享受各地在充分发挥各类创业孵化基地作用的基础上，因地制宜地建设的大学生创业孵化基地，以及相关培训、指导服务等扶持政策。

9.10.2 各地常见的鼓励大学生创业的政策一览表

近几年，为了鼓励大学生创业，各地政府结合本地实际情况，制定了一系列大学生创业优惠政策，如表 9-14 所示。

表 9-14 大学生创业优惠政策一览表

项目	内容和说明
简化工商登记程序	全面推行企业注册登记"同城通办""三证合一"。进一步推进登记注册便利化，在县(市、区)范围内，实施企业名称预先核准、设立、变更(备案)和注销登记等在局所之间、区局之间、所与所之间"同城通办"。申请人可就近到县(市、区)所在地任何一个工商所(分局)办理登记，不再受辖区限制。全面推行"一照三号"，实行"一次申请、一口受理、一套材料、一表登记"，统一将营业执照、组织机构代码证、税务登记证"三证"编号共同加载在营业执照上，实现"三证合一、一照通用"
放宽住所(经营场所)登记条件	放宽企业住所登记要求，简化住所登记手续，允许"一址多照"和集群注册。落实企业工商登记注册零收费。免费办理各类企业设立登记、变更登记、注销登记、备案登记和动产抵押、股权质押、户外广告等登记事项
实施"先照后证"改革	建立市场准入等负面清单，凡法律法规未明确禁止准入的行业和领域都允许小微企业经营，除国务院决定保留的工商登记前置审批项目，其他一律不作为企业登记前置审批项目
企业登记注册全程电子化	建立企业登记申请材料网上自助服务系统，形成以电子营业执照为支撑的网上申请、网上受理、网上审核、网上公示、网上发照等新的登记服务模式，实现全程电子化登记和电子营业执照应用

（续表）

项目	内容和说明
开辟企业登记绿色通道	全面落实首办责任制、限时办结制、服务承诺制，为企业提供引导服务、上门服务、跟踪服务、预约服务、延时服务
一次性创业资金扶持政策	各地政府为了扶持创业者，对初期创业者给予一定额度的创业扶持资金，各地补助标准不一，往往采取网络申报、评审制度
帮助降低初创成本	帮助降低初创成本主要包括一次性创业补贴、一次性求职创业补贴、水电场租补贴，并可根据创业项目经营状况和创业带动就业效果，逐步提高水电场租补贴标准、延长补贴期限。有条件的地方，可对众创空间的房租、宽带网络、公共软件等给予适当补贴。在电商平台创业并进行创业登记的，可相应享受扶持创业相关补贴
自主创业享受税收优惠	关于税收优惠政策可以通过了解财政部、国家税务总局《关于支持和促进就业有关税收政策的通知》《中华人民共和国增值税暂行条例》《中华人民共和国企业所得税法》等相关政策文件和条例进行解读，也可以通过各地方人社部门、税务部门了解最新的大学生创业税收优惠政策。 以上海为例，主要的优惠有：①高新技术企业的优惠政策；②商贸型、服务型企业的优惠政策；③高校毕业生创业方面的税收优惠政策；④失业、协保人员、农村富余劳动力从事个体经营的优惠政策；⑤劳动就业服务企业的税收优惠政策等
减免行政事业类收费	达到一定条件的大学生创业者可以免收属于管理类、登记类、证照类的各项行政事业性收费，可以通过各地方人社部门、工商部门了解最新政策
对高层次人才的创业以及"互联网+"创业的特殊优惠政策	对高层次人才的创业以及"互联网+"创业的特殊优惠政策主要包括大学生科技创业基金政策、科技型中小企业创业基金政策和高新技术成果转化相关政策等。对于高科技创业者，政府会给予更加优惠的创业政策，通过创业奖励、提供场地以及担保贷款等各种优惠措施吸引高层次人才创业
开展创业教育、技能培训和实训	把创业精神和创业素质教育纳入国民教育体系，实现创业教育和培训制度化、体系化，重点指导各高校完善创业课程体系，支持学校结合地方实际，开设电子商务、现代物流、体育保健、社会体育等新兴和特色专业，满足市场对人才的现实需求。加强校企合作，实行订单式培养，采用企业冠名班、现代学徒制、产教研结合等多种形式开展人才培养，促进大学生就业创业和技术创新。建好创业培训实训基地，鼓励创业实训基地接纳有创业意愿的人员参加实训，根据开展实训情况按人给予创业实训补贴
创业创新导师辅导制度	培育一批专业创业辅导师，采取多种方式，为大学生创业人员提供一对一的个性化服务。各类创业指导服务机构为创业者提供有针对性的指导服务，根据创业项目稳定经营及带动就业情况，给予创业服务补贴。目前，全国人社部门均展开了针对大学生等群体的免费培训

(续表)

项目	内容和说明
创业培训支持政策	创业培训可以有效地提高创业者在创业知识、方法、技巧等方面的能力，培训基本上都是免费的
政府部门提供的人才中介服务	政府部门提供的人才中介服务主要包括免费为自主创业毕业生保管人事档案(代办社保、职称、档案工资等有关手续)，提供免费查询人才、劳动力供求信息，免费发布招聘广告等服务，减免其参加人才集市或人才劳动交流活动的收费等
落户政策	许多地方为了鼓励大学生创业，放宽了对大学生创业者的落户条件，如杭州市为鼓励高校毕业生自主创业，在杭州市区(上城区、下城区、拱墅区、江干区、西湖区、滨江区)自主创业的普通高校应届毕业生，可申请办理落户手续

大学生在创业前，一定要认真研究国家、省、市以及大学生创业所在地的创业政策，充分利用这些政策，一定会为自己的创业之路提供巨大的动力和支持，也会帮助自己实现创业梦想。

9.10.3 地方政府人才补贴政策

以武汉为例，近年来，各地政府为了吸引人才、留住人才，对大学生给予了很多政策优惠，武汉市近年来不断推出人才补贴政策，大学生留汉补贴就有很多种类，符合条件的人群即可申领。2022 年武汉人才补贴政策(不断更新)如下。

1. 武汉市大学生创业项目资助

(1) 申报人必须是项目法定代表人，与银行开户许可证(银行开户回执单)上的法定代表人必须一致，企业属于合伙经营的，申报人(个人持股)所占企业股份比例不得低于 30%。

(2) 创业项目符合武汉市产业发展导向。

(3) 吸纳 3 人(含 3 人)以上就业。

(4) 有固定的营业场所和较为健全的财务规章制度，无不良信用和违法记录。

(5) 项目符合国家产业政策、技术要求，市场前景良好，具有带动就业能力。

2. 高校毕业生免除反担保创业贷款

(1) 全日制普通高等院校毕业学年大学生和毕业五年内的毕业生。

(2) 在我市开办个体工商户，自主、合伙经营及创办小微企业，依法在工商部门注册登记。

(3) 符合以下六项申请条件之一。

① 有与创业项目相关的发明专利证书的。

② 已入驻各级孵化基地(孵化器)，并由园区出具担保文件的。

③ 有大、中型企业或连锁企业出具担保文件的。

④ 有动漫、软件设计等行业从业资格的，且申请贷款项目有市级相关部门批文的。

⑤ 在市级及以上创业大赛中获奖，且项目获得资助的。

⑥ 参加创业培训取得创业培训合格证书，且创业项目获得省、市人社部门资金资助的。

3. 高校毕业生一次性创业补贴

全日制普通高等院校毕业生在毕业学年(自毕业前一年的 7 月 1 日至毕业当年的 6 月 30 日)起 5 年以内在我市创办小型微型企业或从事个体经营，符合下列条件的，可享受一次性创业补贴 8000 元。

(1) 在我市领取营业执照正常经营 6 个月及以上，并且申请补贴时处于正常营业状态。

(2) 提出申请时间和登记注册时间均应在申请人毕业学年起 5 年以内。

4. 技能培训补贴

处于未就业或灵活就业状态的毕业年度高校毕业生(毕业当年的 1 月 1 日至 12 月 31 日，含技师学院高级工班、预备技师班和特殊教育院校职业教育类毕业生)在我市技能培训定点机构报名缴费参加技能培训考试合格的，根据培训的专业、培训时间及取得的相关证书，可享受 400~4000 元/人的技能培训补贴。

5. 创业培训补贴

处于未就业或灵活就业状态的毕业年度高校毕业生(毕业当年的 1 月 1 日至 12 月 31 日，含技师学院高级工班、预备技师班和特殊教育院校职业教育类毕业生)、毕业学年(从毕业前一年 7 月 1 日起的 12 个月)大学生在我市创业培训定点机构参加创业培训或创业意识培训，考试合格后取得创业培训合格证的，可享受 100~2000 元/人的创业培训或创业意识培训补贴。

6. 毕业生一次性求职创业补贴

武汉地区高校、职业学校、技工院校在毕业年度有就业创业意愿并积极求职创业的贫困残疾人家庭、建档立卡贫困家庭、城乡低保家庭、获得国家助学贷款的以及属于社会孤儿、烈属、残疾人的毕业生，均可通过所在学校申请一次性求职创业补贴。符合条件的毕业生只能在毕业年度享受一次性求职创业补贴。

7. 职业技能鉴定补贴

武汉市户籍或持有武汉市居住证的毕业年度高校毕业生(毕业当年的 1 月 1 日至 12 月 31 日，含技工院校高级工班、预备技师班和特殊教育院校职业教育类毕业生)初次通过社会化考试并在武汉地区取得职业资格证书或专项职业能力证书的，在 12 个月内提出申请，可按规定享受鉴定补贴。鉴定补贴标准，按申请人参加职业能力鉴定考试规定缴费金额据实补贴(湖北省职业技能鉴定考试收费标准为 80～440 元/人)。

8. 灵活就业高校毕业生社会保险补贴

具有我市户籍，开办个体工商户或在用人单位(含个体工商户)从事非全日制、临时性、季节性工作以及其他灵活就业，进行了失业登记、离校 2 年内未就业高校毕业生登记和灵活就业登记，办理了就业创业证(含电子证)，并按时足额缴纳社会保险费的高校毕业生，给予最长累计不超过 2 年的社会保险补贴。城镇职工基本养老保险(参加城乡居民养老保险的不享受养老保险补贴)、基本医疗保险(参加城乡居民医疗保险的不享受医疗保险补贴)只参加了一项的只补贴一项。

温馨提示：微信搜索公众号武汉本地宝，关注后在对话框回复"毕业生补贴"可获取武汉毕业生补贴大全，获取各类毕业生补贴申请入口/条件/材料/流程。

(资料来源：http://wh.bendibao.com/live/202078/113158.shtm)

思考题

1. 什么是创业？创业和就业的区别表现在什么地方？
2. 大学生创业的主要特征有哪些？
3. 大学生创业者的资源主要有哪些，如何获取？
4. 大学生如何寻找和识别创业机会？
5. 如何创建新公司？
6. 如何编写创业计划书？
7. 根据你所在的城市，了解当地政府针对大学生创业的相关政策。

参考文献

[1] 钟谷兰，杨开. 大学生职业生涯发展与规划[M]. 2 版. 上海：华东师范大学出版社，2016.

[2] 苏文平. 职业生涯规划与就业创业指导[M]. 北京：中国人民大学出版社，2016.

[3] 曲振国. 大学生就业指导与职业生涯规划(修订版)[M]. 北京：清华大学出版社，2015.

[4] 胡庭胜. 大学生职业生涯规划与管理[M]. 广州：中山大学出版社，2015.

[5] 王金龙. 大学生职业生涯规划与学业指导[M]. 北京：中国石化出版社，2017.

[6] 张宇燕. 世界经济黄皮书：2018 年世界经济形势分析与预测[M]. 北京：社会科学文献出版社，2018.

[7] 徐爱民，康兴. 大学生就业与创业指导[M]. 长春：东北师范大学出版社，2013.

[8] 徐俊祥，黄敏. 成功就业——大学生就业技能实训教程[M]. 北京：现代教育出版社，2017.

[9] 刘毅. 找工作要懂点心理学[M]. 北京：中国时代经济出版社，2011.

[10] 庄明科，谢伟. 大学生职业素养提升[M]. 北京：高等教育出版社，2016.

[11] 应届生求职网. 应届生求职面试全攻略[M]. 上海：上海交通大学出版社，2009.

[12] 刘国炜. 天使投资指南：从经验到实战的投融资智慧[M]. 杭州：浙江大学出版社，2019.

[13] 刘振平. 大学生职业生涯指导与创业基础[M]. 上海：上海交通大学出版社，2018.

[14] 林秋贵. 大学生生涯规划与就业指导[M]. 天津：南开大学出版社，2015.

[15] 郑瑞同. 青春在基层绽放——全国青年选调生作品选编[M]. 北京：知识产权出版社，2014.

[16] 麦可思研究院. 2018 年中国本科生就业报告(就业蓝皮书)[M]. 北京：社会科学文献出版社，2018.

[17] 马德洁. 就业政策变迁对大学生人力及社会资本与就业的影响[D]. 长春：吉林大学，2017.

[18] 谭俊华，李明武. 大学生创业教程——基础与实践[M]. 北京：清华大学出版社，2016.

[19] 李肖鸣. 大学生创业基础[M]. 4 版. 北京：清华大学出版社，2018.

[20] 石智生，张海燕，等. 大学生创新创业教程[M]. 北京：人民邮电出版社，2019.

[21] 徐俊祥，徐焕然. 创未来——大学生创业基础知能训练教程[M]. 2 版. 北京：现代教育出版社，2017.

[22] 廖益，赵三银. 大学生创新创业入门教程[M]. 北京：北京理工大学出版社，2019.